渡部昇一の戦国史入門

頼山陽「日本楽府《がふ》」を読む

渡部昇一

PHP文庫

○本表紙図柄＝ロゼッタ・ストーン（大英博物館蔵）
○本表紙デザイン＋紋章＝上田晃郷

まえがき

江戸時代の故実学者で、特に武家故実については第一人者といわれた伊勢貞丈《さだたけ》――彼の家は元来足利幕府の礼法家で後に徳川家にも仕えるようになった――に、「古《いにしえ》の眼を以て古《いにしえ》を視る」という趣旨の言葉がある。「昔のことを今の視点から見ては、昔のことは解らぬぞよ」という意味であろう。

これは僅かに八十年足らずしか生きていない私にも納得できる話だ。今から七十年前、私は小学校に入った頃の年であった。戦後の教育で育った人なら軍国主義の暗黒時代ということになる。しかし私がその頃に覚えた流行歌（今でも歌うことができる）には、「もしも月給が上がったら」というのがあった。そしてポータブル（持ち運びできる蓄音機《レコードプレーヤー》）を買ってタンゴを踊りましょうという歌詞である。夫の帰りを待ち佗《わ》びる妻の歌には「空にゃ今日もアドバルーン……」というのがあった。当時のデパートなどはバルーンをあげて大売出し《バーゲンセール》を宣伝していたのである。一方、恐妻を持ったサラリーマンの歌で「うちの女房にゃヒゲがある」というのもあった。『東京ラプソディー』（作曲：古賀政男）という門田ゆたかの歌詞の中には「花咲き花散る宵も銀座の柳の下で」待ち合わせる、つまりデートする男女や、「明けても暮れても」ジャズを歌っている浅草や、夜更けに「なまめく新宿駅」のダンサーがあった。こんな歌が、東北の田舎町の、豊かでもない家の子供たちも歌っていたのだ。

こんな呑気《のんき》な、明るい歌の背景には、世界に冠たる聯合艦隊があり、忠勇無双の陸軍があって、日本人は日本人であることを誇りと安心感を持っていたからである。子供たちも日本人と生まれたことに限りない誇りを持って、それを思えば胸がふくれる感じだった。いわんや当時の日本の軍人たちは、それこそ「いつでもお国のために死ねる」という気持ちであったろう。

わずか数十年前のことでも、当時の感じ方や見方を今の若い人に伝えることはほとんど不可能である。どうしても解《わか》りたいと思う人は、当時の『少年倶楽部』とか『キング』とかいう大衆雑誌、作家で言えば佐々木邦《くに》というユーモア小説家などを読んで想像するのが一番よいであろう。

これが明治以前のことになると更に解りにくい。会田雄次先生（京都大学教授）に直接お聞きした話である。幕末からまだ遠くない頃に、会田家に泥棒が入った。会田先生の祖父は書見つまり読書をしていた。すぐに床の間の刀を取ってその泥棒を切り殺した。そしてその後始末《あとしまつ》を妻（会田先生の祖母）に言い付けて、そのまま何事もなかったように書見を続けた、というのである。会津藩出身の武士としてはそんなことは当たり前であり、血まみれの泥棒の死体を片づけるのも武家の妻としては心得のうちだった。

今日、武士の世界を書いた本は多く出ている。しかしそれは今日の眼から見、今日の人の心理で解釈したものである。野上弥生子の評判作『大石良雄』について私の恩師佐藤順太先生がこうおっしゃっていたことを鮮やかに記憶している。

「昔の人はああいう風な考え方をしなかったものだ」

つまり大石良雄の心境を大正・昭和期に活躍したインテリ女性作家が揣摩憶測《しまおくそく》を逞《たくま》しゅうしただけの話だ、と一言の下で片付けられたのであった。佐藤先生はまだ維新の頃の武士の生き方を、家庭の中で見て育った方だったのである。武士が武士の生き方をどう見ていたかということは、われわれにはほとんど知ることのできないことなのである。

そこに頼山陽《らいさんよう》の『日本楽府《がふ》』の価値の一つがある。頼山陽は江戸時代に文人として独立した生活のできることを示した最初の一人と言ってよいが、武士として育ち、終生武士の心を忘れなかった人である。その頼山陽が戦国時代のどういう事件に興味を持ち、それをどのように見ていたか、ということは戦国時代の理解のための貴重な鍵《かぎ》と言えよう。

話は秀吉で終り、徳川幕府に関するものがないのは残念であるが、徳川時代に、家康や幕府のことを『日本楽府』式に書けば、おとがめがあることは確実だったと思われるから仕方がない。秀吉に関しては何闋《けつ》もあるが、最後の闋で、秀吉が明の皇帝から「汝ヲ日本国王トナス」という趣旨の封冊《ほうさく》書を受け取ると、激怒して朝鮮に再出兵を決心するという情景を描いている。これは頼山陽時代の武士たちが、日本はシナ大陸とは別の文明圏であり、シナの皇帝から王の位などもらわないことになっていることを示していて面白い。『日本楽府』の第六十六闋は朝鮮半島を含むシナ大陸では絶対に見ることのできない光景だからである。

また川中島の合戦では、上杉謙信を「虎」とし、武田信玄を「蛇」として描いている。謙信が「虎」なら、当然、信玄は「龍」となるべきであろう。信玄を龍とせずに蛇としたのは、韻《いん》の配慮からではあるまい。頼山陽は謙信のためには独立した闋を与えているのに、信玄には与えていない。謙信・信玄は並び立つ英雄であるのに何だか扱いが不公平であるという感じがする。これは信玄が父を放逐《ほうちく》していることと関係があるのではないだろうか。徳川家も、上杉氏と武田氏に対する扱いが違うのである。ここに当時の武士的な感じ方が潜《ひそ》んでいたのかも知れない。

このように『日本楽府』からは、武士の眼で見た戦国時代の事件が活写されていて、いろいろと深読みもできそうである。
今回の新版に当たっては、ＰＨＰ研究所の豊田絵美子さんのお世話になった。厚く御礼申し上げる次第である。

平成二十年二月下浣

渡部昇一

渡部昇一の戦国史入門　目次

渡部昇一の古代史入門　目次

渡部昇一の中世史入門　目次

47

第四十七関《けつ》　烏鬼舞（うきのまひ）

赤松満祐の反逆

㊼烏鬼舞《うきのまひ》

将軍《しやうぐん》の樽前《そんぜん》に烏鬼《うき》を舞《ま》ふ。
舞曲《ぶきよく》酣《たけなは》にして。伏兵《ふくへい》起《おこ》る。
坐《ざ》す者《もの》は興《た》ち。興《た》つ者《もの》は死《し》す。
杯盤《はいばん》と血《ち》と両《ふた》つながら狼藉《らうぜき》。
垣《かき》を踰《こ》えて走《はし》る者《もの》の足跡《そくせき》赤《あか》し。
吾《わ》が身《み》は短《みじか》しと雖《いへど》も三国《さんごく》の主《しゆ》。
今日《こんにち》の事《こと》は公自《こうみずか》ら取《と》ると。
誰《たれ》か知《し》らむ天数《てんすう》の乃祖《だいそ》に復《ふく》するを。

将軍樽前舞㆓烏鬼㆒。
舞曲酣。伏兵起。
坐者興。興者死。
杯盤與㆑血兩狼藉。
踰㆑垣走者足跡赤。
吾身雖㆑短三國主。
今日之事公自取。
誰知天數復㆓乃祖㆒。

今日《こんにち》の賊《ぞく》は。昔日《せきじつ》の父《ちち》。　今日賊。昔日父。

将軍義教の宴席で「鵜飼《うかい》」の後ジテが舞う。舞も囃子《はやし》も最高潮。と、突然、伏兵の乱入。坐っていた者は慌てて立ち、立った者は斬られて死ぬ無残。散らばる酒肴《しゅこう》血まじりに、狼の仮り臥した跡の草むらそっくり。垣越えて逃げた者の足あとは血で赤い。〃拙者身の丈《たけ》は三尺の短でも三国の主でござるぞ。長年ようも愚弄《ぐろう》めされた。今日非命の最期を迎えるは自業自得！　もはや父祖の親交に戻る日はござるまいな。今日わが赤松家は将軍家の敵。思えばわが祖が貴家の祖に「父と思うぞ」と言われたこともあったよのう、はっはっ。〃

■足利幕府の盛衰に関わった赤松氏

足利尊氏が政権を握ることが出来た最大の理由は、赤松則村《あかまつのりむら》（円心《えんしん》）が彼についたからである（『渡部昇一の中世史入門』第四十一関《けつ》「飜覆手《はんぷくしゅ》」参照）。尊氏が敗れて九州に落ちて行く時、それを追撃する新田義貞の主力を、詭計《きけい》を用いて播磨《はりま》の白旗《しらはた》城《じょう》に釘付けにしたのは赤松円心であった。また足利尊氏に北朝の天皇を抱きこんで、錦の御旗《みはた》を自軍でも使うようにすすめたのも円心であった。この二つのことがなければ、東国出身の足利尊氏は、逆賊として西海に滅びたはずなのである。足利尊氏が円心を「わが父の如き人」と呼んで重んじたのもわかる話なのであった。

ところがこの円心の曾孫《ひまご》の満祐《みつすけ》が、足利幕府十五代の頂点を示した将軍義教《よしのり》を自宅で殺害したのである。これ以後の足利幕府は急に力を失って下降線を描き、応仁《おうにん》の乱に至って、全く形骸《けいがい》化するに至った。赤松氏はよく足利幕府を興《おこ》し、赤松氏はよく足利幕府の衰勢を招いた、と言うべきであろう。

さて赤松家であるが、その祖と言うべき円心の後は長男の範資《のりすけ》が惣領《そうりょう》になったが、彼は京都の七條の自宅でなくなった。次男の貞範《さだのり》が惣領になるべきところ、彼は相当の悪《わる》であった上に、足利直義《ただよし》との間もよくなく、都から逃げてしまい、円心の三男の則祐《そくゆう》が惣領となり、赤松家発生の地と言うべき播磨の守護になった。後に摂津《せっつ》や備前《びぜん》の守護職も兼ねている。

則祐は武勲も多く、また禅《ぜん》の方でも雪村友梅《せっそんゆうばい》と親しく、晩年は赤松律師と呼ばれるほどの人物であり、南北朝の合体のためにも働いた。加えるに妻は佐々木道誉《どうよ》の娘である。三男とは言いながら則祐が惣領職《そうりようしき》を継いだのは順当であったと言えよう。則祐が死ぬとその長男の義則《よしのり》が十四歳で赤松家惣領となり、播磨、備前、摂津の守護になった。義則もなかなかの人物で五山の禅僧たちと交わり、太清宗渭《たいせいそうい》について参禅し、禅僧の評価も高い。また『新後拾遺和歌集』に入っているような歌も残した（詳しくは高坂好『赤松円心・満祐』人物叢書一五五・吉川弘文館、昭和四十五年参照）。

将軍足利義満《よしみつ》は管領《かんれい》職を斯波《しば》・細川・畠山の三家に限り、また侍所《さむらいどころ》を赤松・一色《いっしき》・山名・京極（佐々木）の四家に限って、交互に任命した。赤松義則は三代将軍義満、四代将軍義持《よしもち》と二代にわたり五十五年仕え、幕府の重鎮であった。その義則は五十七歳の時に、長男満祐を守護職の代行とした。そして義則が生きている間は、満祐と将軍との関係に問題はなかった。しかし義則が七十歳で死んだ応永《おうえい》三十四年（一四二七）になると、すぐに将軍義持と赤松満祐の間に軋《きし》みが生じる。

■足利将軍家との軋轢《あつれき》

この時、満祐はすでに四十六歳で、当時としては相当の歳であるが、やることは若者のように激しいところがある。やることに節度がない。身長は極端に低く、「三尺入道《さんじやくにゆうどう》」という綽名《あだな》があるくらいだった。彼には、乱暴者の弟の則繁《のりしげ》がくっついている。則繁は後には朝鮮に行って倭寇《わこう》の親分として暴れるというようなこともやったぐらいの男だからその乱暴ぶりは見当がつく。義則が生きているうちは世間も遠慮するし、将軍義持も我慢していたらしい。長い間幕府の重鎮だった義則が死ねば話は別になる。

将軍義持（正確に言えば五代将軍義量《よしかず》が夭折《ようせつ》し、父の四代将軍義持が将軍職を代行していたことになる）は、義則の死後、播磨の国を満祐に安堵《あんど》しなかった。そして播磨を将軍の直轄地、すなわち幕府の御料国《ごりようこく》とし、その代官には寵臣《ちようしん》であった赤松家傍流の持貞《もちさだ》を任じた。赤松家嫡流《ちやくりゆう》として満祐は「播磨は円心、則祐以来の勲功《くんこう》によって拝領したのであるから、召し上げるのは勘弁してもらいたい」と奉答した。しかし義持は再び命じ、満祐も再び拒否した。しかし義持は三度命じたので、満祐は命を奉ずると答えた。しかし腹の中は治まらない。その夜、満祐は邸内の財宝を召使いに与えた後で、家に火をつけて本国に引き揚《あ》げたのである。

江戸時代でも同じことだが、火事こそは木造だけの日本の都市の大敵である。自らの邸宅に火をつけることは、明白な反抗の意志と見られるし治安の上でも由々《ゆゆ》しいことだ。将軍義持は怒った。

「播磨を幕府の御料国として召し上げられても、赤松満祐はまだ二カ国が残されている。それなのに邸《やしき》に火をつけて退去するとは怪《あや》しからん。備前は赤松美作《みまさかの》守満弘《かみみつひろ》（範資の孫）、美作は赤松伊豆守貞村（貞範の曾孫）に与え、山名と一色《いつしき》は国に帰った満祐を討伐せよ」

と命じた。しかし将軍義持のこの命令は行なわれなかった。赤松家一族にとって、惣領家の解体を喜ぶわけに行かず、追討を命じられた諸将も「多くは満祐と連《れん》姻《いん》（結婚による親類付き合い）して往《ゆ》くを欲せず」（頼山陽『日本外史《がいし》』）といった工合であったし、時の管領畠山満家《みついえ》も満祐に同情的であったから討伐軍は山名勢をのぞいて動こうとしない。これが応永三十四年（一四二七）十月下旬の情況である。ところが翌十一月十日、将軍義持の寵臣赤松持貞に対して訴状が出された。その中には持貞が、人もあろうに将軍義持の側室の一人と密通していると書いてある。調べて見ると事実と解った。事態は急転し持貞は切腹を命じられ、満祐の詫《わび》状は受け容れられた。かくて満祐は父義則の領国を相続することになり、一件は落着してこの年は終わった。

その後一カ月も経たない応永三十五年（四月二十七日に改元して正長元年となる）一月十八日に将軍義持が死んで、鬮《くじ》で選ばれた六代将軍義教が出てくる（『渡部昇一の中世史入門』第四十六関「兩塊肉《りやうくわいのにく》」参照）。そしてこの新将軍と赤松満祐は、義持の時以上に関係が悪くなるのだ。将軍義持は赤松家傍流の持貞を寵臣としたが、新将軍義教はこの持貞の甥の貞村を寵愛したため問題が起こったのである。

■義教は南朝系の御子孫を根絶した

六代将軍義教は鬮で選ばれるという変わった形で将軍になった人だが、「英明果断」であり、天寿を全うしたならば、燦然《さんぜん》たる幕府中興の業を成したであろう、という高い評価がある（田中義成『足利時代史』明治書院、大正十二年・一九七ページ）。一方ではその性質は「猜暴《さいぼう》」（頼山陽『日本外史』）であったとか、「残忍峻烈」であったという批判的見方もある（新田英治「足利義教」『国史大辞典』第一巻・吉川弘文館、昭和五十四年）。

どちらかと言えば義教は織田信長と一脈通ずるところがあったと言えよう。実績の面から言えば功は大きいが、やり方は激しいところがある。まず義教は足利幕府にとって当初から問題であった鎌倉管領の足利持氏《もちうじ》を討伐し、二つの頭がある感じのしていた足利幕府を完全に一つにした（第四十六関参照）。更に日本の半分の兵を動員して結城《ゆうき》合戦を遂行し、これを滅ぼした。また九州は大内氏を通じて大友氏らを討たせてこれを平定した。

更に注目すべきは、常に嗷訴《ごうそ》によって宮廷や幕府を悩ますことの多かった比叡山《ひえいざん》を武力で討伐した。このため僧徒は金輪院《こんりんいん》を焼き、根本中堂《こんぽんちゅうどう》に拠ったが、更に攻められて総持院《そうじいん》、根本中堂を焼き、二十三名が自殺してようやく事件が終わった。

比叡山を武力で攻めたと言うのは信長のやったことの前取りである。もっとも堂宇《どうう》に火をつけたのが僧徒であったという点、信長の時とは違っている。

また義教は南朝の後裔《こうえい》が乱のもとになることを怖れ、後村上、長慶《ちょうけい》、後亀山の三天皇の御子孫をことごとく討伐し、事実上、南朝系の御子孫は根絶《こんぜつ》したと言えよう。生き残った方々は、いずれも出家せしめられたから、正式の子孫はないことになる。更に公家の綱紀を引き締め、不満を示した公家の中には領地を取り上げられて餓死した権大納言《ごんだいなごん》正親町実秀《おおぎまちさねひで》のような人も出た。四代将軍義持以来、淫風蕩蕩《いんぷうとうとう》としていた宮廷が粛然としてきたことは当然である。しかも義教は皇室を尊ぶ念はいたって篤《あつ》く、天皇と幕府の関係は足利十五代のうち、最も良好であり、さながら公武一家の観を呈したのである（田中義成「前掲書」、一九二ページ）。

■面子をつぶされた怒り

さて将軍義教と赤松満祐の関係であるが、はじめのうちは良かったようだ。義教は将軍になるとすぐに赤松満祐を侍所の別当《べっとう》とし、その屋敷に出かけて連歌《れんが》なども行なっている。しかしこの二人の間はだんだん悪くなり、ついに赤松満祐が義教を暗殺するに至るのである。この点で、信長と明智光秀の関係と少し似ている。その原因となるようなことについてはいろいろ言われているが、それも当時は、原因がはっきりしなかったためであろう。

　先ず義教が三人の侍女《じじょ》を処刑した時、その一人が満祐の娘であったという説がある。また満祐の妹が義教の側室となっていたが、義教の怒りに触れて殺されたという説もある。しかしそれが事実だとしても当時の大名が娘や妹のために、自分の家を棒に振るようなことはしないであろう。もっと真実性があるのは、満祐の面子《メンツ》に関することである。

　満祐は小男で、顔も醜《みにく》かったので、義教は冗談に「三尺入道」と呼んでいた。ところがある宴会の席で満祐は酒を飲んで舞いながら、「わが身の矮小《わいしょう》なるを侮《あなど》るなかれ。われは三国（美作、備前、播磨）の主なるぞ」と謡った。このため義教はますます満祐を憎むようになった。それで義教は満祐が伺候《しこう》するごとに、自分の飼っていた猿を放して満祐の顔をひっ掻《か》かせた。満祐は刀を抜いてその猿を斬った。心の中でそういう悪戯《いたずら》をする義教を恨んだが、顔には出さず、復讐の機会を狙っていた、というのである。

　しかしこれも論拠としては弱い。三尺入道とは呼んだかも知れないが、猿を出すというのは義教らしくない。また、その猿を殿中《でんちゅう》で斬るというのも、また斬って無事というのもおかしい。やはり当時の武士が家の興亡を賭して立ち上がるのは領地の問題であると考えるのがよさそうだ。これが真因でほかの原因とされているものは「お話」か、従属的なものにすぎないであろう。

■重鎮に殺された六代将軍

永享《えいきょう》九年(一四三七)二月、幕府が満祐の領地のうち、播磨と美作を借り上げるという噂《うわさ》がしきりに流れた。義教は赤松家傍流の春日部《かすかべ》の赤松貞村《さだむら》を寵愛しているので、それに満祐の土地をやる気らしいというのが噂のもとである。貞村の叔父の持貞を寵愛して、彼に故義持将軍が播磨をやろうとして騒動が起こったことは、満祐の記憶に新しいところであるから、「またか」ということで満祐が心配になったとしても当然である。

この時は何事もなくすんだが、三年後の永享十二年(一四四〇)三月、満祐の弟の義雅《よしまさ》が、義持将軍の不興を蒙《こうむ》って所領《しょりょう》をことごとく取り上げられ、それは長兄の満祐と、噂のもとである貞村と、他家である細川持賢《もちかた》の三人に分与された。満祐はこの分与の仕方に不平を申しのべたが、将軍は聞き入れない。そこで将軍の処罰を怖れた赤松家としては、満祐が発狂したことにしてしまったのである。

しかし赤松家を不安にする事件はその直後にも起こった。というのは、この二カ月後の永享十二年五月に義教は、一色義貫《よしつら》と土岐持頼《ときもちより》を殺した。侍所をつとめる四家、つまり四職のうち二家までが簡単にその当主を殺されたのだ。義教の政策に公家も大名も「あすはわが身か」と震えたが、前々から問題のあった赤松惣領家の不安は絶頂に達した。そこで断乎《だんこ》として将軍殺害の決心をしたのである。

義教将軍が結城合戦に決着をつけて戦勝気分でいた嘉吉《かきつ》元年（一四四一）六月下旬、西洞院《にしのとういん》二条の赤松家の池に鴨《かも》の子が沢山生まれて泳ぐ様子が面白いというので、それを見たいという将軍の意向を受けて、赤松家は義教を迎えた。当主の満祐は狂気ということで、この時は重臣の家にいて、自邸にはいない。

将軍が赤松邸に入ったのは六月二十四日の申刻《さるのこく》（午後四時頃）だという。主人役として迎えたのは満祐の長男教康《のりやす》十九歳である。教康という名の「教」は将軍の名前から一字もらったものに違いなく、このことは赤松惣領家の重さを示すに足りる。そして将軍に従った多くの大名や公家を加えて、盛大な酒宴が行なわれた。庭の能舞台では観世の猿楽《さるがく》が演じられていた。その猿楽も三番の「鵜飼《うかい》」が演じられていた時、「馬が逃げたぞ」という合図の叫声と共に、邸の門は閉ざされ、伏せておいた三百人の鎧《よろい》武者が行動を開始した。その物音に将軍は側にいた三條実雅《さねまさ》に「何だ、あの音は」ときいたが、実雅は猿楽の音曲に夢中に聞き入っていたので、「雷の音でしょう」と呑気《のんき》な答えをした。その日は土用《どよう》の入りであるが雨続きで、雷が鳴ってもおかしくない日であった。

その時、数人の武装した武士が障子《しょうじ》を押し開けて入りこみ、将軍の首をはねてしまった。瞬時のことである。首を斬り落としたのは安積監物行秀《あさかけんもつゆきひで》である。この時、刀を持って立ち上がった大名は斬り伏せられた。細川持春《もちはる》、山名熙貴《ひろたか》は斬り殺され、斯波義康《よしやす》、大内持世《もちよ》は重傷、三條実雅は耳のあたりを切られて気絶した。しかし赤松勢はほかの人たちに恨みがあるわけではないから、腰を抜かして座ってい

図47-1　赤松氏略系図

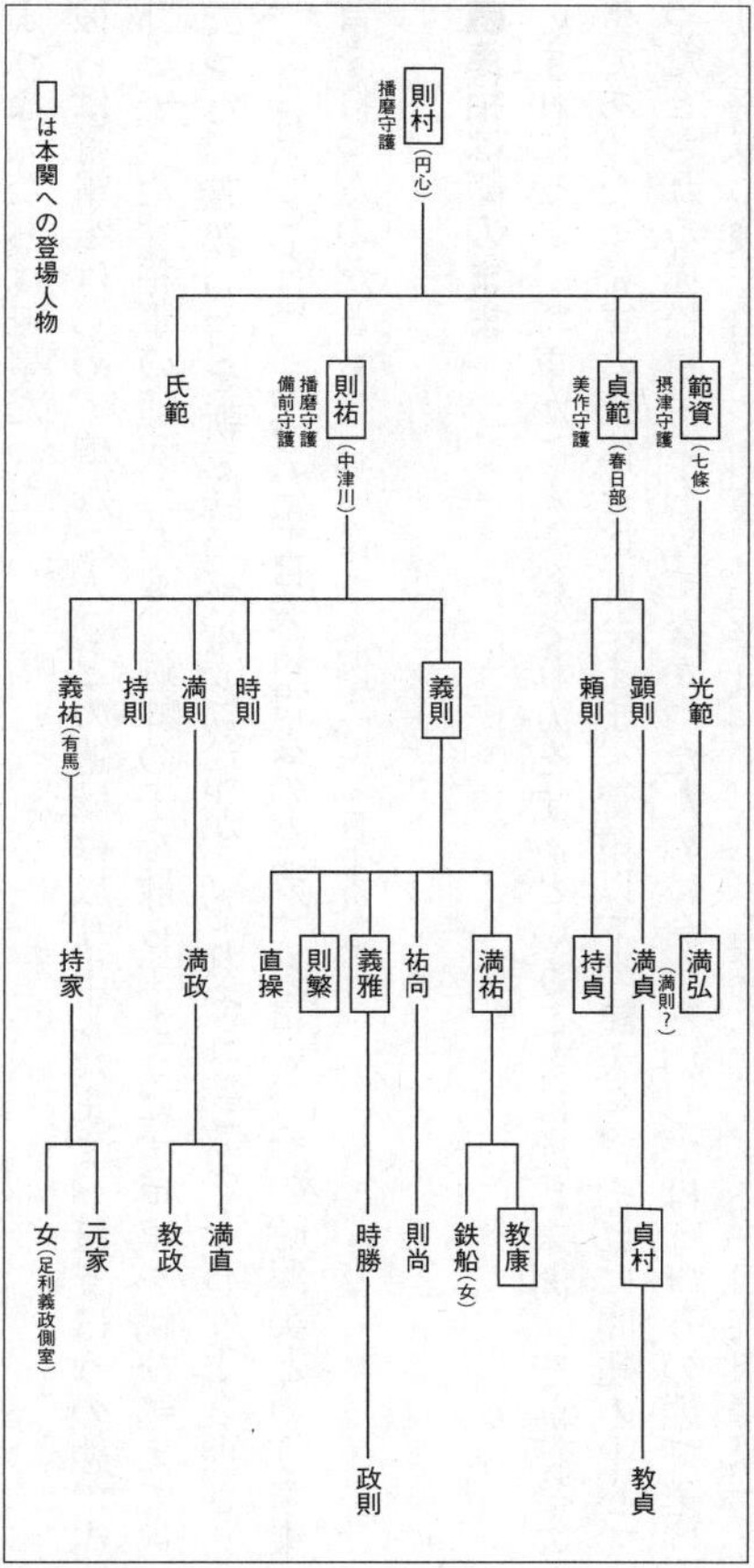

たような人たちは無事だった。

彼らは将軍をはじめ、倒れた人びとの遺骸《いがい》は放り出したまま、ほうほうの態《てい》で赤松邸を去った。将軍の随兵たちも、蜘蛛《くも》の子を散らすように、垣根を跳び越えて逃げ去った。義教の首を斬る時、教康と教祐が、それぞれ義教の左右の手を押さえて、「今日のことは、あなたの自業自得なのだぞ」と言い、その時渥美《あつみ》という家来が首を打ったのだとも一説に言う（例えば『日本外史』）。

■真相は闇のまま

いずれにせよ、将軍がこんな殺され方をするということは前代未聞、空前絶後の珍事であった。将軍の死体を捨てたまま、管領以下の諸大名、それに問題の中心であったとされる赤松貞村らも立てなかったために命びろいしてほうほうの態で逃げ去り、将軍の後を追って切腹した者は一人もいなかったらしく、「自業自得果」とか「将軍、此ノ如キ犬死」と言っている（高坂好「前掲書」、二一六〜二一七ページ）。この事件――嘉吉の変（乱）――のことを頼山陽は次の九行にまとめた。

将軍が酒盃を傾けている前で「鵜飼《うかい》」（烏鬼は鵜）の猿楽が行なわれていた。その猿楽が盛り上がっていた時に邸内にひそんでいた赤松の伏兵が行動を起こした。

座っていた者は立ったし、立ち上がった者は伏兵に殺された。

宴会の盃や御膳は血にまみれ、狼が草を敷《し》いて寝たあとのような散乱状態になっている。

垣根を跳び越えて逃げた者もいたが、その足跡は血がついて赤い。

将軍（義教）は私（赤松満祐）の背の低いことを冷やかして三尺入道だと言ったが、これでも私は三国（播磨、備前、美作）の守護でありますぞ。

今日、こうして首を取られたのも、将軍よ、それはあなたの自業自得と言うべきものです。

こうなっては天運がめぐりめぐって再び先祖たち（尊氏と円心）の時のような良好な関係にもどることはないでしょう。

今日、赤松家は足利将軍の賊《ぞく》であるが、昔は足利尊氏公ですら、私の先祖の円心を『父』と呼んだこともあったものですが。

赤松満祐一門は、安積行秀に将軍の首を剣先に貫いて高くかかげさせ、総勢七百騎が本国に向かって都を発《た》った。満祐の自邸のみならず満祐の弟の義雅邸や則繁邸にも火をかけ、また家来たちも自宅に火をかけた。しかし赤松勢を追撃する大名は誰もいなかった。誰にも事態の真相がつかめず、どういう陰謀で誰と誰が赤松と組んでいるのか見当つかず、動けなかったのである。

夜中に、火も一応おさまってから、将軍の首のない遺骸が焼跡から見つけられた。管領細川持之《もちゆき》は腰が抜けて（？）襲撃の時に立たなかった為に斬られずに赤松邸から逃げ帰ることができた。彼は翌々日に義教の子千也茶丸《せんやちゃ》を擁立することを諸将と会議の上で決定した。この少年が、七代将軍義勝《よしかつ》である。細川持之が補佐することになった。義教が等持院《とうじいん》に葬《ほうむ》られたのは事件後半月経った七月六日であるが、武家大名の出席者は管領細川持之のみであったというから、当時の状況がわかるではないか。一方、赤松満祐の方は、先祖の円心の故智《こち》に倣《なら》って、足利直冬《ただふゆ》の孫の冬《ふゆ》氏《うじ》という禅僧を将軍に立てることにし、義尊《よしたか》と称せしめた。

赤松討伐は遅々として進まず、征討の綸旨《りんじ》がようやく下りたのは、一月後の七月二十六日である。厳格な将軍義教はそれほど不人気だったと言えよう。赤松満祐の方も、悪御所を討ったのだから大名や世間の同情もあるだろうと、酒宴と猿楽で日を送っていた。

しかし事件から二月経った八月下旬から追討軍が勝ちはじめ、九月十日、城山城《きのやま》が山名持豊《もちとよ》（宗全）らに落とされ、満祐は自殺し、長男教康は伊勢に逃げて誅殺《ちゅうさつ》され、弟の則繁は朝鮮に逃げて倭寇となり、足利義尊は行方不明になった。満祐、安積行秀の首は四條河原に、義雅らの首は六條河原に梟《さら》され、一方、山名持豊は播磨を、山名教清《のりきよ》は美作を、山名教之《のりゆき》が備前をもらって一件は落着した。そして足利幕府の実権は永久に去ったのである。この後、足利幕府は「鵜飼」を凶として、楽府《がふ》（演目）から除いたという。

48

第四十八関　頭戴脚（かうべにあしをいただく）

応仁の乱勃発の背景

㊽頭戴脚《かうべにあしをいただく》

衛佐《ゑいさ》の頭《かうべ》。衛督《ゑいとく》の脚《あし》。
汝《なんぢ》が頭《かうべ》宜《よろ》しく迺公《だいこう》の脚《あし》を戴《いただ》く可《べ》し。
拝恩《はいおん》は唯《ただ》内宴《ないえん》の爵《しやく》のみにあらずと。
我《われ》に爪《つめ》有《あ》り彼《かれ》に牙《きば》有《あ》り。
細川《ほそかは》の水《みづ》は濡弱《じゆじやく》に非《あら》ず。
黒風《こくふう》血《ち》は迸《ほとばし》る十万《じふまん》の家《いへ》。
人頭《じんとう》累累《るゐるゐ》たり八輛車《はちりやうしや》。
西陣《せいぢん》東陣《とうぢん》月《つき》に幾戦《いくせん》。

衛佐頭。衛督脚。
汝頭宜㆑戴㆓迺公脚㆒。
拝恩不㆓唯内宴爵㆒。
我有㆑爪兮彼有㆑牙。
細川之水非㆓濡弱㆒。
黒風血迸十萬家。
人頭累累八輛車。
西陣東陣月幾戰。

大海以内裂如レ瓜。
将軍獨闘東山茶。

大海《だいかい》は以内裂《いないさ》けて瓜《うり》の如《ごと》きも。
将軍《しやうぐん》は独《ひと》り闘《たゝか》はす東山《とうざん》の茶《ちや》。

右衛門佐の頭。右衛門督の脚。佐《すけ》の義就《よしなり》どの、おてまえ、この右衛門督《かみ》宗全が脚を頭に戴《いただ》いてしかるべきじゃ。ありがたく頂戴するのは内宴の盃だけではあるまいぞ。さてこの方に義就なる爪を得たが、相手にも牙に比すべき者がいる。対する相手の名は細川、名は細川だがこの川どうしてどうして細くない。黒煙風を巻《ま》き都はみるみる火と血の巷《ちまた》。討ち取った敵の首積んで引き揚げる車八台。西と東におのおの陣取って月に数度の戦い。その後は戦乱につぐ戦乱、海内《かいだい》四分五裂して割れた瓜《うり》に似る。して将軍は？将軍はどこ吹く風と雅《みや》びやか、東山で茶を闘わせて日を暮らす。

■歴史の本質は相続争い

「応仁《おうにん》の乱」は日本史の中のフォッサ・マグナ（Fossa Magna）である。本物のフォッサ・マグナは日本列島の中部地方にある大地溝帯《ちこうたい》であって、これを境にしてわが国は東（北）日本と西（南）日本に分かれ、おまけに偶然かどうか、その近くで電気のヘルツ数も違ってくる。これは地質学上、あるいは地理学上の話、つまり空間的な話であるが、時間系列で見ると、応仁・文明《ぶんめい》の乱（一四六七〜一四七七）がそれに当たると言ってもよいであろう。歴史の大断層が生じたのだ。

この大乱をきっかけにして戦国時代が始まり、皇室や一部の公家などを除けば、日本中の家々の家系は、このあたりから始まるのである。大名など先祖を源氏とか平家とかに求める例が多いが、ごく少数の例外はあるにせよ、たいていはいい加減なものである。この歴史的大断層の時代のため、みな切れてしまうので、あとは適当に、誰々の子孫と「称した」のである。一番正直なのは豊臣秀吉で、自分が本当の先祖になったが、しかし彼の跡は根絶して今はない。

ついでながら指摘しておけば、ちょうどその頃イギリスでは薔薇《ばら》戦争が三十年も続いて、それ以前の貴族の血はあらかた流され尽くしてしまい、新貴族の時代の準備期に入る。日本とイギリスはその後も奇妙な歴史上の併行現象を示しているが、これがその始まりである。

応仁の乱は結局は相続争いという名の所領争いであった。足利幕府自体が武士の所有欲を基礎にして成立した政権であるから、その政治の理念は大名間の私欲を調整することにすぎない。何かことがあればすぐ火を吹く。しかし現代の通史は相続の細かい話には関心がなく、下剋上《げこくじょう》の風潮や一揆《いっき》の話など、社会現象を説くものが主である。

しかし頼山陽は武士であるから、相続争いを歴史の本質と見ていたふしがある。だから彼の『日本楽府』は現代書かれている日本史の通史からでは全く解らない。相続争いのような事件を歴史の本質と見た時代の通史、たとえば田中義成博士の『足利時代史』（明治書院・大正十二年、講談社学術文庫・昭和五十四年、ただし品切れ）とか、頼山陽自身の『日本外史』に拠《よ》らないと今回のような闕《けつ》は解けないのである。

事実、『日本外史』の中で頼山陽は細川・山名の対立に至る経過を説くにまことに詳細であり、かつ生彩奕奕《せいさいえきえき》たるものがある。まことに歴史の主役は政権争い、領地争いで、社会史的なことはあくまでも背景なのだということを知らされるような気がしてくる。戦後の歴史は一般に人名という固有名詞をなるべく減らし、社会・経済史的なことに重点を置いていた感があるが、頼山陽はあくまでも個々の人物を通じてのみ歴史を語っている。

応仁の乱は相続争いであるから、今日のわれわれから見れば、ほとんど無意味な人名の錯綜《さくそう》を我慢しなければならない。将軍家と大名の相続がからんでいるのであるが、まずは理解しやすい細川勝元《かつもと》と山名宗全《そうぜん》（持豊《もちとよ》）という二大勢力の対立に至る大名の家系を概観してみよう。

■幕府を支える人材がいない

足利三代将軍義満《よしみつ》の応永《おうえい》五年（一三九八）に幕府は三管領《かんれい》を決め、斯波《しば》（武衛《ぶえい》）、細川、畠山の三氏の嫡家が交替で管領職につくことにした。更に四職《しき》を決め、これには山名、一色、赤松、京極《きょうごく》の四氏の嫡家が交替で侍所別当《さむらいどころべっとう》になることになった。このほか、弓馬礼式は武田、小笠原《おがさわら》の二家、武者頭《むしゃがしら》には吉良《きら》、今川、渋川《しぶかわ》氏が、奏者《そうしゃ》には伊勢氏が任ぜられたが、何と言っても幕府の中心は三管・四職の大名であった。

六代将軍義教《よしのり》が四職の一つである赤松満祐《みつすけ》によって殺害されると（第四十七関「烏鬼舞《うきのまひ》」参照）、義教将軍と日野重子《ひのしげこ》の間に生まれた義勝《よしかつ》が八歳で家督を継ぎ、管領細川持之《もちゆき》の補佐を受けた。彼は幼くして乗馬を好んだが落馬して死んだ。年わずかに十歳であった。その後を同母弟の義政《よしまさ》が八歳で家督を継ぎ、元服後に八代将軍となった。

ところが、義政が将軍になる前の年までに、三代将軍義満以来、幕府の屋台骨を支えてきた重臣・功臣が次々と死去しているのである。すなわち細川持元《もちもと》が永享《えいきょう》元年（一四二九）、畠山満則《みつのり》は永享四年（一四三二）、畠山満家《みついえ》は翌永享五年（一四三三）の初夏に、斯波義淳は同年（一四三三）の秋に、満済准后《まんさいじゅごう》は翌々年永享七年（一四三五）、山名時熙《ときひろ》は同年（一四三五）の約一カ月後になくなっている。これらはいずれも幕府の柱石《ちゅうせき》と言われた人々であった。

たとえば満済准后は三代将軍義満に寵愛、信頼されてその猶子《ゆうし》となったほどであるが、四代将軍義持《よしもち》にも深く信頼され、義持が後継者を決めずに死んだ後も、その意を汲んで鬮《くじ》によって義教を将軍に立てたから、その信頼は絶対的であった。三代の将軍の側にいて万機《ばんき》に参与しながら私利を求めず党派を作らず、「黒衣《こくえ》の宰相」という名称をえた。この名前は何か腹黒さを連想させるが実際はその逆で、「天下の義者」という評が当たっている。

こういう人たちが死んだあと、残った人材は細川持之あるのみであった。彼は将軍義教が赤松満祐に殺された時、すぐに義勝を擁立し、しぶる大名たちを督励《とくれい》して赤松満祐を討伐することに成功したのである。彼がいなければこの時にすでに戦国時代は始まったかもしれないような状況であった。

この細川持之も、義政が将軍に選ばれる前年の嘉吉《かきつ》二年（一四四二）の八月に死去した。そのあと畠山持国《もちくに》が代わって管領になったが、その器量でなかった。しかしほかに人材がいなかったのである。その後は細川勝元が管領になるが、その年はわずかに十六歳。そんな時に、芸術には天才的なところがあったが、意志薄弱で、妻や妾《めかけ》や嬖臣《へいしん》で左右される義政が八歳で将軍に選ばれたのだ。天下の動乱、期して待つべきものがあるではないか。

■相続問題でゆれる大名家

先ず三管領家のうち、畠山、斯波の二家が相続問題からおかしくなった。管領畠山持国がその家督を子の義就《よしなり》に譲ったのは当然の話である。宝徳《ほうとく》二年（一四五〇）の六月のことであった。しかし持国の家宰《かさい》神保《じんぼ》越中守《えっちゅうのかみ》や遊佐《ゆさ》長直《ながなお》らは主人の言うことを聞かず、猶子《ゆうし》の政長《まさなが》に家督を継がせようと計画した。それが表面化したのは享徳《きょうとく》三年（一四五四）のことである。管領がその実子を跡継ぎにしようというのに重臣が反対するのだから、畠山持国という男はよほど器量のない管領だったに違いない。

　ところがもう一つの管領家である細川勝元は、畠山氏の反乱した家来とそれに担《かつ》がれた政長を支持したので畠山氏は二分して争う羽目になった。そして畠山持国が享徳四年三月（七月改元して康正《こうしょう》元年・一四五五）に死ぬと、細川勝元の助けで畠山家の猶子政長が、嫡子の義就を退けて管領家を継ぐことになった。家来のクーデターの方が勝った。しかし畠山政長は細川勝元の保護下に入ることになってしまった。

また斯波《しば》氏は、斯波義健《よしたけ》が享徳元年（一四五二）に跡継ぎとなるべき子を残さないで十八歳で死んだ。武家にとって明白な跡継ぎのないのは争乱のもとになる（明白な跡継ぎがあっても家来次第では争乱になることは畠山氏の場合に見た通り）。斯波家の重臣の甲斐常治《かいつねはる》は、斯波一族の大野持種《おおのもちたね》の子義敏《よしとし》を立てた。しかし義敏は自分を

図48-1　足利将軍家と日野氏の略系図

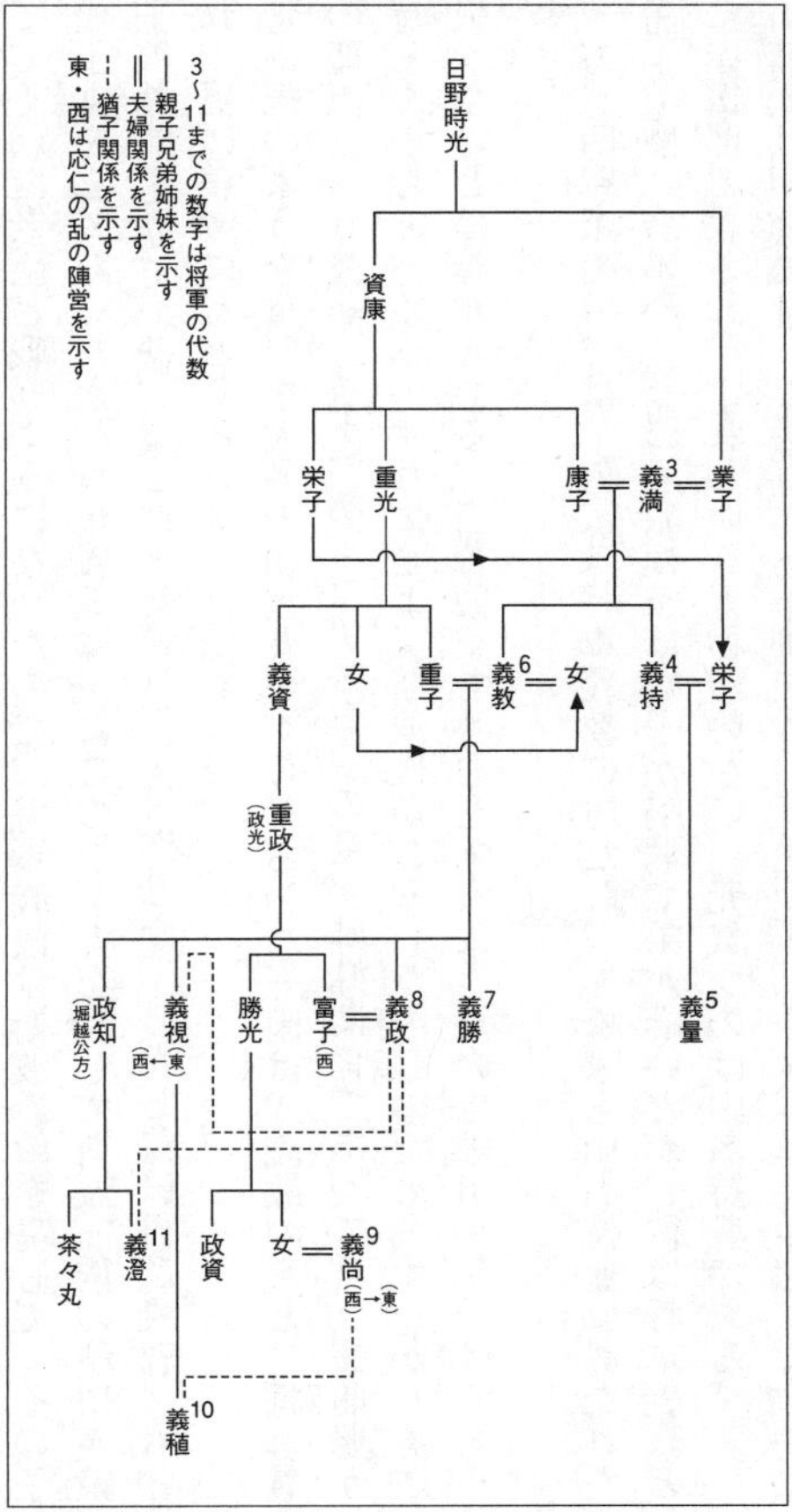

立ててくれた老臣と戦うようになったので、将軍義政は斯波義敏を廃して、その子の松王丸《まつおうまる》を立てた。しかし将軍義政は後にこの松王丸を廃して斯波一族の渋川義鏡《よしかね》の子の義廉《よしかど》を立てて武衛家（斯波総領家）を継がせた。しかし後に再び義敏にもどされ、更に義廉にもどるという工合《ぐあい》であった。

管領家のような重要な大名の相続者がぐらぐらした一因は、義敏の妾と、将軍義政の寵臣であり政所《まんどころ》執事であった伊勢貞親《さだちか》の妾が姉妹関係であって、女謁《じょえつ》賄賂《わいろ》が横行したからである。いずれにせよ、斯波氏がこうした内訌《ないこう》のため、すっかり勢威《せいい》を失ったことは確かである。三管領家で勢力を強大にしたのは細川勝元だけであった。

一方、四職家の方では一色家は将軍義教に討たれ、赤松家も山名持豊に討たれた（第四十七関「烏鬼舞」参照）。京極家は嫡子が病弱で弟が継いだが、彼は将軍義教と共に赤松邸で殺され、これという人物がいない。元気なのは山名持豊である。

山名氏は明徳《めいとく》の乱（『渡部昇一の中世史入門』第四十五関「六分一《ろくぶいち》」参照）で大いに勢力を失墜したが、山名時熙《ときひろ》が再興し、はじめ但馬《たじま》だけ所有していたが、旧領の伯耆《ほうき》、因幡《いなば》、備後《びんご》を恢復《かいふく》し、更に安芸《あき》、伊賀《いが》をも与えられた。その子持豊（宗全）は、赤松満祐討伐で抜群の功を立てた。

将軍義教が殺されたのに諸将は動かない。細川持之が命令しているのに一向に討伐が進捗《しんちょく》しない。細川、六角《ろっかく》（佐々木家）、武田などの大名が雲の如く赤松討伐に向かったが、蟹坂《かにさか》で赤松勢のために大敗を喫《きっ》して後退してしまった。その時、但馬口から攻め入って赤松勢を破り、赤松満祐の首を取ったのは正に山名持豊であったのだ。

この功により山名持豊は播磨《はりま》を得、その一族は備前《びぜん》、美作《みまさか》を得たから、正に山名氏は再び天下の六分の一を得たことになる。細川氏と対立しうる唯一の大勢力であった。

■細川・山名の対立と陰謀

この二氏が足利将軍家の相続問題にからんでくる。八代将軍義政は三十になっても子がない。それで弟の義尋《よしつぐ》に将軍職を譲ろうとした。しかし義尋はすでに出家して浄土寺の門主《もんしゅ》になっていたので、将軍になることを固辞した。

しかし義政は、「もし万一自分に子供ができても、それを子供の時から出家させるから、お前が将軍をやれ」と強硬にすすめた。それで義尋は再び髪をのばして還俗《げんぞく》し、今出川《いまでがわ》の邸宅に移り、名を義視《よしみ》と改め、細川勝元が執事になった。

ところがその段になって義政は将軍職を譲る気がなくなった。そこに夫人日野富子《ひのとみこ》の腹から男子義尚《よしひさ》が生まれたのだ。その母の富子はわが子を僧侶にする気はなく、自分の子を次の将軍にしてくれるようにと日夜、泣いて将軍にうったえ続けた。そして富子は自分には強い後ろ楯《だて》が必要だと感じた。競争相手の今出川義視に細川勝元がついている以上、それに匹敵できる人物は、背が高くて赤ら顔なので赭《あか》入道《にゅうどう》の綽名《あだな》のあるあの山名持豊（宗全）しかない。

その山名宗全も細川勝元には不快の念を持っていた。というのは細川勝元は山名宗全が滅ぼした赤松満祐の子孫を助けてその家を復興させたからである。更に勝元に実子がなかったので宗全の子豊久《とよひさ》を養子にしながら、後で実子の政元《まさもと》が生まれると、この宗全の子を廃嫡《はいちゃく》したのであった。日野富子が援助を求めてきたのは宗全には好都合であった。富子の子の義尚の執事になれば天下の権力を握り、細川勝元の鼻をあかしてやることができると考えたからである。

更に細川、山名の対立を鋭角化したのは畠山管領家の相続争いである。

畠山持国は家督を実子の義就に継がせるつもりであったが、すでに述べたように家臣たちが主人の持国の意に反して猶子の政長に継がせようとしてお家騒動になった。畠山持国の死後、一度は実子の義就がその領地を安堵《あんど》された。本当はこれで相続問題は解決のはずである。ところが後になって、将軍家の奥の方に影響力の強い伊勢貞親が細川勝元と組んで政長に畠山家の家督を継がせることにした。

この陰謀で四カ国の守護職を奪われた畠山家の嫡子義就は、幕府に反抗して河内《かわち》に兵を挙げた。細川勝元は二十余国の兵を集めて畠山政長を応援して義就を討伐しようとした。この討伐軍には、山名宗全の子で細川勝元と父子の約束をした是豊《これとよ》も従軍している。

ところが畠山義就は寡兵《かへい》を率いて実によく戦った。結局は敗れてかつての南朝勢の如く吉野・熊野の地方にのがれた。しかし山名是豊は畠山義就の武勇に感服して帰り宗全にそのことを語った。宗全も感銘した。それが後に、山名宗全が斯波家の家督争いがらみの事件を利用して、畠山義就を許すように将軍義政に進言することになったのである。

赦免《しゃめん》のしらせが熊野にいる畠山義就にとどくと、彼は直ちに河内にいる畠山政長の勢力を一掃し、それから京都に出て来て幕府に出頭した。特に自分を窮境《きゅうきょう》から救い出してくれた山名宗全に感謝した。

その頃、京都に落首《らくしゅ》があった。それは「右衛門佐《うえもんのすけ》（＝畠山義就）戴《いただ》く物ぞ二つある　山名が足と御所の盃《さかずき》」と言うのである。本領安堵は武家にとって何より有り難いことであるから、畠山義就は山名宗全の足を推《お》し戴いてもよい気持ちであったろう。もちろん幕府に挨拶して将軍から盃をもいただいたわけである。

義就の入京は文正《ぶんしょう》元年（一四六六）の十二月二十五日のことであった。

翌文正二年（三月五日改元して応仁元年となる。一四六七）の正月二日、畠山義就は山名宗全のおかげで将軍義政に拝謁《はいえつ》したが、同時に、家督争いをしていた畠山政長の方は管領職を罷免《ひめん》され、その邸宅も取り上げられて畠山義就に与えられた。そして新管領には山名宗全の女婿《じょせい》の斯波義廉がなった。完全に山名側の政治的勝利である。

■将軍の無責任さが東山文化を生み出した

しかし武家の間だから不満があれば戦争になる。

将軍義政は畠山家の義就と政長の戦いには、誰もどちらに味方してもいけない、と命令した。しかし義就の方は幕府軍ということで有利である。細川勝元は幕府に反することを懼《おそ》れて畠山政長に味方しなかった。そして上御霊林《かみごりょうばやし》で両者の戦いとなった。義就方には斯波義廉らがこっそり応援したが、細川家は門を閉めて助けず、畠山政長は敗走した。

世間の人は細川勝元が畠山政長を助けなかったことを嘲笑《ちょうしょう》して言った。「細川は洲股《すのまた》川と名を変えるべきだ。尾張（畠山政長は尾張の守護）を害するのはこの川だからだ」と。細川勝元は恥じて門を閉じて出なかった。しかし足利義視が両者の間を往来《おうらい》して和解させた。山名宗全は自派が有利になったのでますます得意になり驕慢《きょうまん》となった。

一方、細川勝元は表向きは山名に従う如く見せ、ひそかに諸国の兵を十六万集めたという。そして幕府に入り将軍の大旗をもらい、足利義視を陣中に迎えて山名宗全を討つ形をととのえた。先手を取られた宗全も直ちに十一万余と称する軍兵を集め、世に言う応仁の乱が始まった。

その本陣の地理的関係から細川勝元の側は東軍、山名宗全の側は西軍と呼ばれ、京都の中で十一年も戦い、そのために都は焦土《しようど》と化することになる。特に相国寺《しようこくじ》の戦いでは西軍は東軍の首を車八台に積んで西陣に送ったという。

文明《ぶんめい》五年（一四七三）三月十八日に山名宗全が七十歳で死に、同年五月十一日に細川勝元が四十四歳で死に、両方の大将は同じ年に二カ月違いで死んだが、畠山義就と政長はなおも戦い続ける。そのうち諸大名は自国の方が大切になり、それぞれ帰国し、文明九年（一四七七）に大乱は京都では自然に終わった。

東軍（細川方）は後土御門《ごつちみかど》天皇と後花園《ごはなぞの》天皇、及び将軍義政と義尚を握っていたので、名目上は有利である。義尚が将軍と一緒だったために、義視の方は山名宗全に迎えられて西軍に入ったので、元来の細川と山名が後押しした将軍の跡継ぎは、途中で逆転することになる。大乱の後の管領は畠山政長がなったので、見たところは東軍の勝ちに終わったようにも見えるが、もう肝腎の勢力争いは地方に移っていてあまり意味はない。

この大乱の間、将軍義政は何も命令できず、もっぱら茶の湯などの風流生活に逃避した。彼は大乱の最中の文明五年（一四七三）に将軍職を義尚に譲り、心置きなく好きなことに耽《ふけ》ることができた。

東山《ひがしやま》に銀閣寺を作ったのは大乱の終わったあとであるが、つまりはそういうことに連なる生活をしていたのである。逆説的に言えばこれほど無責任になれたからこそ、東山文化ができ、ワビとサビが日本趣味の本質的な部分を成すに至ったとも見える。

頼山陽は畠山義就の帰京から十行で応仁・文明の大乱をまとめている。

右衛門佐《うえもんのすけ》（畠山義就）の頭と、右衛門督《うえもんのかみ》（山名宗全）の足と。

お前さん（義就）は自分の頭に、わし（宗全）の足を戴いて感謝してもよいほどだね。

有難くいただくのは、御所で将軍から正月の宴でいただく盃（爵）だけというわけでもあるまい。

わが方（山名）にも畠山義就のような爪があるとすれば、あっち方（細川）にも

畠山政長のような牙があって手ごわい。

上御霊林《かみごりょうばやし》の戦の時は細川家は幕命《ばくめい》通り中立を守って臆病者のように嗤《わら》われた

が、細川の水は決して細くて流れの弱いものではないのだ。

かくして大乱は始まり、京都の十万の家は火にかかって黒煙がもうもうとし、いたるところの家で血が流されるようになった。

相国寺での戦いのように、一回の戦いで取った敵側の首がごろごろと何と八台の車に積み上げるほどあった激戦もある。

京都の中で西陣と東陣に分かれ、毎月毎月何度となく戦闘が行なわれている。

国中がそれからというものめちゃくちゃになって、ちょうど割られた瓜《うり》のようだ。

しかし将軍はそういう大乱にもお構いなく、兵ではなく茶を東山のあたりで闘わせている。（闘茶《とうちゃ》は茶のよしあしを争う遊びであるが、ここでは戦争の縁語《えんご》で「闘」という単語を使ったので、単に茶の湯の意味に解してもよいであろう）

49

第四十九関　新國君（しんこくくん）

下剋上の時代

㊾ 新國君《しんこくくん》

新国君《しんこくくん》。旧家老《きうからう》。
新旧弁《しんきうべん》有《あ》り我《われ》に驕《おご》るは早《はや》し。
三家国《さんかくに》を分《わか》ち建《た》てて君《きみ》と為《な》すと。
尤《とが》むる莫《なか》れ此《こ》の語《ご》の太《はなは》だ転倒《てんたう》せるを。
旧管領《きうくわんれい》は新将軍《しんしやうぐん》を制《せい》す。
従来此《じゆうらいこ》の榜様《ほうやう》の好《よ》き有《あ》り。
君《きみ》聞《き》かずや足利《あしかが》の蹇《つまづ》くは尾大《びだい》に由《よ》るを。
尾端《びたん》に尾《び》ありて更《さら》に掉《ふる》はず。

新國君。舊家老。
新舊有レ辨驕レ我早。
三家分レ國建爲レ君。
莫レ尤此語太顚倒。
舊管領制二新將軍一。
從來有二此榜樣好一。
君不レ聞足利之蹇由二尾大一。
尾端有レ尾更不レ掉。

殿はご新任。家老は居つきなり。なにかいなでの担《かつ》がれ殿がお威張《いば》りめさるは早すぎる。われら《われら》が殿と呼べばこそようやく殿と呼ばるる殿ぞ。あいやおっしゃるな君臣の分《ぶん》の逆立ちなんどと。旧管領とて新将軍をあやつりめさるる。すでにかのごとくみごとな手本がござるでな。さて君ご存じか足利の亡因は「尾大《びだい》の弊《へい》」と。その尾の先にまた尾が生えていよいよ身動きままならぬ。

■重臣たちの台頭

ある文化圏の基本的特色は、その発生期における条件が、「刷り込み《インプリンティング》」となっているところから生ずる、と喝破《かっぱ》したのは、二十世紀最大の思想家の一人──と少なくとも私が考えている──オズワルド・シュペングラーである。

もちろんシュペングラーは彼の死後にコンラート・ローレンツの動物行動学上の発見によって一般に普及した「刷り込み」という言葉を振りかざしたわけではないが、ローレンツと全く同種の発見を、文化のタイプの発生についてなしている。

そのシュペングラーの発見は、一国の文化の中のある特定の時代の特色を見る場合にも適用できるのではないかとも思われる。

この視点から足利時代の特色を見るならば、それはよく言われるように「下剋上《げこくじょう》」という言葉になるのではあるまいか。

下剋上とは、「下上《シモカミ》ニ剋《カ》ツ」というところから出ている。足利尊氏は意識的に皇位の相対化を行なった。皇位まで相対化されたことは、実力のある下位の者が、実力のない上位の者に剋つ、という半ば無意識な思考パターンを、その後の時代に烙印《らくいん》したことにほかならない。

足利三代将軍義満《よしみつ》が、皇位を覬覦《きゆ》（望んではならぬ位を望むこと）したことは、田中義成博士がつとに論証された通りである（田中義成『足利時代史』明治書院、大正十二年・三七〜七六ページ。同書は講談社学術文庫に入っているが、現在は在庫なし）。

上の行なう所を下が倣《なら》うのは当然の話で、侍所別当《さむらいどころべっとう》になる大名の山名氏が、「汝《なんぢ》（将軍家）は天子《てんし》に負《そむ》き、吾《われ》は汝に負く」と言って将軍に叛《そむ》いたことは正に時代思潮と言うべきか、足利幕府体制の「刷り込み」が大名に及んだ好例である（『渡部昇一の中世史入門』第四十五闋《けつ》「六分一《ろくぶいち》」参照）。

この風潮はさらに大名家の中にも浸透してゆく。

それがまず露骨に表われたのは三管領《かんれい》家の斯波《しば》氏と畠山氏である。ここでは斯波

図49-1　斯波氏略系図

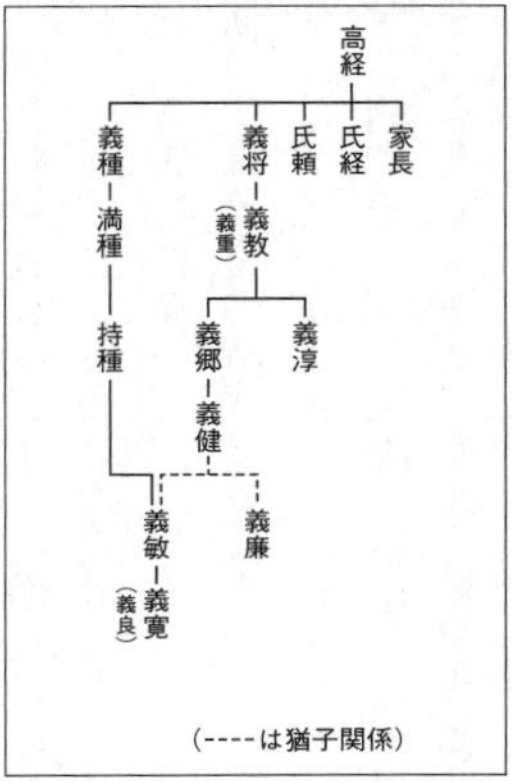

氏のお家騒動の方から見てみよう。

斯波氏は元来、足利氏の支流であるが、陸奥国《むつのくに》の斯波（志和）郡を領有していたので、この名で呼ばれるようになった。

斯波高経《たかつね》が足利尊氏、義詮《よしあきら》に仕えて功があり、越前の守護になった。家督を継いだのは高経の四男 義将《よしまさ（ゆき）》である。

義将以来、斯波家の当主は左兵衛督《さひょうえのかみ》になった。兵衛府《ひょうえふ》は唐の制度では「武衛《ぶえ》」なので、斯波氏の宗家《そうけ》は武衛家、あるいは武衛氏と呼ばれることがあり、頼山陽の『日本外史』もしばしばこの名称を用いている。

足利義満が三管領、四職《ししき》を定めると、武衛家は細川氏、畠山氏と並んで管領家となり、斯波義将は四代将軍義持《よしもち》の時代に至るまで、通算、二十年に近い間管領として幕府を支えた。政治についての彼の考え方はおおむね穏健《おんけん》妥当であって、正に幕府の大黒柱という感じであった。

　義将の孫の義淳《よしあつ》は二度も管領になったが、三十七歳で病死し、その跡を継ぐべき子がいなかった。それで義淳の病気の間、六代将軍義教《よしのり》は、すでに僧籍にあった義淳の弟の義郷《よしさと》を、還俗させて家督を相続せしめた。ところがこの義郷の子の義健《よしたけ》は子なくして死んだので、再び相続問題が起こることになった。

斯波氏は義将の時代までは支配力が宗家にあったが、すでにその子の斯波義教《よしのり》の時代には、実権が大幅にその家来たちに移っていた。つまり管領家として京都で活躍する間、その国を実際に統治したのは守護代になった家来たちである。

そのうちでも甲斐《かい》、朝倉、織田などという家老の実権が強くなった。斯波義教の子の斯波義淳は二度も管領になり、幕府においては「将軍義満以来の元老」(田中義成「前掲書」、一九九ページ)として重んじられたが、自分自身が守護に任じられた越前では甲斐常治《かいつねはる》や朝倉孝景《あさくらたかかげ》らの守護代が実権を握り、尾張《おわり》と遠江《とおとうみ》は新たに抜擢された織田常昌《つねまさ》が守護代として運営していた。

実権が下の者にさがってきているのである。

そうした状況の下では、相当に有能だった斯波義淳も、足もとが浮いた感じである。さらに武衛家は義淳の弟の義郷に移るという、相続者の力を弱める形の相続が行なわれ、さらにその義郷の子の義健は夭折《ようせつ》して子がなく、正当な相続者がいなくなった。それで義健の猶子《ゆうし》である義廉《よしかど》と義敏《よしとし》のいずれかがこの名門の家の相続者になることになる。

義廉は九州探題であった渋川義俊《しぶかわよしとし》の子渋川義鏡《よしかね》の子である。渋川義鏡は将軍義政《よしまさ》の命を受けて関東探題となり、関東の上杉を助けた武将であり、渋川家はもとを尋ねれば足利一族で、渋川に居住したのでその名のある名門である。この渋川義鏡を父とし、山名氏出身の女性を母として生まれた義廉は、斯波氏を継ぐのに不足はないとしても、あまりに斯波氏自体との血の関係が薄い。

義健のもう一方の猶子義敏は、斯波家の庶流《しょりゅう》である大野持種《もちたね》の子である。こちらは血筋から言えば斯波氏である。それで斯波義淳以来、義郷や義健に仕えてきた重臣甲斐常治は、斯波義健が享徳《きょうとく》元年（一四五二）九月一日に十八歳で死ぬと、次の武衛家の当主として、庶流ながら斯波高経の血をひく義敏を担ぐことにした。これには朝倉孝景らの重臣も賛成したから、斯波義敏が先祖同様に越前・尾張・遠江の三国の守護となり、一件落着のはずであった。

■伊勢氏もからんだ相続争い

ところが新しく武衛家の当主となった義敏の態度が大きいように重臣たちには思われた。甲斐常治や朝倉孝景や織田常昌にしてみれば、自分たちが協力して担ぐことに決めたからこそ義敏は斯波宗家を継げたのである。それなのに主人になるや否や、義敏は重臣たちに対して威張って無礼である。

「こんな主人は替えてしまおう」ということになった。嫡流の相続者だったら重臣たちも我慢したかもしれないが、義敏の場合は家督相続の正統性《レジテマシー》がそれほど明瞭でないのだ。

しかし一度担いでしまえば、主人は主人だと思って義敏に味方する者もいる。三重臣の方こそ高慢《こうまん》だという見方だってできる。主人の義敏が三重臣に反発するのを堀江石見守《いわみのかみ》や、甲斐常治の弟の甲斐近江守《おうみのかみ》は応援した。かくして典型的なお家騒動となる。

斯波義敏は守護代の甲斐常治らが横暴であることを、先《ま》ず幕府に訴えた。しかし敗訴して京都に引き籠《こも》ることになった。康正《こうしょう》二年（一四五六）のことである。主人が家来と争って幕府に裁断を求めたところ、家来の方に軍配が上がったのである。しかしその判定の背後には、将軍足利義政の幕府の特徴とも言うべき女謁賄賂《じょえつわいろ》があったのだ。

少し話はさかのぼるが、三代将軍足利義満は、幼い頃に伊勢氏のもとで養育された。これが前例になって、将軍家の若様は必ず伊勢氏のもとで養育されることになってしまったのである。将軍足利義政も若い頃は伊勢氏のもとで育てられた。それで義政は将軍になってからも、自分を養育してくれた伊勢貞親《さだちか》をうやまい、御父と言い、貞親夫人を御母と呼んでいた。義父母を尊敬するのは感心な話だが、悪いことには伊勢夫妻の言うことは何でも聞いてしまうのである。

当然のことながら伊勢貞親には非公式の大きな権力が生じた。諸大名もこの事情をよく知っているから、莫大《ばくだい》な賄賂が伊勢貞親のところに入り、天下の重大な人事もこれで決まることが多かった。細川勝元が畠山家の相続に介入し、畠山義就《よしなり》を退けて畠山政長《まさなが》を助けてその目的を果たしたのも、伊勢貞親を利用して将軍義政の賛意を得たからであった（これが応仁の乱の発端に連なる）。

同じように斯波家の相続問題にも伊勢家がからんできたのである。しかも女のコネが大きな役割を果たした。というのは、伊勢貞親の妻は甲斐家の出であり、この女性を通じて甲斐常治は伊勢貞親を動かし、今度は貞親が将軍義政を動かして、斯波義敏に不利な判定を下させたのであった。

しかし二年後の長禄《ちょうろく》二年（一四五八）には将軍義政が間に入って、斯波義敏と重臣の甲斐常治は和解することになった。

しかし、斯波義敏にしてみれば主を主とも思わぬ重臣甲斐常治が憎くてたまらない。それで和解した翌年の長禄三年（一四五九）の五月中旬、機を見て義敏の軍は敦賀《つるが》城にいる甲斐常治を攻めたのである。しかし斯波義敏の軍は、かえって甲斐常治に大敗してしまった。

自分が仲に入ってまとめた仲なおりを、突如義敏の武力行使で破られた将軍義政は激怒した。そして斯波義敏討伐の軍を出した。約三カ月後の八月十一日に斯波義敏は再び甲斐常治と越前で戦って大敗し、逃げて周防《すおう》の大内教弘《のりひろ》に頼ることになった。

戦《いくさ》に勝った甲斐常治は、翌日の八月十二日に急死した。将軍義政は甲斐常治の子の敏光《としみつ》に甲斐家を継がせると同時に、斯波義敏から三カ国の守護職を取り上げ、その嫡子の松王丸《まつおうまる》（後の義良《よしなが》＝義寛《よしひろ》）に継がせることにした。

しかし重臣側はこれに満足せず、甲斐敏光や朝倉孝景らはさらに将軍義政に働きかけ、二年後の寛正《かんしょう》二年（一四六一）の十月に松王丸から守護職を取り上げさせ、斯波義健のもう一人の猶子である渋川義廉を武衛氏の相続者として、三国の守護にしてもらった。この際に幕府は越前と越中の一部を割《さ》いて朝倉孝景に与えている。そして、義廉は山名宗全《そうぜん》の娘をもらった。

■女性がらみの逆転劇

これで武衛氏の相続問題が終わったかと思えばさにあらずで、女がらみの逆転劇が起こるのである。斯波義敏はのがれて周防にいたが、彼の妹は伊勢貞親の妾となっていて、寵愛されること深かった（一方には斯波義敏と伊勢貞親の愛妾《あいしょう》同士が姉妹であった、という説もある。伊勢貞親の妻が甲斐氏で、妾が斯波氏というのは身分の上下から見て合わないようであるから、恐らく妾同士が姉妹だったという方が本当であろう。いずれにせよ、女を利用して伊勢貞親を動かし、その伊勢貞親が将軍義政を動かすという構図は変わらない）。

というわけで妾がらみのこの運動が功を奏して、二年後の寛正四年（一四六三）の十二月に将軍義政は斯波義敏の罪を赦《ゆる》した。そして三年後の文正《ぶんしょう》元年（一四六六）になると、再び義敏と義廉の間に武衛家の相続争いが再燃するのである。

この年の七月、斯波義敏は、斯波義廉が自分の家来を斬ったと幕府に訴え出た。幕府は伊勢貞親と僧季瓊真蘂《きけいしんずい》にそのどちらの言い分が正しいかを調べさせた。ところが先に三国の守護職を取り上げられた松王丸（義敏の嫡子）は元来、季瓊真蘂の弟子であった。また伊勢貞親は、今や甲斐氏の出の妻に動かされるのではなく、義敏の妾と姉妹である自分の妾に動かされている。結果は想像できよう。将軍義政は伊勢貞親らの言い分を聞いて、斯波義廉の側に非があるとして、斯波義廉の邸を攻めさせ、かつ宮廷に参内することを禁ずるという処分にした。文正元年（一四六六）七月のことである。

斯波義廉は、岳父《がくふ》である山名宗全（持豊《もちとよ》）のところにかけこんで助けを求めた。大男で赭《あか》ら顔のため、赭入道《あかにゅうどう》の綽名《あだな》のある山名宗全は、当代第一の権勢《けんせい》家である。情勢は緊迫してきた。将軍義政は、日野勝光《ひのかつみつ》を山名宗全のところに派遣して、斯波義廉とは関係を絶つようにさとした。しかし細川勝元と山名宗全という翌年からは敵対関係に入る二大有力者が、この時は共に斯波義廉に味方した。これには一色《いっしき》義直《よしなお》や土岐《とき》成頼《なりより》などの有力大名も加わった。これらの諸将は伊勢貞親がらみの女謁公行《こうこう》に反感をもっていたのではないだろうか。

しかし将軍義政はそれにもかかわらず、その八月二十五日には斯波義敏を三国の守護に任命するのだ。三国の守護職であり管領家でもある武衛氏の相続者が、女の口ぞえでくるくる変わるのだからひどいものである。

ところがそれからわずか十日も経つや経たずやの九月初旬、伊勢貞親は「足利義視《よしみ》が斯波義廉に味方していますよ」と将軍義政に讒言《ざんげん》した。これを聞いた将軍義政はその讒言を信じ、足利義視を殺そうとした。義視は将軍義政の弟であり、後継者とするため還俗させられていた人間である。そういう重要人物をすぐ殺す気になるのだから将軍義政も軽率だが、それだけ伊勢貞親の言葉は将軍義政に信用されていたことを示す。

義視は身の危険を知るや細川勝元のところにかけこんだ。「こうした騒動が起こるのも、ひとえに伊勢貞親が怪《あや》しからんことを言うからだ」と諸将は連署した文書を将軍義政に出して、伊勢貞親を誅殺《ちゅうさつ》するよう請願した。危険がかえって自分の身に及びそうだと悟った伊勢貞親は近江に逃げ、斯波義敏は越前に落ち、僧季瓊真薬もいずこにか遁走した。それで将軍義政はこの約十日後に、斯波義廉を越前、尾張、遠江三国の守護に再び任命した。

全くめちゃくちゃな話であるが、この頃はこの斯波家の内紛と、もう一つの管領家である畠山家の相続争いと、さらに将軍家の後継者争いが同時進行しており、これから四カ月も経たぬ応仁元年（一四六七）の正月には、かの大乱の序曲となった上御霊林《かみごりょうばやし》の戦いが勃発したのである。

頼山陽はこの斯波家の内紛を、下剋上の典型的な一例として考えて、次の八行にまとめている。

新しい領主と、古くからの家老と。

いくら領主でも新しく担《かつ》がれた者は、古くからいる家老たちで、自分を担いでくれた人には遠慮があってしかるべきだ。新と旧は差があるべきで、旧は尚《たっと》ばれるべきなのだ。新しい君主がわれわれ古くからの家老に対して驕慢《きょうまん》になるのはまだまだ早いのだよ。

甲斐、朝倉、織田の三家老の家は、三国の守護たる武衛家の領国を分割掌握《しょうあく》しているのだが、その三家老家があなた（斯波義敏）を立てて君主としてあげているのですよ。

こういう言い方は順序がすっかり逆ではないか、とおとがめ下さいますな。上の方でも古い管領家たちが、新しい将軍を左右しているのですから。昔からそういうよい前例（榜様《ぼうよう》は元来は看板の意味）があるのですよ。足利氏の失敗は大きすぎることだ、ということをあなたは耳にしたことはありませんでしたか。

足利氏の体制はしっぽの先にまたしっぽがあって、どうにもこうにも振《ふ》れなくなったようなものなのです（『左伝・昭・一一』に「末大ナレバ必ズ折レ、尾大ナレバ掉ハズ。君知ル所ナリ」とあるのを踏まえて言っている）。

足利尊氏は強力なリーダーシップによって幕府を作ったのではなかった。有力な大名を利で釣《つ》ってともかくも幕府を作り上げたのである。その大名もいつの間にか有力な家老に担がれる存在になっていた。さらに有力な家老は有力な家来に担がれているにすぎないことを次の関で頼山陽は述べることになる。上からの支配は全くきかなくなり、下から固めて上にのぼっていったのが戦国大名であった。天皇、将軍、管領、家老、家老の家来と、実権がどんどん下降することを下剋上と言う、と定義してもよいであろう。

50

第五十関　蘆雑茆（ろばうにまじる）

三好長慶から松永久秀へ

⑳蘆雑茆《ろばうにまじる》

蘆荻《ろてき》か。萱茆《くわんばう》か。
沢涸《たくか》れて郊《かう》を成《な》すか。
聯句《れんく》纔《わづか》に成《な》りて羽書《うしよ》至《いた》る。
鞭《むち》を呼《よ》んで起《た》ち筆《ふで》は趣《すなは》ち抛《なげう》つ。
乱《らん》は極《きはま》りて陪隷《ばいれい》は英雄《えいゆう》を出《いだ》す。
兵《へい》を用《もち》ふる何《なん》ぞ岐阜公《ぎふこう》に減《げん》ぜむ。
陵谷《りようこく》は変化《へんくわ》し流品《りうひん》は雑《まじ》る。
誰《たれ》か弁《べん》ぜむ荻茅一叢《てきばういっそう》に同《あつ》まるを。

蘆荻邪。萱茆邪。
澤涸成レ郊邪。
聯句纔成羽書至。
呼レ鞭而起筆趣抛。
亂極陪隷出二英雄一。
用レ兵何減二岐阜公一。
陵谷變化流品雜。
誰辨荻茅同二一叢一。

何《なん》ぞ操柄《さうへい》を買豎《かじゆ》に授《さづ》くるに至《いた》りしや。
児《じ》は毒《どく》に遭《あ》ひ。姪《てつ》は蠱《こ》を受《う》け。
禍水騰蠥《くわすゐとうげつ》す上将《じやうしやう》の府《ふ》に。

何至㆔操柄授㆓買豎㆒。
兒遭㆑毒。姪受㆑蠱。
禍水騰蠥上將府。

——葦《あし》のひとむらか。すすきにまじらふは。——されば、沢かれて汀《みぎわ》より野となるあたり。吟終えたあたかもその時急使《きゆうし》の書状。馬引け！　鞭を！　筆投げ捨ててすっくと立つ。乱極まって英雄はその出自臣《しん》のまた臣。いくさぶり信長に比して劣らぬかの日々よ。丘は変じて谷となり貴《たか》き卑《いや》しきひとまぜに。見分けがたさよ荻《おぎ》・茅《かや》のなべてひとむら。なにゆえに君老い恍《ほ》れて権力《ちから》を商家の小僧に託したか。子は毒に遭い、甥は呪われ。禍《まが》つ水たぎりのぼって将軍の座さえも喰《く》らうやがての日。

■管領家の内紛

足利時代は一言で言えば下剋上《げこくじよう》の時代である。南北朝に分かれ、足利氏によって担《かつ》がれた北朝の皇室に権力があったわけはなく、後に南北合併した朝廷にも権力の復活はなかった。威信は三代将軍足利義満《よしみつ》にあり、六代将軍足利義教《よしのり》まではそれが続いたが、しかしこの将軍義教は、四職《ししき》家の一つである赤松満祐《みつすけ》の家に招かれ、ここで猿楽《さるがく》を見ている時に殺されてしまう（第四十七関《けつ》「烏鬼舞《うきのまひ》」参照）。かくして権力は三つの管領《かんれい》家に移るが、間もなく、その管領家の中でも内紛が起きて、家老たちにと実権が下降してゆく。

先ず管領家畠山氏の内紛である。畠山持国《もちくに》はその家督を妾腹《しょうふく》の子である義就《よしなり》に譲った。ところが重臣である遊佐長直《ゆさながなお》や神保越中守《じんぼえっちゅうのかみ》たちは、主君の持国との関係が悪く（これからしてすでに話がおかしい）、主君の指名した義就を新主君として奉《ほう》じようとせず、持国の猶子《ゆうし》政長《まさなが》（持国の甥）を立てようとしたため、畠山氏は二分した。もう一つの管領家の細川勝元《かつもと》は政長、つまり家老側を支持した。このようなわけで、畠山氏の勢力は急に落ちて、細川氏の保護の下にかろうじて成立することになった（第四十八関「頭載脚《かうべにあしをいただく》」参照）。

もう一つの管領家の斯波《しば》氏においても斯波義健《よしたけ》が嗣子《しし》なくして死ぬと、重臣の甲《か》斐《い》常治《つねはる》らは一族の義敏《よしとし》を担いで武衛《ぶえ》家（斯波本家）を継がせた。しかし義敏が重臣たちに対して威張るというので、重臣たちが反抗し、主君がこれを討つということになったため、幕府は義敏を廃して斯波家傍流の渋川義鏡《しぶかわよしかね》の子の義廉《よしかど》に武衛家を継がせた。これにさらに細川勝元が介入し、義敏が再び家を継ぐことになり、さらにこれを不満とする義廉が対抗するなどして、斯波氏もすっかり衰弱してしまった（第四十九関「新國君《しんこくくん》」参照）。

こうして管領家が重臣の反抗のため分裂抗争して力を失っていく中で、一つだけその勢力を保持した管領家は細川家である。その嫡流《ちゃくりゅう》は右京大夫《うきょうだゆう》に就任するのを常としていたので、京職《きょうしき》の唐名《とうめい》を用いて京兆家《けいちょうけ》と呼ばれる。京兆家は摂津《せっつ》・丹波《たんば》・讃岐《さぬき》・土佐《とさ》の四カ国の守護を世襲し、しばしば管領となったが、この本家を中心として、阿波《あわ》の守護家、備中《びっちゅう》の守護家、淡路《あわじ》の守護家、和泉《いずみ》半国の守護の二家などの細川庶流《しょりゅう》もよく同族連合を維持した。これは多くは細川頼之《よりゆき》が偉かったためであろう。また家臣の養成法にも配慮するところがあって、巧みに政務を担当せしめたため、他の二管領家とは違って、長く一族の結束が保たれていたのである。

しかし、それもいつまで続くというわけにはいかなかった。細川勝元は山名宗全《そうぜん》と天下を二つに分けての応仁《おうにん》・文明《ぶんめい》の乱を起こしたが、彼は政治的には有利な形にしてから死んだ。細川氏が極盛《きょくせい》というべき時期になるのはその勝元の子政元《まさもと》の下であった。政元は細川家が支持した畠山政長が、自分の意に反して足利義稙《よしたね》を擁立して第十代将軍にしたことに怒った。それで畠山政長を河内《かわち》に攻めて自殺せしめ――畠山家は分裂してすでに武力では細川家の敵ではない――義稙将軍を廃し、自分の意に適《かな》った義澄《よしずみ》を第十一代将軍にした。かくして細川氏は管領の地位を独占し、将軍は自分が選び出し、並ぶもののなき権勢を得たのであった。

■細川家を襲った下剋上の嵐

しかし正にこの時が細川氏の極盛期であった。というのは細川政元は修験道《しゅげんどう》に凝《こ》って婦人を近づけなかったので、子供がいなかったからである。権力者に実子がいなければ天下争乱の元となり易いことは言うまでもない。

子供のない細川政元は前関白《かんぱく》藤原（九條）政基《まさもと》の子の澄之《すみゆき》を養子とし、さらに一族の細川政春《まさはる》の子の高国《たかくに》を養子とした。しかし政元にはこの二人ともあまり気に入らなかったらしい。そこでさらに一族の阿波の守護家の系統の細川義春《よしはる》の子の澄元《すみもと》を養子にした。実子がいなくて、三人も猶子がおれば、継続者争いは必ず起こると言ってもよいのに、さらに管領細川政元は政務に力を入れず、これを内衆《うちしゅう》と呼ばれる有力な近臣にまかせたから、近臣がそれぞれの猶子を担いで派閥騒ぎを起こすことは期して待つべきものがあった。

細川家に内紛の気が高まった頃に後土御門《ごつちみかど》天皇が明応《めいおう》九年（一五〇〇）九月の末に崩御《ほうぎょ》されたが、なかなか葬儀ができず、黒戸《くろど》（仏間）に置かれっ放しになっていたこと、実に四十余日という。まだ晩夏の頃であり、ドライ・アイスもない時代の腐乱の様子は想像するのもはばかられる。泉涌寺《せんゆうじ》に葬られたのは十一月中旬であった。当時の将軍も管領も、自分たちの権力争いばかりに気を取られて、天皇を葬ることさえ怠っているような有様だったのである。

管領家の中でも、ひとり結束を誇ってきた細川家に本格的な内紛が勃発したのは、永正《えいしょう》四年（一五〇七）の六月二十三日である。

管領細川政元の家老に薬師寺与次《やくしじともつぐ》（長忠）と香西又六《こうざいまたろく》（元長《もとなが》）という者たちがいた。この二人の見るところ、主人の細川政元は宗教に凝り、しかも言うこともやることもしょっちゅう変わる。後継者の問題もぐらぐらである。猶子の一人、阿波守護家の出身の澄元には、阿波細川家の家臣三好之長《みよしゆきなが》という油断のならぬ後ろ楯がついている。そしてすでに澄元は第十一代将軍義澄に謁見を賜わっている。このままだと京兆家の相続者は澄元ということになり、三好之長が実権を握ることになるだろう。

それではたまらぬというので、香西らは管領政元を殺害して、猶子の澄之に京兆家を継がせよう、という陰謀を企てたのである。この年の六月二十三日、管領細川政元は、修験道の斎戒沐浴《さいかいもくよく》のため、夜に浴室に入った。政元の近習《きんじゅう》に福井、戸倉などという武士がいたが、いずれも家老の香西や薬師寺に買収され、沐浴中の政元を殺したのである。政元は享年四十二。

香西らは直ちに翌六月二十四日に、ライバルになるもう一人の猶子細川澄元の屋

図50-1　細川氏と三好氏の略系図

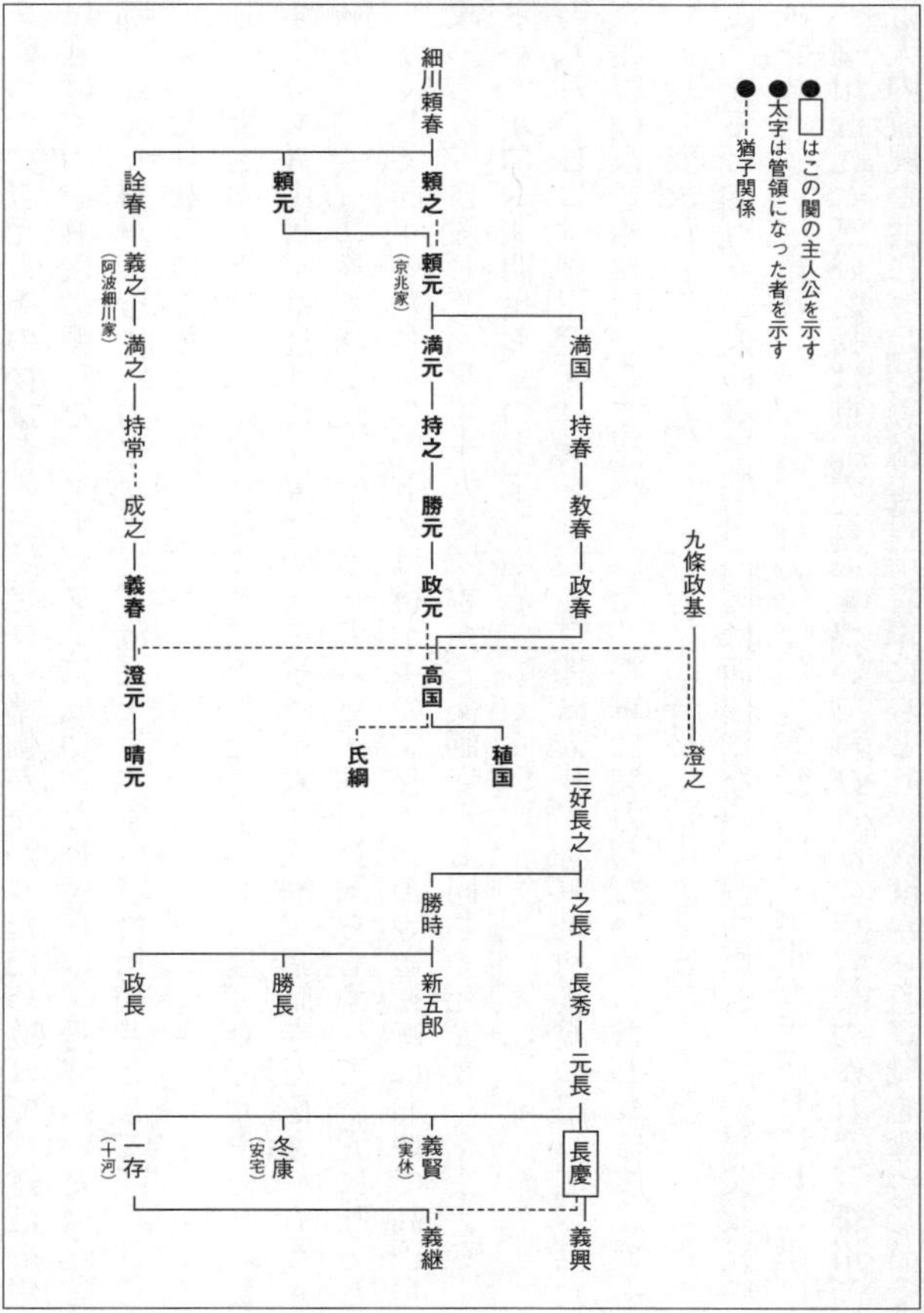

敷を襲った。澄元もその後援者の三好之長も準備がなかったため敗れて、近江の甲《こう》賀《が》に逃げ、山中為俊《ためとし》に頼った。クーデターに成功した香西らは、丹波にいた澄之を京都に迎え、将軍義澄に圧力をかけて、澄之を京兆家の家督相続者として認めさせた。同年七月八日のことである。

しかし澄之の天下はすぐに終わることになった。京都から逃げた澄元や三好之長はすでに七月中旬には近江に反澄之の兵を挙げ、六角氏綱《ろっかくうじつな》、薬師寺万徳丸《まんとくまる》らも澄元に味方し、さらに殺された政元のもう一人の猶子細川高国らもすべて澄元に味方した。かくして同年の八月一日、澄之は宿泊中の京都の崇禅寺《すうぜんじ》遊初軒《ゆうしょけん》において高国らに攻められて自殺した。享年十九歳。香西、薬師寺らも同じく死んだ。クーデターからわずかに六週間足らずの天下である。

翌八月二日には細川澄元は兵を率いて京都に入り、将軍足利義澄に謁《えつ》して、澄元が京兆家の家督相続者として認められた。将軍は実力がないから言われるままである。そして翌永正五年（一五〇八）の正月十五日に細川澄元を管領とした。

こうなると、もう一人の猶子細川高国は面白くない。澄之を討って、養父政元の恨みを報じたのは自分だ、という気がある。それで同じ永正五年四月に兵を挙げた。細川澄元と三好之長は京都の自宅を焼いて再び近江の甲賀にのがれた。細川高国は大内義興《よしおき》と共に、足利義稙を再び将軍にもどし、義澄から将軍職を奪った。そして自ら京兆家の家督を継ぎ管領となり幕府を動かすことになった。澄元と三好之長は反攻し、一時的に成功したこともあったが、結局、三好之長は永正十七年（一五二〇）五月五日に細川高国と京都で戦って敗れて逃げ、同十一日に潜伏先で自殺した。澄元は阿波にのがれ、翌月の六月十日、失意の中に死んだ。

あとは細川高国の天下である。将軍足利義稙が彼の横暴を嫌って京都からのがれると、高国は今はなき第十一代将軍義澄の子を迎えて第十二代将軍義晴《よしはる》とした。幕府は彼の思うままである。そこで出家し、嫡子の稙国《たねくに》に管領職を譲った。

しかし世の中は思うようにいかない。稙国は夭折《ようせつ》し、またも阿波の三好一族が本州に上陸した。先に自刃した三好之長の孫の三好元長《もとなが》は第十一代将軍義澄の子の義《よし》維《つな》と、細川澄元の子晴元《はるもと》を奉じ、かつ赤松一族と結んだ。細川高国はついに三好元長に敗れて摂津の応徳寺《おうとくじ》で自殺する。享年四十八歳。これで細川政元の三人の猶子の三人が三人とも滅んだことになる。

この様に見てくると、『日本楽府《がふ》』の四十七闋から四十九闋までの三闋は、足利三管領の衰亡《すいぼう》を順番に扱って戦国時代への移行を示したものと言える。頼山陽の足利期後半に対する見方が、三管領家という具体的なものにもとづいていることがわかり興味深い。近頃の歴史の本ではなかなか見当たらない具体性であると言えよう。

■移りゆく支配者

阿波の細川家出身の澄元を助けて、阿波の三好之長は死んだ。その澄元の息子が再び阿波から出て来た時、これを助けたのは三好之長の孫の三好元長と、三好一族である政長らであった。しかし澄元は、仇敵《きゅうてき》の高国を滅ぼした三好元長をかえってうとましく思うようになる。元長の一族の政長らの讒言《ざんげん》を信じたのである。それで澄元は恩人とも言うべき三好元長を除《のぞ》かんものと、本願寺光教《ほんがんじみつのり》（証如《しょうにょ》）に頼んで一向《いっこう》宗徒を動かして堺《さかい》の顕本寺《けんぽんじ》にいる元長を包囲させ、自殺させた。

この元長の嫡子が三好長慶《ながよし》である。その弟の義賢《よしかた》（実休）、安宅冬康《あたぎふゆやす》、十河一存《そごうかずまさ》などみな秀れた武将でよく兄を助けて、三好氏の勢力は山城《やましろ》・摂津・河内・和泉・大和《やまと》・丹波・淡路・讃岐・阿波と播磨《はりま》の一部に達した。十国を支配し旧主筋の細川家もかすんでしまい、将軍家もあってなきが如きものになった。

ところがこの三好長慶も、有能な弟らに先立たれ、かつ嫡子の義興《よしおき》に病死されると、気落ちしてしまい、恍惚《こうこつ》として惚《ほ》うけたようになってしまったと言われる。そこに登場するのは有能な家来として頭角を現わしてきた松永久秀《ひさひで》であり、重臣の三好三人衆（三好長逸《ながやす》・三好政康《まさやす》・岩成友通《いわなりともみち》）である。特に松永久秀は京都西岡の商人の出と言われ、はじめ三好長慶の右筆《ゆうひつ》として登用されたが、頭脳明敏で行政にすぐれていたばかりでなく、軍事でも抜群の功があった。しかし長慶の嫡子義興が病死したのは彼の毒殺だという説もあるし、また長慶の弟で人望のあった安宅冬康を長慶に讒言《ざんげん》して殺させたのも久秀だと言われる。『日本外史』は松永久秀のことを「慧黠《けいかつ》（わるがしこいこと）を以て長慶の親任する所となる」と言っている。

かくして足利将軍の権力は管領細川家に移り、細川管領家の権力は家臣の三好家に移り、しかもその権力はさらにその家臣の松永久秀らに移ったのである。かくて下剋上はすっかり完成した。松永久秀と言えば、すでに織田信長と同時代で信長に殺されることになる。足利幕府から元亀《げんき》・天正《てんしょう》の戦国時代に向かう流れは、すべてお家騒動と、それによって実権が下方に動くことにつきる、と言えよう。しかしこのような相続争いと同族争いの世でも、個々の武将はと言えば、しばしば深く禅《ぜん》に帰依《きえ》し、修養に努め、和歌、漢詩、連歌などの道にもよく通じていた。この一例を頼山陽は三好長慶に見出している。

■文武にたけた賢将・三好長慶

三好長慶は、その父の元長が細川晴元の謀略によって包囲された時は十一歳の子供であり、母に連れられて辛《かろ》うじて阿波に逃げ、後に十カ国を支配する権力を握った武将である。櫛風沐雨《しっぷうもくう》、よく戦場を生きぬいたと言うべく、多忙だったに違いないが、その教養は驚くべきものであった（長江正一『三好長慶』人物叢書一四九・吉川弘文館、昭和四十三年・二三二〜二五三ページ参照）。『日本楽府』の第五十関を、頼山陽は三好長慶の連歌に関する逸話《いつわ》を踏まえながら展開する。

永禄五年（一五六二）の三月五日、畠山高政《たかまさ》は、三好長慶の弟の安宅冬康のいる和泉岸和田城を攻めた。その応援に向かった冬康の兄の義賢（実休）は久米田《くめた》で戦って敗死した。彼は長慶から阿波と讃岐のほか河内もまかされていた人物で、長慶が大を成すに当たっては、もう一人の弟十河一存と共に、左右の腕となって働いた男である。その義賢が敗死した。まさに三好家の一大事である。この知らせが長慶のもとにとどけられた時、彼は居城の飯盛城《いいもりじょう》で谷宗養《たにそうよう》や里村紹巴《さとむらじようは》と共に連歌の会をやっていた。ちょうど、長慶の隣にいた者が、

すすきにまじる蘆《あし》の一むら

と詠み、長慶はそれにつける五七五の部分を考えているところであった。彼はこういう付句をした。

古沼の　浅き方《かた》より　野となりて

これはうまい。一座の者たちはやんやとほめそやした。その賞賛を受けた後、三好長慶は「今きたばかりの知らせでは、久米田で弟の義賢が戦死したとのことです。敵は必ずこの飯盛城に攻めてくるであろうから、戦場にならぬうちに早く京都

に帰られるがよい」と言って、宗養や紹巴たちを帰したというのである。そして直ちに戦う仕度《したく》にかかった。これは『常山紀談《じょうざんきだん》』にも載っている有名な話である（事実、一カ月後の四月五日に畠山高政はこの城を攻めている。この畠山軍を痛烈に破ったのは長慶の嫡子の義興と松永久秀である）。

この話を踏まえて頼山陽はこう書き始める。

「すすきにまじる蘆《あし》の一むら」というが、なるほど蘆も荻《おぎ》、あるいは菅《すげ》と茆《かや》（すすき）では同じく水辺の草で区別はつけにくい。

古沼は水が涸《か》れて（遠くの方から）ただの野原になってきている風景だ。

そんな連歌の付句ができたちょうどその時に、弟の敗死を告げる急ぎの書状がとどいた（至急の手紙には鶏の羽をはさんでその印としたというシナの故事から、「羽書」の名称が出た）。

すぐに筆を抛《なげう》って立ち、鞭を持ってこさせて出陣だ。

下剋上の動乱が続いて、将軍家の陪臣《ばいしん》（家来の家来）からもこういう英雄が出てきたのである。軍を指揮させれば、かの岐阜公《ぎふこう》こと織田信長にも少しも見劣りしない。

丘（陵《りよう》）が変じて谷になるように、官位や身分（流品）はごちゃまぜで、低い地位の者にも教養ある英雄が出てきている。荻《おぎ》も茅《かや》も一叢《ひとむら》に集まっているので、誰がどんな人間なのか見分けもつかない。しかし三好長慶ともあろう者が、何で恍惚の人になって自分の権力（操柄《そうへい》）をあの商家出身の小僧の松永久秀などにまかせるようになってしまったのか。すぐれた嫡男の義興は久秀のために毒を一服《いっぷく》盛られて死に、また甥であり猶子であった義継《よしつぐ》も禍《わざわい》を受けた（この「甥」というのは「弟」の安宅冬康とした方が歴史的事実に合う）。

この下剋上という禍の水は、さらに上に上って幕府（上将府）に嚙みついたような工合《ぐあい》で、十三代将軍義輝《よしてる》も久秀に殺されることになったのである。

三好長慶は四十三歳で死んだ。実子義興は先に死に、猶子義継は十三歳の弱年だったため、二年間喪《も》は秘された。死後二年経った葬式の時、参会した武士たちはみな涙を流し悲泣《ひきゅう》したという。長慶はすぐれた武人であると共に第一級の教養人であり、そして名君でもあって武将に慕われていたのである。教養と言えば、将軍を殺して評判の悪い松永久秀も茶の湯で名を残している。

51

北條早雲出現の背景

第五十一関　攬英雄（えいゆうをとる）

⑤¹ 攬英雄《えいゆうをとる》

主将《しゆしやう》は務《つと》めて英雄《えいゆう》の心《こころ》を攬《と》ると。
一語《いちご》我《われ》に於《おい》て是金鍼《これきんしん》。
汝《なんぢ》復《また》説《と》く勿《なか》れ吾《われ》意《い》に会《くわい》せりと。
人和《ひとわ》すれば終《つひ》に得《え》ん八州《はつしう》の利《り》。
君見《きみみ》ずや児孫唯《じそんただ》恃《たの》む函山《かんざん》の翠《すい》。

主將務攬㆓英雄心㆒。
一語於㆑我是金鍼。
汝勿㆓復說㆒吾會㆑意。
人和終得八州利。
君不㆑見兒孫唯恃函山翠。

「主将ハ務メテ英雄ノ心ヲ攬《ト》ル」と？　その一語こそ身どもにとって肝要

を衝《つ》く黄金《きん》の針。師よその上のご講義無用とくと合点《がてん》ゆき候。有為《ゆうい》の部下の和をなしうれば関《かん》八州も手の内ぞ。――ところがだ、その裔《すえ》は天険《てんけん》の緑恃《たの》んで先細り……。

■都は東の方が長続きする

頼山陽は当時としては最も広く日本を遊歴《ゆうれき》した一人である。その足で歩いて実感したことから、独自の地勢観を持っていた。

それによると日本という島は東北にはじまり、西に到ってだんだん小さくなる。日本本州を人体に譬《たと》えれば、陸奥《むつ》・出羽《でわ》は頭であり、甲斐《かい》・信濃は背中で関八《かんはっ》州《しゅう》・東海諸国は胸腹《きょうふく》である。そして京畿《けいき》は腰臀《ようでん》で、山陽・南海以西は股《もも》や脛《はぎ》にすぎない。京都が事あれば必ず戦禍《せんか》を蒙《こうむ》るのも、そのように地勢ができているからである。鎌倉を根本として出先を京都と筑紫《つくし》に置いた鎌倉幕府がよく天下を制したのは、臂《ひじ》で指を使ったようなものだからである。しかるに足利氏は京都に中心を置かざるを得なかった。南朝があるために、鎌倉に中心を置くわけにいかなかったからである。こういうところから、戦国の群雄割拠《かっきょ》の状況が生じたのである。

頼山陽の地勢観からすると、関東に都を置かなければその政権は長続きしない、と言うのである。たしかに北條幕府はよく全国を支配したと言うべきであろう。元寇《こう》という大事件がなかったならば、政権はまだまだ安定していたであろう。また徳川幕府も江戸に政治の中心を置くことによって、世界史にも稀《まれ》なる安定政権をきずいた。黒船が来なければ、まだ何世紀も続いていたことであろう。だから維新の元勲《げん》たちも、東京に遷都《せんと》したのである。元勲《くん》たちは、一人残らず頼山陽を読み抜いた人たちだったのであるから、今日の東京が日本の首府《しゅふ》であるのも、相当部分は頼山陽の地勢観・歴史観のおかげであると言えよう。

さて、こうした地勢からみると室町後半に先ず地方に現われた群雄のうち、大きいものが四つあった。一つは北條氏である。伊豆からはじまって関八州の大部分を制した。第二は武田氏で、甲斐から興《おこ》して信濃・飛騨《ひだ》・駿河《するが》・上野《こうずけ》を併《あわ》せた。第三は上杉氏で、越後に興って、越中《えっちゅう》・能登・加賀から、荘《しょう》(庄)内《ない》、会津までその勢力を伸ばした。第四は毛利氏で、安芸《あき》から興って、山陽・山陰十三州を併せ、最も広い版図を持った。

しかし北條氏は天下の胸腹に拠ったが、武田・上杉がいわば背中にいて、中原《ちゅうげん》に出るのを許さなかった。そして上杉・武田の両氏は勢力匹敵したために、西に出る余裕がない。毛利氏は領土は広くても地勢的に股脛《こけい》に当たるところだから、天下を争うことはできない。織田氏は上記の四氏に囲まれて、先ず易《やさ》しい西に出て功をたて、豊臣氏がそれを継いだ。しかしこれは地勢的に言うと足利氏と同じ立場だから、恒久的政権維持は難しい、と頼山陽は考える。

このような戦国概観《がいかん》をしてから、頼山陽は北條氏を中心に、次いで武田氏、次いで上杉氏、次いで毛利氏、次いで織田氏、豊臣氏、徳川氏と軸《じく》を変えながら同じ時代の歴史を説いてゆく。だから頼山陽の『日本外史』の読者は、同じ事件を何回も読むことになる。座標軸になる氏がそれぞれ異なるから、一つの事件や戦役が、各氏に持っていた意味を改めて知ることになる。

『日本楽府《がふ》』では、先ず北條氏と毛利氏からはじまり、上杉・武田、そして織豊《しょくほう》両家に及ぶ。『日本外史』では精密に扱われている徳川家のことに関した話は、『日本楽府』では取り上げていない。だからこそ、頼山陽が生きているうちに『日本楽府』だけは出版できた一つの理由であろう（『日本外史』は死後出版である）。

■謎多き出自

戦国時代に新しい大名が勃興したが、その先頭を切ったのは北條早雲《そううん》であると言ってもよいであろう。幕府の管領《かんれい》家やその家臣の争いまでは何となくまだ中世的な感じを持っているが、北條早雲あたりからは、本物の戦国時代の幕開け、つまりは新時代の到来を感じさせられる。したがって戦国物の小説群の一つともなっている。司馬遼太郎氏の『箱根の坂』（講談社文庫版で三冊）は、北條早雲をテーマにした小説の中でも、最も注目すべき作品と言えるであろう。

北條早雲として知られる英雄は伊勢新九郎長氏《いせのしんくろうながうじ》と呼ばれる人物で、入道《にゅうどう》してから早雲庵宗瑞《そううんあんそうずい》と称し、早雲は庵号《あんごう》である。自らの書状には伊勢とあって北條と書いたものがなく、その子の氏綱《うじつな》も伊勢と書いている場合もある。しかし当時の武将上杉憲政《のりまさ》の書いた手紙の中には「北條新九郎」という表現もあるから、当時から北條という呼び方はなされていたと見られる。「後《ご》北條」という呼び方もある。

そもそもこの伊勢新九郎という人物の出自は明らかではないところがある。『国史大辞典』（吉川弘文館）には三説あることを紹介している。その一つは伊勢の国の関氏一族の出身説（田中養成博士提唱）、その二は従来から言われている京都の伊勢氏出身説、その三は備中《びっちゅう》国伊勢氏出身説（藤井駿氏提唱）である。

今では京都説が定説化しているとのことであるが、田中博士の説とも根本的には相通ずるところがある。というのは京都の伊勢氏も伊勢の関氏も共に伊勢平氏の一門であるから、もとは同じである。ただ田中博士が、京都の伊勢氏出身に疑問を示す理由には、それなりの根拠がある。

それは京都の伊勢貞親《さだちか》の子とか弟とか言っても、当時の公卿《くぎょう》の日記や幕府の記録に全く出てこないと言うのだ。何しろ当時の京都の伊勢氏は将軍義満《よしみつ》以来、その勢力はある意味で管領家を凌《しの》ぐものがあり、特に伊勢貞親に至っては将軍義政《よしまさ》より父と呼ばれた人で、その威権《いけん》は並ぶものがなかった（第四十九闋「新國君《しんこくくん》」参照）。その弟とか子であって関東の新興勢力になった人のことが記録にない、というのはおかしい、と言うのである。かと言って、北条早雲の前身が伊勢出身というだけで身許不詳《ふしょう》の浪人というのもおかしい。というのは、その妹（姉という本もある）が駿河の今川義忠《よしただ》の側室（正室という本もある）であったということは確かであるから、地方豪族の室（正室にしろ側室にしろ）に入るということは、ある程度身分のある家の女性であったと考えてよいからである。

　この点、『日本外史』で頼山陽が述べていることは、当時の伝承によるものであるが、こうした諸条件によく合っている。

　すなわち、伊勢貞親の弟の伊勢貞藤《さだふじ》が備中守《びっちゅうのかみ》になって、その赴任先で男の子を生ませた。これが後の新九郎長氏（早雲）だというのである。そして彼は将軍義政の弟の足利義視《よしみ》の近侍《きんじ》となり、応仁の乱の時に伊勢に一緒に逃げた。後に足利義視は京都に帰ったが、新九郎長氏はそのまま伊勢に残ったという。すると早雲は伊勢貞親の甥《おい》で地方の女の腹から生まれているわけだから、当時の公卿の日記や幕府の記録にその名前が出なくてもおかしくない。しかし血統は京都の最高権力者伊勢氏であることは確かであるから、その姉か妹が、駿河あたりの大名家の正室あるいは側室になっても、それは「よくある話」ということになる。したがって北條早雲の話は頼山陽に従って大過《たいか》ないであろう。

北條早雲、つまり伊勢新九郎長氏の若い頃のことはすべて確証なく、小説家の空想の領域と言ってよいが、昔からの伝承がある。頼山陽は多くこれに拠っているので、その大要を述べてみよう。応仁の乱の時、伊勢新九郎は主君の足利義視と伊勢に逃げたことがあったが、義視が京都に還《かえ》ることになった時も、新九郎は思うところがあって主君に従わず、伊勢に留まっていた。応仁の乱は京都では一応終わったが、その後もそれぞれ自分の国にもどった武将たちは、そこで争いを続けている。将軍足利義政は、何もなすことができない。

この状況を聡明にして大志のある新九郎は、伊勢から観望《かんぼう》していたのである。そして私財を使って腕に覚えのある者たちと交わりを結んだ。そしてある日、こういう連中に向かって言った。

「今の天下は、中央に支配者がいなくて、各国は斬り取り勝手の状況であることは、諸君も知る通りだ。功名を樹《た》て、富貴を獲《え》るは今を措《お》いて他にない。私の観るところ、関八州は地勢にめぐまれ、武士も軍馬も精強であり、昔から武を以って起こる地とされている。ところが、永享《えいきょう》十一年（一四三九）に関東公方《くぼう》の足利持氏《もちうじ》父子が、将軍義教《よしのり》の後ろ楯を得た執事の上杉憲実《のりざね》によって滅ぼされてからというものは、その関八州にこれという主人がいないのだ（『渡部昇一の中世史入門』第四十六関「両塊肉《りやうくわいのにく》」参照）。もしこの関東の一隅に足場を獲ることができたら、天下を窺《うかが》うこともできよう。私は諸君と一緒に東に行き、機に臨《のぞ》み変に応じて志を述べてみたいと思う。どうだ諸君、一緒にやってみる気はないか」

これを聞いた者たちはみな奮《ふる》い立って新九郎に従うことを誓ったのである。後土《ごつち》御門《みかど》天皇の文明八年（一四七六）以前のことで、従う者の名は、荒木兵庫《ひょうご》、多目権《ためごん》平《べい》、山中才四郎《さいしろう》、荒川又四郎《またしろう》、大道寺太郎《だいどうじたろう》、有竹兵衛《ありたけひょうえ》の六人と伝えられている。そして彼らは東のかた駿河に向かった。

■細心にして大胆な行動力

いくら北條早雲が明敏大胆であったにせよ、全く足場がなかったら何ともなしえなかったであろう。しかし駿河の守護今川義忠の妻（妾）に、早雲の姉（妹）の北川殿がいたので、その縁でそこに食客《しょっかく》、つまり居《い》候《そうろう》になることができたのである。そうしているところに今川家の分国である遠江《とおとうみ》に叛乱が起こった。

今川義忠は出向いて行って叛乱者である勝間田修理亮《しゅりのすけ》、横地四郎氏衛《うじもり》を討伐して斬ったが、引き揚げる途中に、残党に襲撃され塩見坂《しおみざか》で戦死した。この今川義忠と夫人（妾）北川殿の間には息子の氏親《うじちか》がいたが、まだたったの六歳の童子《どうじ》である。当然のことながら一門重臣の間で主君なきあとの権力争いが起こる。そこで北川殿は息子氏親を抱いて山西にのがれ、その争う者たちのいずれの側にも加担せずに隠れ住んでいた。

この駿河今川家の情勢を見た伊豆の堀越公方《ほりこしくぼう》足利政知《まさとも》（将軍義政の弟）は治部少輔《じぶしょうゆう》上杉政憲《まさのり》を駿河に派遣した。一方、関東管領である扇ケ谷《おうぎやつ》家の上杉定正《さだまさ》は、その部将太田持資《もちすけ》（道灌《どうかん》）をつかわして駿河の乱を鎮撫《ちんぶ》させようとした。下手をすれば駿河今川家がつぶされるところであった。北條早雲が表に出てきたのは、この時である。先ず早雲は上杉政憲と太田道灌の両者に会ってこう言った。

「たしかに現在の今川家では家臣同士の争いが行なわれております。しかし彼らは主家を敵にしているわけではありません。私が両派の者を説得して和解させましょう。もしも彼らが私の説得を聞き入れず、内紛を続けるようでありましたら、幕府の命を以ってこれらを討伐しましょう」

上杉政憲も太田道灌も、「それは道理だ」と言って北條早雲の話を聞いて喜び、早雲に事態の収拾をまかせた。早雲はただちにあい拮抗《きっこう》している両派の将士に説いたところ、みな早雲の道理に服した。早雲の外交の力、説得の力はめざましい。

こうしてから早雲は山西に今川氏親母子を迎えに行って、これを府中《ふちゅう》に連れて帰り、氏親を正式に家督相続者と定め、みんなに認めさせた。かくして駿河今川家の内乱は、早雲一人の力で円満解決したのである。早雲の能力は関係者一同の等しく認めざるを得ないところであった。しかも、早雲は家督相続者の今川氏親の伯父（あるいは叔父）としてこれを全面的に補佐する立場になったのだから、その権力は今川諸将の上に聳《そび》える感じになる。

この功によって富士郡の地を与えられ、興国寺《こうこくじ》の城主となった。英雄はついに足場を得たのだ。しかも主人を殺したとか、陰謀術策によったのではない。道理一つで内紛を治め、安定政権を確立したのだから、早雲の出発点は、道義的に見て汚れがない。この今川家内乱を話し合いでまとめた早雲も道灌も四十五歳だったという。当時で言えば老人の部類に入る年頃である（四十歳を初老というが、二人ともそれを数年超えていた）。

その後十五年経ち、堀越公方足利政知の家庭に不和が起こり、政知と前妻の間に生まれた長男の足利茶々丸《ちゃちゃまる》が、父をも継母をも殺害して自分が家督を継いだ。いくら戦国の世でも両親を殺害して自分が主人になるという例はあまりない。しかも茶々丸は外山《そとやま》豊前《ぶぜん》や秋山蔵人《あきやまくろうど》のような家老をも殺したから、伊豆は大騒ぎになった。ここに早雲が出て茶々丸を自殺に追いこみ、三十日間にして伊豆を平定した。延徳《えんとく》三年（一四九二）八月二十三日のこととされる（諸説あり）。早雲はこの頃、還《かん》暦《れき》前後である。

これから後に早雲は小田原を取り、三河を討ち、相模《さがみ》を制圧し、関東に確乎《かっこ》たる地位をきずき、家督を息子の氏綱にゆずった。氏綱も名将のほまれ高く、北条家の基礎は揺るぎないものとなった。早雲は永正《えいしょう》十六年（一五一九）に伊豆韮山《にらやま》城で歿《ぼっ》したが、享年八十八。現代ならば百二十歳ぐらいの感じである。

早雲の人となりは、細心大胆の一語に尽きる。朝倉宗滴《そうてき》の残した話に、「伊勢の早雲は針を倉《くら》に積むほどの勤倹蓄積をするが、ひとたび軍を動かすや、玉をも惜しまず投げ砕くような人である」というのがある。また早雲は軍紀厳正を重んじ、しかも武士をも百姓をも愛撫《あいぶ》した。特に早雲の支配地は租税の負担が軽く、農民は早雲の支配が自分の所にも及ぶのを待つような工合であったという。この民政重視は息子の氏綱に受け継がれ、永く北条氏の伝統となった。

また早雲は頗《すこぶ》る学問を好み、特に『太平記』を常に愛読し、諸種の『太平記』を自ら校合《きょうごう》し、これを足利学校に送って学者の判断を乞《こ》うてその異同を決したというから、単なる趣味の域を超えている。また『吾妻鏡《あづまかがみ》』をも武家の歴史法典を知る参考書として精読したらしい。天正《てんしょう》十八年（一五九〇）に豊臣秀吉の小田原攻めの時、講和の使いとして訪れた黒田長政に贈られたのが、いわゆる『北条本吾妻鏡』である。

当時は軍略の書としてシナの兵法書『六韜《りくとう》』と『三略《さんりやく》』が武将の間に重んじられていた。早雲も学者を招いてこれを講義してもらうことになった。まず黄石公《こうせきこう》の本と言われる『三略』からはじまった。その開巻《かいかん》第一に「夫主将之法、務攬㆓英雄之心㆒」（ソレ主将タルノ法ハ、ツトメテ英雄ノ心ヲトル）とあった。それを聞いた時、「解《わか》った、それだけ聞けば十分だ」と言って講義を聞くことはそこでやめにしたという。これは『甲陽軍鑑《こうようぐんかん》』に載っている話で、この本の性質上、どこまで本当かわからないが、少なくとも早雲という人物の持つある特質を示しているように思われる。頼山陽はこれをもとにして第五十一関「攬英雄《えいゆうをとる》」を作ったのである。

主将は務《つと》めて英雄の心を摑《つか》むようにするものだ、と黄石公の兵法書『三略』の冒頭に書いてあるという。

この言葉は私にとって金の鍼《はり》のようなものである。

もうこれ以上の講義は要《い》りません。私にはその軍書の意味がよく解りました。

こういうように人の和を重んずれば関八州を平定することもできるというものだ。

ところが見て御覧《ごらん》。この早雲の子孫になると、ただただ緑濃き箱根の天険《てんけん》を負う小田原城だけを頼りにして、秀吉に滅ぼされたのである。

52

第五十二関　破戒頭陀（はかいのづだ）

大内氏を滅亡に導いたもの

㊾破戒頭陀《はかいのづだ》

破戒《はかい》の頭陀《づだ》。流竄《るざん》の搢紳《しんしん》。
汝《なんぢ》敢《あへ》て君《きみ》を罵《の、し》る吾《われ》汝《なんぢ》を殺《ころ》すと。
大義《たいぎ》親《しん》を滅《めつ》す真《しん》に純臣《じゅんしん》。
何《なん》ぞ識《し》らむ螟蛉《めいれい》の蜾蠃《くわら》に類《るい》せざるを。
毒《どく》は蠆尾《たいび》の如《ごと》く欲《よく》は火《ひ》の如《ごと》し。
大寧寺《だいねいじ》。厳島祠《いつくしまし》。
猘犬《せいけん》の肉《にく》は英雄《えいゆう》の資《し》に供《きょう》す。
嗚呼《ああ》子《こ》を生《う》まば当《まさ》に毛利《もうり》の児《じ》の如《ごと》くなるべし。

破戒頭陀。流竄搢紳。
汝敢罵㆑君吾殺㆑汝。
大義滅㆑親眞純臣。
何識螟蛉不㆑類㆓蜾蠃㆒。
毒如㆓蠆尾㆒欲如㆑火。
大寧寺。嚴島祠。
猘犬肉供㆓英雄資㆒。
嗚呼生㆑子當㆑如㆓毛

利兒一。

堕落《だらく》坊主。流され公卿。主君を罵《ののし》る無礼の語我が子といえど許せぬ死ねと。大義のために実子を殺す至純《しじゅん》の家臣。さりながら養うた子は蜾蠃《から》に似つかぬ螟蛉《げんぼう》よ。毒はさそりに欲は火に似てもえさかる。むざんや大寧寺。見よ現報《げんぽう》は厳島。狂犬《やまいぬ》の肉は毛利の酒肴《さかな》。孫権ほめた曹操の嘆《たん》ではないが「子供もつなら毛利の息子にあやかれ」だ。

■山口を小京都に育てた大内氏

十八世紀のスコットランドの言語思想を調べていた頃、当時のスコットランドの首府のエジンバラが「北のアテネ」と呼ばれていたことを知った。哲学者のヒュームや『国富論』のアダム・スミスなどが交友し、『ブリタニカ百科事典』などが編《へん》纂《さん》された頃のエジンバラはブリテン島の北にはあるが、確かに文化の一中心地であり、ある意味ではロンドンよりもフランス文化に近いところがあった。

この十八世紀の「北のアテネ」という呼び方を聞いた時、私は十六世紀の日本の

「西の都」を思い出したことを覚えている。その頃の大内氏は日本の西端に山口文化とでも言うべきものをつくり、朝鮮や明《みん》と交易していたこともあって、応仁の乱の後の京都をしのぐほどの文化水準に達していたらしいからである。

大内氏は日本古代における蘇我《そが》氏の如く、朝鮮半島と特別の関係があったと言われる。伝承によれば百済《くだら》の聖明王《せいめいおう》（?〜五五四）の第三子である琳聖《りんしょう》太子が周防《すおう》国の岸につき、聖徳太子に拝謁して多々良《たたら》の姓を賜わり、大内を氏としたという。

もっとも琳聖太子という人物は、大内氏の先祖に関してのみ現われるもので、その実在の証拠となるような一般の史料はないとのことである（福尾猛市郎『大内義隆』人物叢書一六・吉川弘文館、昭和三十四年・一ページ）。また竹越與三郎《よさぶろう》（三叉《さんしゃ》）によれば多々羅（＝多々良）は鍛冶《かじ》に使う鞴《ふいご》を意味する蒙古《もうこ》語であり、石見《いわみ》銀山に関する古文書によれば、この山は大内氏が蒙古人を使って開発したものという伝説があるとのことである（竹越與三郎『倦鳥求林集』岡倉書房、昭和十年・七ページ）。しかしこれは古代の伝説であるが、それから一千年も経った十四世紀になると、大内氏は足利幕府の大大名になっていた。

大内氏が歴史に大きく登場するのは大内義弘《よしひろ》（一三五六〜九九）の時代である。山名《やまな》氏と将軍義満《よしみつ》の争いである「明徳《めいとく》の乱」（一三九一）では、大内義弘は幕府方について奮戦して大功があったので、山名氏の旧領である和泉《いずみ》・紀伊《きい》の守護職も与えられた。そのためこれまでの周防、長門《ながと》、豊前《ぶぜん》、石見と加えると、大内氏は実に六カ国の守護職になったのである。

しかし足利義満の幕府と対明貿易の利害関係などから敵対することになり、義弘は応永《おうえい》六年（一三九九）十二月二十一日、堺《さかい》で戦死した。これを「応永の乱」と言う。この義弘という男は、先祖が百済だという理由で、先祖の（伝説の）関係ある土地を割譲することを朝鮮に要求したりしている。

これで本来ならば大内氏の勢力はなくなるところだが、義弘の弟で留守を預かっていた大内盛見《もりはる》が幕府に抵抗し、安芸《あき》、石見を制圧した。幕府は自らの勢力の及ばざることを知って、旧来のように周防、長門の守護職を安堵《あんど》した上に、筑前《ちくぜん》と豊前の守護職をも与えて妥協したのである。このため、「応永の乱」で敗れたにもかかわらず、大内家は勢力を失わずに済んだ。

大内盛見の子教弘《のりひろ》は周防、長門、豊前、筑前の四カ国の守護のほか、安芸、石見、肥前《ひぜん》にも領国は伸びており、朝鮮との交易も行ない、文化の保護、奨励にも力があった。有名な画僧雪舟《せっしゅう》を山口に迎えたのも義弘である。また『新撰菟玖波《しんせんつくば》集《しゅう》』にもその名がしばしば出てくるほど歌心もあった。

教弘の長男政弘《まさひろ》も父に劣らず文武にすぐれていた。「応仁の乱」の時は山名宗全《やまなそうぜん》に味方し、先代教弘以来対立していた細川氏と戦った。京都に出兵している留守に

図52-1　大内氏と陶氏の略系図と古今伝授略図

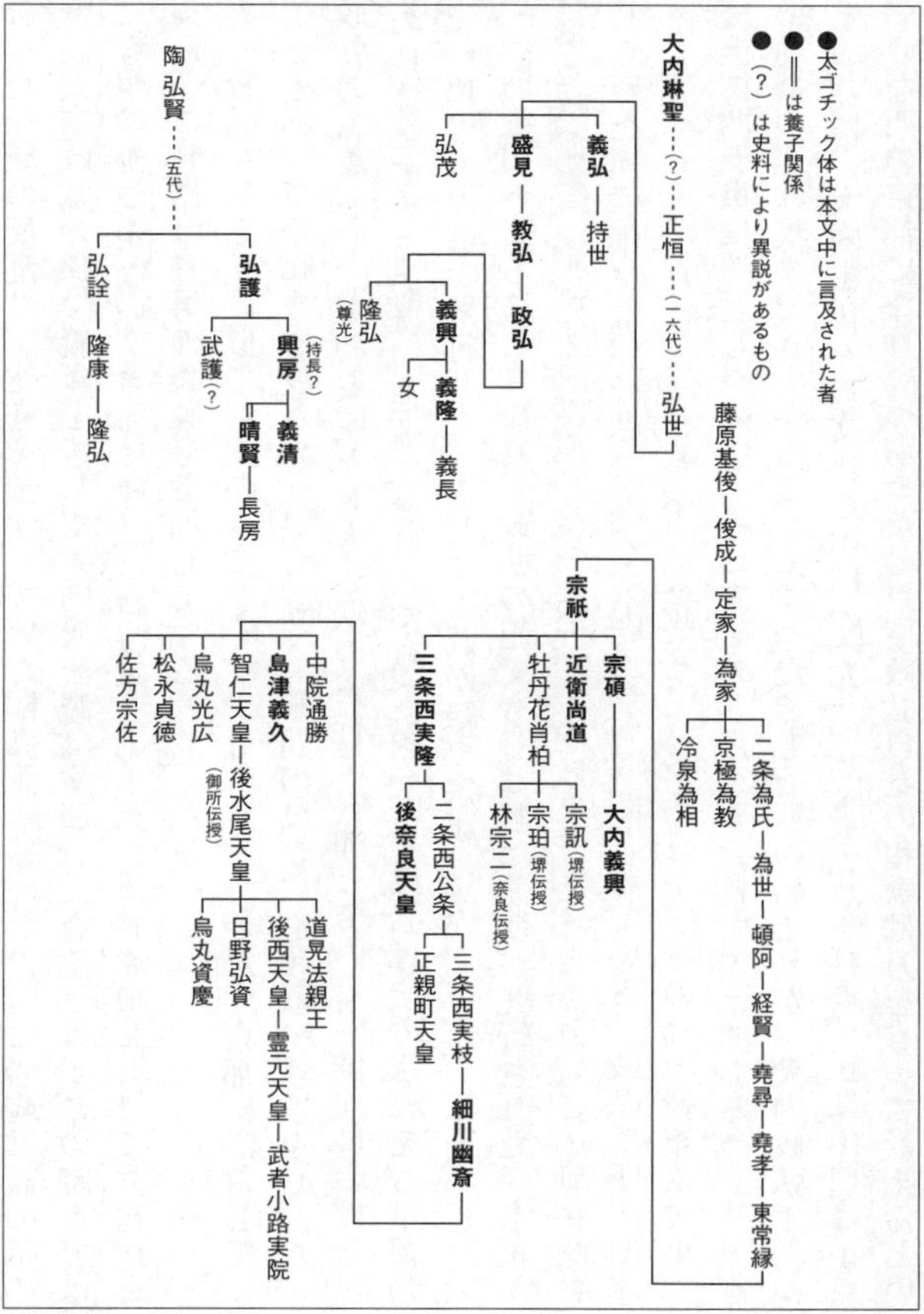

起こった一族の反乱は、留守を預かっていた陶弘護《すえひろもり》が鎮圧した。この陶弘護の孫の晴賢《はるかた》が大内政弘の孫の義隆《よしたか》を殺して大内氏を滅ぼすことになるとは、この時点では誰にも想像がつかない。さらに政弘は新将軍（第十代）足利義稙《よしたね》を助けて六角《ろっかく》氏を討った。これには長男の義興《よしおき》も参加している。

大内政弘は父教弘に似て、武のみでなく文にもすぐれていた。京都に滞留していたこともあって公卿《くぎょう》や学者との交際も広く、学問のほかにも和歌や連歌を好んだ。

政弘のみならず、その家臣たちも連歌の興行に参加している。俳句における芭《ば》蕉《しょう》の地位を占めるのは、連歌における宗祇《そうぎ》であるが、政弘はその宗祇をも京都の陣中に招いて連歌を興行した。そしてこれが縁で宗祇は文明十二年（一四八〇）六月、周防山口へ下ることになり、政弘の館《やかた》でもしばしば連歌が興行された。宗祇が『新撰菟玖波集』を撰する動機となったのが大内政弘であるとされ、この勅撰集に準じられた連歌集には、政弘のものが七十数句収録されている。政弘は明応四年（一四九五）九月十八日に歿《ぼつ》したが、太政大臣一条冬良《ふゆら》が宗祇の『新撰菟玖波集』を後土御門《ごつちみかど》天皇に捧呈《ほうてい》したのは、その直後の九月二十六日のことである。

準勅撰の連歌集のでき上がることになったそもそもの始まりが、大内政弘であったところに、大内家代々の文化と山口の文化の高さが知られる。正に山口は小京都、いな西の京都になりつつあったのだ。政弘自身の和歌は万をもって数えるというから、ただごとではない。そして山口は、儒学や雪舟系の絵画など、文化の発信地にもなってきていた。

■教養にあこがれた戦国大名

この政弘の長男が大内義興であり、彼の時代に大内氏はさらに富強になった。彼は相続にからむ反乱を敏速《びんそく》に鎮圧し、自分を頼って山口に逃げてきた前将軍（第十代）足利義稙を保護した。都では細川政元《まさもと》が威を振るい、将軍義稙を廃して堀越公《ほりこしく》方《ぼう》足利政知《まさとも》（八代将軍義政《よしまさ》の弟）の子の義澄《よしずみ》を第十一代将軍として担《かつ》いだのである。細川氏は大内氏の宿敵である。大内義興は前将軍を担ぎ、大軍を率いて京都に攻めのぼった。細川勢も将軍義澄も戦わずして都から逃げたので、大内義興は義稙を将軍に復職させ、自分も管領代《かんれいだい》となった。管領家は斯波《しば》、畠山《はたけやま》、細川の三家に決まっていたので「代《だい》」をつけたのであるが、斯波、畠山の両氏は実質上なくなっており、今や細川氏が追われたのであるから、大内氏のみが本当の管領家のような立場になったのである。大内義興は管領代として山城国《やましろ》の守護となり、さらに本国の安定のために安芸の守護にもなったので、周防、長門、豊前、筑前、石見に加え、実に七カ国の守護となった。そして永正《えいしょう》八年（一五一一）の八月二十四日、細川、三好《みよし》の軍勢を船岡山《ふなおかやま》に撃破してからは、京都において廷臣《ていしん》や諸将の賀を受け、さながら将軍の如くであった。また翌永正九年（一五一二）には、外国に出す船に八幡宮の文字を書いて船標とした。八幡《ばはん》船のはじめとされるものである。

そして父政弘と同じく公卿や学者や禅僧との交わりも広く、和歌や連歌にもたしなみが深く、宗祇の弟子の宗碩《そうせき》より「古今伝授《こきんでんじゅ》」を受けた（略図参照）。もっとも宗碩自身が宗祇から「古今伝授」を受けたか否かについては疑点があるが、もしその伝授を受けていたとすれば、義興は戦国大名では細川幽斎《ゆうさい》、島津義久《しまづよしひさ》と並ぶ歌道名誉の者と呼ぶことができる。江戸時代に入ってからその有難味《ありがたみ》は薄れたが、当時までは「古今伝授」には神秘《しんぴ》的な権威があったのだ。

この義興の長男が大内義隆である。大内家は新しい当主が決まる時は、嫡男であって相続権につき疑念のない場合でも、一族の反乱があるのを常とした。しかし義隆の場合は大内家の威勢が代々浸透したこともあり、かつ補佐の臣として陶興房《すえおきふさ》（系図参照）がよく尽くしたため、平穏に相続できた。

大内義隆は曾祖父教弘、祖父政弘、父義興をもしのぐ教養の人であり、儒学、漢詩文、仏学、和歌、連歌、有識《ゆうそく》学、その他の学問、芸能に通じていたことは、福尾猛市郎氏の『大内義隆』（前掲）に詳しい。そして三条西実隆《さんじょうにしさねたか》や近衛尚道《このえひさみち》や後奈良《ごなら》天皇などに、多くの贈物をしている。後奈良天皇の御即位の際に金二十万疋《ひき》を献《けん》じた。というのは勤皇《きんのう》の精神と見てもよいが、いずれにせよ、ここにあげた人々がすべて「古今伝授」を受けている人々であることを考えると、大内義隆の望みは、自分も「古今伝授」を受けたいということにあったのではないか。いずれにせよ大内義隆は代々の貿易によって得た莫大《ばくだい》な富を持っており、公卿を優遇したので、都の乱をさけた宮廷の教養人たちが続々と山口に移住してきた。義隆は一時、本当に都を山口に遷《うつ》そうと企てたこともあるらしい。それが実現すればまさに平清盛の福原《ふくはら》奠都《てんと》（『渡部昇一の中世史入門』第二十四関「鼠巣馬尾《ねずみばびにすくふ》」参照）以来の大事件になるところであった。

■戦に弱い戦国大名の行く末

ところがこの大教養人の大内義隆に、決定的な弱点があった。それは戦争があまり上手でなかったことである。彼は延喜《えんぎ》や長和《ちょうわ》の頃の藤原氏の貴族・公卿ではない。あくまでも戦国大名だったのだ。戦国大名とはいかに強大であっても、周囲に虎視眈々《こしたんたん》として侵略する隙《すき》を狙っている他の大名たちがあり、内にはいつ謀叛《むほん》を起こすかわからない家臣を抱えている存在なのである。藤原道長《みちなが》のようなわけにはいかないのだ。肝心要《かなめ》のことは戦場で敗れないことであり、この前提が崩れれば、大内文化も「西の京都」も話にならないのである。義隆の父の大内義興は「古今伝授」を受けたほどの教養人ではあったが、どちらかと言えば、文武のバランスが武に傾いている感じだ。だから大丈夫だったのである。今日の企業がメセナとか文化貢献と言っても、赤字を出して配当もできなければ駄目であるのと同じことである。大内義隆は文武のバランスが明らかに文に傾いていた。

大内義隆が十八歳の時に、二十七歳の毛利元就《もうりもとなり》と戦って敗れている。敗れたとはいえ、まだ父の義興は生きており、局部的な敗北というだけで大内氏の衰退にはならなかった。そして父の死後、北九州の戦争ははかばかしくはないが、まだ優勢に戦いを進めていた。一つには元来は尼子《あまこ》氏の下に従って大内氏と戦っていた毛利元就が、尼子氏との関係を断って大内氏の下に入ったこと、また名臣陶興房がよく戦ったからである。何といっても大内氏は富強であった。天文《てんぶん》十年（一五四一）四月五日、大内勢は安芸の桜尾《さくらお》城を陥し城将佐伯《さえき》（友田）興藤《おきふじ》を自殺せしめ、さらに五月十五日には安芸銀山《かなやま》城を陥《おと》し、城主の武田信実《たけだのぶざね》は出雲《いずも》に逃げた。かくして鎌倉以来の名家が、二カ月の間に二つも大内勢に潰されたことになる。

そして義隆はこの年の十二月二十七日に従三位《じゆさんみ》に昇進した。これは武家としてはまことに高い地位である。第十代将軍足利義稙が従二位、第十一代将軍足利義澄は征夷《せいい》大将軍になった翌年にやっと従三位になったのである（もっとも死後に従一位を追贈《ついぞう》されている）。ほとんど当時の将軍のような位階《いかい》である。大内家万歳のように見える。しかし義隆はあくまでも戦国武将なのだ。戦争をしなければならない。

翌天文十一年（一五四二）の正月に大内義隆はほとんど全力をあげて出雲に出兵した。この年はまずまずの成功であったが、翌天文十二年（一五四三）三月中旬、富田《とんだ》城を囲んだ頃から形勢不利となり、五月七日に大内軍は周防山口に向かって全面撤退した。出雲攻めは結局失敗だったのである。しかも養嗣子《ようしし》の晴持《はるもち》は退却中に水に落ちて溺死《できし》した。結局、遠征は失敗だったが、戦場で大敗したわけではない。敵がどんどん攻めてくるわけでもない。大内家は安泰なのである。しかし大内義隆はこの敗戦を境に、ますます文の方に傾いてしまう。しかし何と言っても国を挙げた遠征の失敗は、戦国大名としての義隆の威信を失墜せしめたことに間違いはない。家来の中に主君の文治《ぶんち》趣味に反感をもつ主戦論者が出てくるのだ。そして大内義隆は主戦論の重臣のクーデターで殺される。

さて、大内義隆についての史料には大きくわけて二つの系統がある。一つは明治十八年に近藤清石《せいせき》の編纂した『大内氏実録《じつろく》』、その史料となった彼の『大内氏実録土代《どだい》』があり、これが今日の大内氏についての諸文献の基礎になっている。また、大内義隆が自殺した直後に書かれた『大内義隆記』がある。

この二書が信頼できる文献とされているわけだが、これとは別に『陰徳太平記《いんとくたいへいき》』という、戦国時代から、安土桃山《あづちももやま》時代に及ぶ毛利家を中心として述べた軍記物（八十一巻四十一冊）がある。毛利の両川《りょうせん》家の一つである吉川《きっかわ》家の家老香川正矩《かがわまさのり》（昨木《さくもく》軒《けん》）が先ず書き、これをその次男で僧侶になった香川宣阿《じんあ》が補い、かつ潤色《じゅんしょく》して仕上げたものである。完成したのは元禄八年（一六九五）で刊行は正徳《しょうとく》二年（一七一二）である。香川家の先祖は毛利元就やその次男吉川元春《きっかわもとはる》の武将であった人たちである。先祖の武功を残そうと書いたものであるから、一族や知人の間で語り継がれてきた話であるに違いないが、内容は先に言及した近藤清石のものとは相当のずれがある。

しかしわれわれにとって重要なことは、頼山陽の大内義隆についての知識は、この『陰徳太平記』に基づいているということである。頼山陽は安芸広島藩の出身であるから、いわば地元の人の書いた文献を使ったことになる。おそらく広島あたりの武家の間では——安芸はかつて吉川家の所領であった——『陰徳太平記』の記述は常識だったのである。従って以下の第五十二関の記述はこれに拠《きょ》しているから、今日の通説《つうせつ》とは違う点があることを念頭に置く必要がある。しかし話は『陰徳太平記』の方が面白い。

大内義隆の家老に陶持長《すえもちなが》（興房《おきふさ》の思い違いか）という忠臣がいた。この持長の子に義清《よしきよ》という武断《ぶだん》派的な青年がいて、主君義隆が文治的で、僧侶みたいに仏教の勉強をしたり公卿みたいに和歌に凝ったりしているのに不満であった。それでこの青年は、自分の主人の大内義隆について、「堕落した坊主（破戒《はかい》の頭陀《づだ》）か、島流しになった（流竄《るざん》の）公家みたいな奴だ」と悪口を吐《つ》いた。これを聞いた持長（興房？）は、「お前が生意気にも自分の主君を『堕落坊主か、流刑された公家みたいな奴』と罵《ののし》った以上は、私としてはお前を生かしておくわけにはゆかぬ」と言って（毒を用いて）殺した。

これはまことに「君臣関係という大義によって、親子関係という私情を殺したもの」であって、陶持長（興房？）はまことに純忠《じゅんちゅう》の臣と言うべきである。そして逆心《ぎゃくしん》を示した実子を鴆殺《ちんさつ》した陶持長（興房？）は甥の晴賢《はるかた》（隆房）を養子にした（？）。ところが何とこれが大変な目がね違いだった。螟蛉《めいれい》（蝶の幼虫の青虫）を自分の子供だと思って、蜾蠃《から》（土蜂《じかばち》）は背負うという言葉が『詩経』の小雅《しょうが》にあるが、蝶の幼虫の青虫（養子）は自分を背負ってくれる土蜂（養父）とは全然似ていないことを陶持長（興房？）は気がつかなかったのだ。養子（？）の陶晴賢《すえはるかた》の心は蠆《さそり》の尾にある猛毒の如く、またその野心は火の如く熾《さかん》である。

陶晴賢に襲われ、大内義隆の家族は女子まで殺され、また、前関白《さきの》二条尹房《これふさ》をも含む多くの公家も殺された（前関白が殺されたのはほかに例がない）。そして義隆も「大寧寺《だいねいじ》」で自殺した。この反逆者陶晴賢を毛利元就が「厳島《いつくしま》神社」

において全滅させて仇《あだ》を討った。
陶晴賢はいわば狂犬（猘犬《せいけん》）のようなものだが、この狂犬の肉を食って、つまり彼を誅殺《ちゅうさつ》することによって、毛利元就という英雄の資質が現われたのである。シナの『三国志』には、呉の孫権を褒《ほ》めて「子を生まば当《まさ》に孫仲謀の如くなるべし」という言葉が出てくるが、ああ私は、この褒め言葉をそのまま毛利元就に当てはめて、「子を生まば、当《まさ》に毛利の児《じ》（元就）の如くなるべし」と言いたい。

頼山陽は山陽道の人だから、毛利元就には特別の尊敬心を示している。大内文化、山口文化の極上点とも言うべき大内義隆の滅亡を、「破戒頭陀……」の言葉で簡潔に示し、毛利元就の偉さまでたった八行にまとめた頼山陽の筆力には毎度のことながらおそれいる。ちなみに大内義隆の切腹自害した大寧寺は、全く昔の大寺院の面影を残していないことを竹越三叉は昭和十年に出した前掲書（四～七ページ）に述べている。

また陶氏は朝鮮半島の陶工《とうこう》から出たに違いなく、「大内氏と陶氏との事、結局、朝鮮種のお家騒動のみ」（同書七ページ）と変な言い方をしている。系図をたどると陶氏は大内氏から出ているようだ。つまり一種の同族争いでもあったのである。

53

第五十三関　胡蝶軍（こてふぐん）

倭寇の血をひく鄭成功の活躍

⑬ 胡蝶軍《こてふぐん》

胡蝶軍《こてふぐん》。飛《と》んで還聚《またあつま》る。
飛《と》び去《さ》り飛《と》び来《きた》る江南《かうなん》の路《みち》。
蝶来《てふきた》る是東風《これとうふう》に関《くわん》するに非《あら》ず。
西人自《せいじんみづか》ら誇《ほこ》る捕捉《ほそく》の功《こう》。
東風却《とうふうかへつ》て吹《ふ》く朱氏《しゆし》の火《ひ》。
扶桑産出《ふさうさんしゆつ》す可憐《かれん》の虫《むし》。

胡蝶軍。飛還聚。
飛去飛來江南路。
蝶來非㆔是關㆓東風㆒。
西人自誇捕捉功。
東風却吹朱氏火。
扶桑産出可憐蟲。

倭寇《わこう》胡蝶軍。飛んでまた群《む》れる。ほら飛んでゆくそれ飛んでくる江南《こうなん》路。

蝶の飛来は東風に実はかかわりないけれど。西のご仁《じん》が捕らえてはどんなもんだと手柄《てがら》顔。東風むしろたえだえの朱氏明朝の火種《ひだね》吹き。扶桑《ふそう》にけなげな母子《おやこ》の虫を産み育てたに。

■“倭寇”と言われるようになった理由

胡蝶軍《こちょうぐん》とか蝴蝶陣《こちょうじん》とか言っても、知っている子供は今では絶無《ぜつむ》と言ってよいだろう。あの精密な『国史大辞典』（吉川弘文館）にも、この言葉は入っていない。

しかし私が小学生の時、これを知っていた同級生は何人もいたものである。それは当時の少年小説に倭寇《わこう》が出てくるのがあって、その中に日本の海賊、つまり倭寇の戦いぶりがえがかれていたのである。大将株の人が白い扇《おうぎ》をひらひらと振ると、いたるところから倭寇が出てくるので、当時の明《みん》の人たちは、倭寇を胡（蝴でも同じ）蝶軍とか胡蝶陣と呼んだ、というのである。だからこの少年小説——著者も書名もよく覚えていないが、高垣眸《たかがきひとみ》の何とかの鷹《たか》というような表題だったと思う——が流行した頃は、われわれのちゃんばらごっこにも使い古しの白扇などが登場した。

戦前の少年小説は舞台が広かった。何しろ満州や蒙古までは日本の一部という気分があり（何としばしば戦場だったろうか）、また赤道以北の南洋の島々は、グアム島とウェーク島を除けば全部日本の統治下にあったし、いま問題になっているヴェトナム沖の南沙《なんさ》諸島も、新南群島《しんなんぐんとう》と言って日本が支配していた。だから戦前の少年は太平洋の半分ぐらいは日本の海だ、という意識があり、南の海に対する憧憬《どうけい》も強かった。

そういう時代を背景として、倭寇も少年小説の人気ある題材になりえたのであろう。最近では倭寇に関する新しい本を見かけないが、われわれが中学生の頃には竹越與三郎《よさぶろう》の『倭寇記』（白揚社、昭和十四年）などがあった。こんな本でも読んでいないと今では胡蝶軍と言われても何のことかわからないであろう。

まず倭寇という言葉であるが、元来は「倭《わ》寇ス二金州ヲ一」（倭［日本人］金州ヲ寇《アダ》ス）というような文脈《コンテキスト》で朝鮮や明の本に出てくることが多かったので、その最初の二字をとって普通名詞とし、日本の海賊を「倭寇」と呼ぶようになった。倭寇に関する記録の最も古いものは、高麗《こうらい》の高宗《こうそう》の十年、つまり日本の執権北条義時《よしとき》の貞応《じょうおう》二年（一二二三）とされている。倭寇についての日本側の記録はあまりないから、朝鮮側やシナ側の当時の記録によることになる。この最初の記録の後、だんだん倭寇の活動は激しくなる。

特に文永《ぶんえい》、弘安《こうあん》の両役で、つまり元寇《げんこう》の結果、高麗や元の海軍が全滅したため、日本の海賊は動き易くなった。また復讐気分もあった。それに吉野《よしの》朝の頃は、不満な豪族などが海外に乗り出したこともあり、そのため高麗末期の天授《てんじゅ》二年（一三七六）には、朝鮮はついに都を鉄原《てつげん》に移す計画を立て、地形を占わせたほどである。朝鮮の海岸近くの町も村も荒涼《こうりょう》とし、特に全羅道《ぜんらどう》などは浜海《うらな》蕭然《しょうぜん》として居民尽《つ》き、無人の地となったと記録されている。三国時代より高麗末に至る朝鮮の編年史《へんねんし》である『東国通鑑《とうごくつがん》』は、ほとんど毎年、倭寇の記事の羅列の感があり、それはヴァイキングの襲来を受けていた時代のイギリスの『アングロ・サクソン年代記《クロニクル》』を想起せしめるものである。このため高麗は国力を失って崩壊した。

この頃に倭寇と戦って功績のあった将軍が李成桂《りせいけい》であり、彼は元中《げんちゅう》九年（一三九二）に独立し、明より国号をもらって朝鮮と称した。しかし倭寇を防ぎ切れず、足利義満《よしみつ》に倭寇を禁圧するよう請願している。私の家に一年ばかり住んでいたことのあるコリア人——彼は朝鮮戦争の時の北朝鮮軍の脱走兵で、アメリカ軍に投降し、さらに日本に脱走してきた人である——が、朝鮮に海の魚の料理がないのは、倭寇のため沿岸漁業どころか、沿岸に住むことさえできない時期が長かったからだ、と言っていたのを思い出す。

■史書にみる倭寇の姿

朝鮮と和約し、一種の貿易関係を持つようになるが、一方、倭寇の主力は南のシナ沿岸に向かった。明の太祖《たいそ》も正平《しょうへい》二十四年（明の洪武《こうぶ》二年・西暦一三六九）、使を九州に派遣して、征西《せいせい》将軍懐良《かねなが》親王に倭寇を禁ずるよう請《こ》うた。その文書の中には、「倭、近ごろしばしば海辺を寇《おか》し、人の妻子を生き別れ（生離《せいり》）せしめ、物や人命を損傷し」とか、「倭寇の至る所、人民一に空《むな》し」とある。

その後、十七世紀のはじめまで、ほとんど毎年、倭寇襲撃の記録があるが、その範囲は北は山東《さんとう》から南は福建《ふっけん》、浙江《せっこう》、広東《かんとん》にかけて数千里に及び、主として沿岸の都市を劫掠《ごうりゃく》するのであるが、時には相当深く内地に入ることもあり、騎兵を使ったことも知られている。倭寇の戦いぶりについては『日本風土記《にほんふどき》』や『武備志《ぶびし》』と言った明の時代の日本研究書に活写されている。

まず、『日本風土記』の方であるが、これは総兵官という職にあった侯継高《こうけいこう》が編集した五巻の日本研究書で、明の万暦《ばんれき》二十年（一五九二）に出されている。編者は江蘇《こうそ》の人であるから関係者に倭寇の体験もあったと思われる。

「〔倭寇は〕毎朝、鶏が鳴くと起きて、地面の上にうずくまって会食する。食事が終わると頭領《とうりょう》が高い席にすわり、みんなその人の話を聞く。細長い帳面《ちょうめん》をひろげて見ながら、今度はどこどこを劫掠する、だれそれを隊長にしてだれそれはその隊に入れ、と言う。一つの隊は三十人足らずである。各隊の間隔は一、二里《り》（シナの一里は日本の一里の約八分の一、つまりシナの一里は五百メートル）で、法螺《ほら》を吹いて号令を下す。法螺が聞こえるとすぐに一緒になって救援する。また、二、三人で一隊をなす場合もある。刀を振り回して横行《おうこう》するのを遠くから見ると、人々は慄《ふる》え上がって遠くに避難する（捕らえられた倭寇は頸《くび》を伸ばして首を授ける）。夕暮になるともどってきて、掠奪してきたものを全部さし出して誰もかくす者はいない。毎回女をつかまえて来て夜は必ず酒色にふけり、ぐっすりねむる。劫掠が終わる時は家に火をつけて燃やす。人々はみんなその酷烈《こくれつ》さを畏《おそ》れている……刀の長さは五尺であるが、両手に刀を持てば一丈あまりの空間を斬り払う。またなぎなたのようなものを振りかざせば約一丈八尺、それを振り回すと上下四方白くなってその人間の姿が見えなくなる。また、一せいに刀をもって立ち上がり、空に向かってさっとふりかざす。わが軍（明兵《みんぺい》）があわてて上を見ると、さっと下から斬り上げてくる。遠くから戦う時は弓矢を用いる。倭寇の竹弓の長さは八尺で、足で弓弭《きゅうび》（弓の端）を踏み、立って射る。矢は海蘆《あし》を幹に用い、鏃《やじり》は鉄である。鏃の長さは二寸で先は二股《ふたまた》に分かれており、重さは二、三両である（一両は十六分の一斤《きん》、つまり約三十八グラムぐらい）。近いところから射《い》れば必ず中《あた》る。中れば人は立ちどころに倒れる」（渡部意訳、竹越「前掲書」、三二一〜三二二ページ参照）

倭寇の精悍《せいかん》さが見えるようである。また茅元儀《ぼうげんぎ》の『武備志』には「胡蝶軍《こちょうぐん》」の話も出る。彼の祖父茅坤《ぼうこん》も倭寇のことを扱った『徐海本末《じょかいほんまつ》』を書いているから、倭寇研究は彼の家の伝統みたいなものであったと言えよう。明末の武備が弱体なることを憂えて、多くの史料を使って十五年もの歳月をかけて天啓《てんけい》元年（一六二一）にできあがった二百四十巻のものである。もちろん倭寇の記事はその一部にすぎないが、描写は生き生きとしている。

「〔倭寇が〕兵を用いる時は上手に埋伏《まいふく》し、しばしばぐっと迂回《うかい》してわが軍の後に出て挟《はさ》み撃ちし、いつも小人数であるのに大軍に勝ち、砦《とりで》を攻略する。華人《かじん》はよく彼らの術にひっかかってやられる。戦闘がまだ始まらないうちは三三五五《さんさんごご》に分散しているが、一人が扇を振ると、伏兵《ふくへい》が四方から起こる。これを胡蝶軍という。しかし陸戦にはすぐれているものの、水上で戦うことを怖れる。刀や鳥銃《ちょうじゅう》（鉄砲）には熟達しているが、鎗《やり》や弓にはそれほどすぐれていない。鳥銃は実銅を使って鋳《ちゅう》成《せい》し、鋭い錐《きり》を使って研《と》いで銃孔《じゅうこう》をあけたもので、常にぴかぴかしており、木の柄《え》はつけずに、かたく臂《ひじ》に結びつけている。戦士は甲《よろい》を用いず、夏も冬も一張羅《いっちょうら》で、はでな模様の半袖の襦袢《じゅばん》だけである。下には短いももひきをはいていて、身軽なこと飛ぶが如くである。頭領の中には鎖子甲《くさりかたびら》を着ているものがあるが、これは実に精堅にできていてやや長く、一丈八尺余りあり（オーバーではないか）、作り方

は巧緻《こうち》」（渡部意訳、竹越「前掲書」、三三ページ参照）

とある。また倭寇にはいろいろな人種が参加していることを指摘している。「白鬼蕃あり、黒鬼蕃あり」と言っているのは、白人系や黒人系の人も混入していたことを意味しているのであろう。『世宗実録《せしゆうじつろく》』や『明史紀事本末《みんしきじほんまつ》』では、日本人の倭寇（真倭《しんわ》）はほとんどいなくて、大部分はシナの盗賊であり、リーダーは浙閩《せつびん》人だと言っている。この倭寇に備えて、明の太祖が山東以南の沿岸に実に五十九の城を築いたという。また一方では市舶司《しはくし》を設けて貿易の道を倭寇に開いてやったので、ようやく平静になり、そして豊臣秀吉になって、やんだのである。

■明の忠臣・鄭成功のルーツ

このように明を国初から倭寇は苦しめ続けたのであったが、その明が満州から興った清に滅ぼされる頃になると、その倭寇の系統をひく鄭成功《ていせいこう》が出て、明朝のために忠誠を尽くすということになった。これは国姓爺《こくせんや》（近松《ちかまつ》は国性爺としている）合戦の話になる（国姓爺についての詳しいことは石原道博『国姓爺』人物叢書二二・吉川弘文館、昭和三十四年参照）。

倭寇は西南日本の人たちを中心としたが、すでに述べたように、それにはいろいろな人種も参加し、特に当の明の人も多くいた。倭寇は朝鮮や明だけでなく、南洋

図53-1　国姓爺（鄭成功）関係図

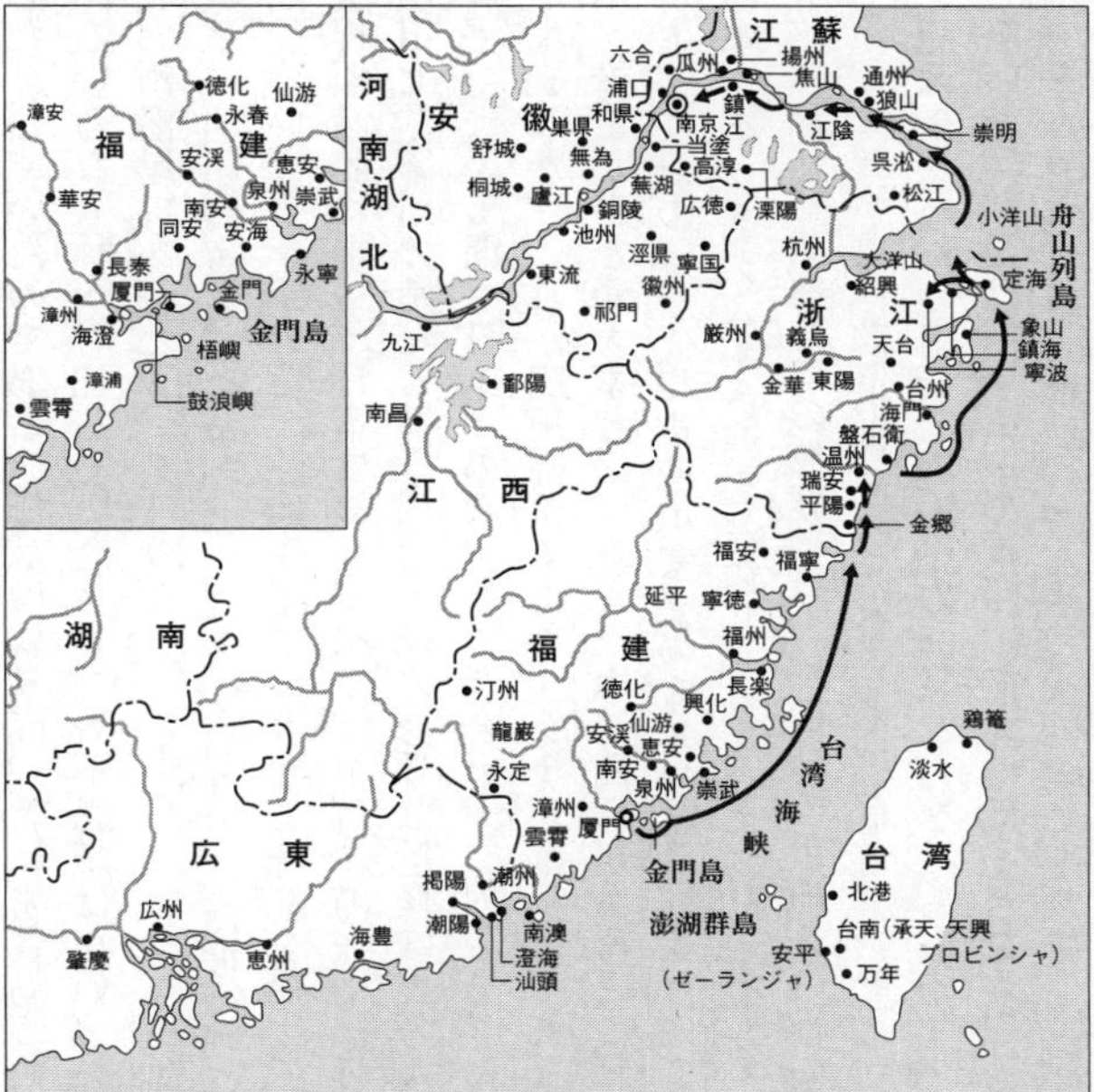

石原道博著『国姓爺』（吉川弘文館・人物叢書）より

とも貿易したりしていたのである。倭寇は貿易商、特に密《みつ》貿易商の側面を持っていたから、いろいろな人種が参加していたとしても不思議はない。一番の根拠地は五《ご》島《とう》列島や北九州沿岸であった。

この倭寇系統の明の貿易商に黄程《こうてい》という者がおり、また彼の甥《おい》に福建省泉州《せんしゅう》生まれの鄭芝龍《ていしりゅう》という少年がいた。芝龍少年はマカオで洗礼《せんれい》を受けていたらしい。彼は伯父の黄程の商船に乗って日本にやって来て、平戸《ひらど》に滞在中に日本人の女性を妻とした。田川七左衛門の娘だと言う。田川氏の身分は足軽ほどの人だったらしい。

鄭芝龍は平戸にいる間も日本人の武士とつき合い、二刀流を学んだとも言う。そして子供が生まれた。これが田川福松《ふくまつ》であり、シナ名は鄭森《ていしん》であり、後につけられた字《あざな》は大木《たいぼく》。松とか森とか大木とか、みんな木に関係がある。これが後の鄭成功《ていせいこう》である。彼が生まれたのは三代将軍徳川家光の寛永《かんえい》元年（一六二四）七月十四日であるが、この年はオランダ人が台湾を占領し、日本では日光東照宮の陽明門ができた。今でも平戸高校（猶興館《ゆうこうかん》）の校庭には、鄭成功の手植えの椎《しい》の木の記念碑が立っているという（石原道博「前掲書」、一六ページ）。

父の鄭芝龍はライバルの南シナ海沿岸の海賊たちをうち破って、福建省周辺に不動の地位を築いた。鄭氏は沿岸第一の軍閥、最大の地主となり、その富強は王侯以上であった。その頃の明朝は北からの後金《こうきん》（満州族で後の清《しん》）に押されて衰微していたので、この鄭芝龍の力に目をつけ、朝廷に招くことにした。かくして鄭芝龍は最初は海防遊撃《ゆうげき》、後に総兵官となり、都督《ととく》にもなる。

福建省泉州の安平鎮《あんぺいちん》に本拠をかまえた鄭芝龍は、平戸に残っている妻子を呼びよせようとした。しかし奉行所はその時は夫人と次男の渡航をみとめず、当時七歳の長男鄭成功だけが一人で父のところに行くことになったのである。それから二十一歳になるまで鄭成功は学問をする。最後には南京で銭謙益《せんけんえき》について学んだ。大木という字をもらったのはこの師からである。

この頃はいよいよ明の末期で、鄭成功が南京にいた頃、李自成《りじせい》によって北京を陥《おと》された明朝最後の天子毅宗崇禎帝《きそうすうてい》が、北京の景山《けいざん》で自ら首を吊《つ》って死んだ。日本で言えば三代将軍家光の正保《しょうほう》元年（一六四四）三月のことである。明朝は初代太祖洪《こう》武帝《ぶてい》から十七代二百七十六年の命だった。

北京陥落後、明の残党は神宗万暦《しんそうばんれき》帝の孫の福王弘光帝《ふくおうこうこうてい》（安帝）を南京で擁立した。しかしこの帝は愚か者であり、南京はすぐに清軍に攻略され、帝もつかまって殺された。それで鄭芝龍たちは、福建に唐王隆武帝《りゅうぶてい》を擁立する。鄭成功も父に従い、抗清復明《こうしんふくみん》の戦争に参加することになった。この隆武帝は大いに鄭成功が気に入り、「自分に娘がいたら婿《むこ》にするのに」と言って、明の帝室の姓、すなわち国姓《こくせい》である「朱」を与えた（明の太祖の名は朱元璋《しゅげんしょう》）。そして名も「成功」とし（それまでは鄭森と言っていたのである）、御営中軍都督《ぎょえいちゅうぐんととく》に任じた。国姓爺《こくせんや》という「国姓」はここに由来する。「爺」は敬称である。

発音がコクセイヤではなくコクセンヤになっているのは、厦門《アモイ》のあたりの方言だとされる（石原「前掲書」、二三ページ参照）。もっとも、彼自身では自分を朱成功と呼んだことはなく、常に鄭成功であった。日本でも豊臣秀吉がよくその名前を家来に与えたが、近親者以外は使わなかったのと同じである。おそれおおいというわけである。そして鄭成功は忠孝伯に封《ほう》ぜられた。

■「孝」より「忠」を選んだ人

その頃、鄭芝龍は何度も日本に援軍を求めている。しかしなにしろ鎖国《さこく》をはじめたばかりの日本が、海外に援軍を送り出すわけはない。そのうち鄭芝龍は残明《ざんみん》の政府に不安になってきた。もとより貿易商は機を見るに敏《びん》である。それで清に降《くだ》ることにした。鄭成功が国姓を賜わり忠孝伯に任ぜられた翌年に、彼の父は明を捨て清に投じたのである。このため福建は簡単に清の手に落ち、唐王隆武帝は捕らえられて殺された。富貴と不落を誇った鄭氏の居城安平鎮も清軍に蹂躙《じゅうりん》され、その時鄭成功の母の田川氏は最後まで踏みとどまって自殺した。四十五歳だったという。

清側についた鄭芝龍に対し、息子の鄭成功は断乎、抗清復明の戦いを続ける決心をし、先ず海に出て金門島《きんもんとう》に寄った。ここから鄭成功は父の芝龍に「昔から父が子供に忠義を教えるという話は聞くが、主君に対して二心《ふたごころ》を持て、と教えたという話は聞いたことがない」という手紙を書いている。また鄭成功は軍船に「殺父報国」の旗をかかげたというからすさまじい。儒教では「忠より孝」というらしいが、鄭成功が日本式に「孝より忠」を重んじていることは注目に値しよう。

鄭成功は厦門、金門両島を足がかりとして大陸反攻を目ざし、広西に擁立された神宗の孫の桂王《けいおう》永暦帝を支持する。日本にも援軍を何度も頼む、いわゆる「日本乞《きっ》師《し》」であるが、日本は反応しない。鄭成功はいわゆる国姓爺船貿易を行なって武器などを手に入れ、さらに南洋とも貿易して経済的基盤を維持した。そして永暦帝に延平郡王《えんぺいぐんおう》に封じられている。「王」になったのだから、大出世である。その間も父の芝龍などを通じて清朝から招きがあるが、鄭成功は抗清復明の志を捨てない。

そして三十五歳の時から翌年にかけて、遠く南京まで出かけて攻撃する。もう少しのところで包囲攻撃は失敗するが、それでも志を失わず、寛文《かんぶん》元年（一六六一）には、オランダ人の占領している台湾攻略を企て、見事に成功した。しかし残念ながらその翌年、台湾で急死した。高熱であったらしく、急性肺炎説もある。享年《きょうねん》三十九。彼の死後、子や孫も三代にわたってルソンと手を結ぶ努力を続けていたが、ついに五代将軍綱吉《つなよし》の天和《てんな》三年（一六八三）に清に降った。

この鄭成功の忠義は朱舜水《しゅしゅんすい》などによって日本にも伝えられ、大義名分を重んずる水戸学を生む一つの機縁《きえん》にもなったし、七代将軍家継《いえつぐ》の正徳《しょうとく》五年（一七一五）十一月、大坂の竹本座《たけもとざ》で上演された近松門左衛門《もんざえもん》の『国性爺合戦』の人気もあって、一般庶民にもよく知られた。鄭成功の母が日本人だったことも共感を呼んだのであろう。

頼山陽は鄭成功の家系と倭寇を対比させて、第五十三闋《けつ》六行を作った。胡蝶陣ということから「風」や「飛ぶ」などの縁語を巧みに用いているところ、例によってさすがである。

胡蝶軍《こちょうぐん》と呼ばれた倭寇は、胡蝶の如く飛んできてはまた集まって劫掠《ごうりゃく》する。胡蝶軍は揚子江の南に至るシナ沿岸の各地に飛び去り飛び来《きた》って劫掠する。こういう胡蝶が飛んでくる時、風の吹き方で攻撃目標の地域が違ってくることを『海図説』の著者である明の胡松《こしょう》は詳しく述べているが、実際は東風《とうふう》、すなわち日本の中央政府の方針は倭寇には関係ないのですよ。

一方、明でも倭寇という名の胡蝶をとらえて功名を残した将軍もおります。東風の重要なことは、それが吹いていてくれたために、つまり東の国生まれの鄭成功が援明抗清の風を送り続けたために、朱氏（明朝）の消えそうな火が永く消えず、台湾に残ったことです。

日本という国は鄭成功母子という可憐《かれん》な胡蝶を産み出したのだと言えましょう。

54

第五十四関　筑摩河（ちくまかは）

川中島の合戦で消費されたエネルギー

㊵筑摩河《ちくまかは》、

西條山《さいでうざん》。筑摩河《ちくまかは》。
越公《ゑつこう》は虎《とら》の如《ごと》く峡公《かふこう》は蛇《だ》。
汝《なんぢ》螫《ささ》むと欲《ほつ》す。吾《われ》已《すで》に瞰《み》る。
八千騎《はつせんき》。夜暗《よるやみ》を衝《つ》く。
暁霧《げうむ》晴《は》れ。大旗《たいき》掣《ひ》き。
両軍《りやうぐん》搏《う》ち。山《やま》裂《さ》けむと欲《ほつ》す。
快剣《くわいけん》陣《ぢん》を斫《き》りて腥風《せいふう》生《しやう》じ。
虎《とら》は吼《ほ》え蛇《へび》は逸《はや》りて河《かは》は雪《ゆき》を噴《ふ》く。

西條山。筑摩河。
越公如レ虎峡公蛇。
汝欲レ螫。吾已瞰。
八千騎。夜衝レ暗。
暁霧晴。大旗掣。
両軍搏。山欲レ裂。
快剣斫レ陣腥風生。
虎吼蛇逸河噴レ雪。

傍有㆔毒龍待㆓其蹶㆒。

傍《かたはら》に毒竜《どくりよう》の其《そ》の蹶《つまづ》くを待《ま》つ有《あ》り。

西條山。筑摩河。謙信公は虎に似て信玄公はさながら巨蛇《おろち》。毒牙《きば》立てる気か。なんの読みきった。八千騎。夜の闇を衝く。朝霧晴れ。大旗なびく。ぶつかる両軍。山裂く激戦。謙信公の快剣《かいけん》は武田の本陣斬りさいて颪に血のにおい染め。虎吼えて巨蛇《おろち》逸れば波狂い雪かとしぶく。かたえには一頭の毒竜《どくりゆう》信長両雄の傷つく折《おり》をじっとうかがい待つ姿。

■戦国武将にみる偉大さのヴェクトル

幸田露伴《こうだろはん》も夏目漱石《そうせき》も近代日本文学の巨峰《きよほう》であることは誰でも知っている。しかしこの二人が同じ年、すなわち明治維新の前年である慶応三年（一八六七）の生まれであるということは、にわかに信じ難いと感ずる人が少なくないのではなかろうか。夏目漱石の『坊っちゃん』や『こころ』は、読んだことのない高校生の方が少ないぐらいであろう。しかし幸田露伴の『風流仏《ふうりゆうぶつ》』や『運命』など読む高校生はいたとしても極めて稀《まれ》であろう。かろうじて『五重塔』の作者としてその名前を覚えている高校生がいれば、尋常《じんじょう》でないと思うぐらいだ。

この二人が偉大な学者であり作家であることを疑う人はいないが、とっつき易さがまるで違うのである。あの明敏博識なW・G・アストンは、その『日本文学史』の中で幸田露伴を現代（当時）の日本文学の第一の作家としているくらいだ。アストンのような人にはむしろ漱石などの方が西洋の影響が感じられたということもあろう。しかし今となっては漱石の方が断然第一等の作家であるのに反し、露伴は忘れられた作家とは言わないまでも、読まれざる作家である。

どうしてこうなるのか、と言えば、その人物の偉大さの絶対値《モドルス》は同じにしても、その偉大さに方向性《ヴエクトル》というものがあるからではないだろうか。また別の言い方をすれば、その人物の切り口が、前代《ぜんだい》に向いているか、後世《こうせい》に向いているかで、現代人に対する関係がうんと違ってくるとも言えよう。

ヴァイエルシュトラスの定理というのを習ったことがある。詳しいことはすっかり忘れてしまったが、ある数がある時、それは前の数から連続しているのか、切れているのか、という話であったと記憶する。たとえば三という数は二・九九九……の究極にあるのか、それともその三・……一という方に始まりがあるのか、と言った議論であったと思う。数には切り口というのがあって、その切り口がどっちに向いて開いているのかが重要だということで、われわれ一般の人間には関係のない話であるが、「切り口がどっちに向いているか」という問題の性質が面白かった。この類比で言えば、幸田露伴と夏目漱石は同じ年に生まれた作家でありながら、露伴はその切り口が江戸時代に向いていた人であり、漱石はその切り口が後世に向いていた人だったと言ってもよいのではないだろうか。

同じようなことは戦国の武将にも言えそうである。武田信玄も上杉謙信も織田信長も同時代人であった。信玄は大永《たいえい》元年（一五二一）、謙信は享禄《きょうろく》三年（一五三〇）、信長は天文《てんぶん》三年（一五三四）に生まれている。信玄こそ少し年長だが、謙信と信長はたった四歳しか違わない。今の学校制度で言えば、信長が小学校一年生の時、上杉謙信は小学校五年生で武田信玄は大学二年生といった年齢の差になる。

しかし「切り口」から見ると、信玄と謙信は過去に向いており、源平《げんぺい》の戦いからの伝統の最後にいる、という感じがあり、信長は新しい時代に「切り口」が向いているという感じになる。

しかし当時の人には必ずしもそうは見えなかった。武田信玄や上杉謙信の軍団が最強であり、織田信長の軍団は多分に二流と思われていたふしがある。切り口が過去に向いているか未来に向いているかは、その当時ではそんなに明らかではない。強いか弱いかだけが目につくし、それだけが問題となる。ある勢力の方向性はそれほど明らかでなく、その強さの絶対値だけがよく目につく。強さの絶対値ということから言えば、武田軍や上杉軍は傑出《けっしゅつ》していると考えられていた。だから将軍足利義昭《よしあき》も、上杉軍や武田軍をけしかけて織田軍と戦わせれば勝てると思って、陰謀を続けたのであった。

■信長が恐れた二人の武将

勢力のヴェクトルは後世から見れば明々白々であるが、当時の人々にとって戦いはヴェクトルの問題でなく、具体的な戦場における勢力の優劣そのものだけが問題なのである。すぐれた状況判断者であった織田信長がこの点において錯覚を持つはずがなく、武田信玄と上杉謙信という戦場の名人に対しては、戦争回避のために全知能を働かせていた。

先ず武田信玄との関係をよく保つために、織田信長は武田家と婚姻《こんいん》政策を取った。つまり信長は自分の姪《めい》を信玄の子武田勝頼《かつより》に嫁にやった。また自分の嫡男である織田信忠《のぶただ》に信玄の娘を迎えるという約束を成立させることに成功した。縁談には話し合いが必要である。この当然のしきたりを利用して、一年に数回も信玄に使者を送り、その時は豪華な贈り物をつけてやった。信玄は策謀《さくぼう》の人であるが、信長からの使者の回数は多く、贈り物を見てもおざなりでない。ためしに信長から贈られた漆《うるし》塗《ぬ》りの箱を削ってみたところ、漆が非常に厚く丁寧《ていねい》であった。それで武田信玄は信長の誠実さを信用する気になったと言う。

信長が誠実に望んだのは武田家との婚姻ではない。京都を中心にした一帯に自分の覇権が確立するまで、背後の東部戦線が平和であるように心から願っていたのである。信長は圧倒的な兵力がなければ、武田勢と戦えないと考え、必死に時間を稼《かせ》ぎ、先ず京畿《けいき》を征服して力をつけようとしていた。信玄が織田信長のような未来に向けてのヴェクトルを持っていたら、信長が自分にやったように、北條や上杉と全力を尽くして友好的な関係を結び、まだまだ弱体だった家康や信長を攻め滅ぼし、あとでゆっくり北條や上杉と戦えばよかったのである。

同じことは上杉謙信についても言える。上杉謙信の軍と織田信長の軍とは天正《てんしょう》五年（一五七七）に戦ったが、上杉軍の方が断然強かった。信長は小松や安宅《あたか》方面に、柴田勝家《かついえ》、前田利家《としいえ》らの五将と四万八千と言われる大軍を派遣《はけん》した上、自分もこっそりやってきたが、歯が立たずに逃げ出しているのである。信長にとって幸いだったことは、季節が寒くなったことと、松永久秀《ひさひで》が滅んだため、謙信が一応兵を引き揚げ、決戦を来年にのばすことにしたからである。そして翌年、謙信は全力をあげて攻め上ろうという直前に死んでしまう。その五年前の元亀四年（七月に改元して天正元年、一五七三）、ようやく本格的に信長討伐の大軍を率いて上洛《じょうらく》しようとした武田信玄も途中で死んでいる。

■エネルギーを使い果たしてしまった両雄

天下を取ろうという人は飛びっ切りの幸運児でなければならないが、それにしても信長は運がよかった。武田信玄にしろ、上杉謙信にしろ、もう数年早く織田信長を本気で攻める気を起こしていたならば、京都に旗《はた》を挙げることができた可能性がすこぶる大きいのである。ところが信玄と謙信という戦争の名人が、川中島《かわなかじま》という信州北部の猫の額《ひたい》みたいなところを争ってエネルギーを使い果たしてしまうのだ。

ことの起こりは上杉謙信という人物が、戦国の世には珍しく義理堅い大将だった、ということによる。まず関東管領《かんれい》であった上杉憲政《のりまさ》が北條氏康《うじやす》に追われて、謙信を頼って越後にやって来たのは天文《てんぶん》二十一年（一五五二）である。次いで翌年に信濃の守護家である小笠原長時《ながとき》が、次いで村上義清《よしきよ》が武田信玄に追われて謙信を頼ってやって来たのが、そもそものはじまりである。そのため、信濃国更級《さらしな》郡の犀《さい》川と千曲《ちくま》川にはさまれた長野盆地にある川中島という、それ自体ではあまり問題にもならないところが、上杉勢と武田勢のエネルギーを十一年間にもわたる対立によって吸いこんでしまうのである。

川中島の戦いというのは何回もあった。武田方の記録の『甲陽軍鑑《こうようぐんかん》』は六回と言い、上杉方の『川中島五ケ度戦記』は五回と言い、そのほか二回説も三回説もある。しかし両軍が川中島に出兵したものの、じっと睨《にら》み合ったまま戦闘に入らずにお互いに引き揚《あ》げたものまで入れると、私の数えたところでは八回ある。武田方の記録にしろ上杉方の記録にしろ、戦闘がなければ武功もなく、したがって記録に値《あたい》しないということになろうが、われわれの立場からすれば、二人の戦国武将が主力を挙げて出陣した場合は、実際の戦闘のあるなしにかかわらず、一回と数えてよいのではないかと思う。そうした出陣に使われるエネルギーと国内対策や外交関係に及ぼす影響は、甚大《じんだい》なものがあるからである。

第一回目は天文二十二年（一五五三）で、上杉勢が川中島に進み、ここで武田勢と戦い、対陣実に二十七日間に及んでいる。この時のお手合わせで、謙信も信玄も今度の敵はそれまで戦ってきた相手とは種類の異なる戦争の天才であると認識したのであろう。「手ごたえ」ということは将棋や囲碁のような遊びでもすぐにわかる。いわんや戦陣である。剣術の名人たちが太刀《たち》を合わせて軽く二、三回打ち合っただけで「おぬしできるな」と言った感じと似たものがあったと思われる。

謙信も信玄も、戦闘を戦闘として好むという本格的な武将気質があった。いい相手が見つかると嬉《うれ》しくなるところがあるのである。信玄が死んだあと、武田の武将の一人が、「信玄公はまことに名将であったが、戦い自体を好まれすぎた」と言ったというのがその一端を示している。謙信にも、武田方が北条方の経済封鎖にあって太平洋側から塩が入らなくなったと聞くと、越後から塩を送ってやったという有名な話がある。

また武田信玄が死んだという知らせを北条氏政から受けた時、上杉謙信はちょうど食事をしていたところであったが、箸《はし》をおいて、「ああ私は好敵手を失ってしまった。世の中に信玄殿のような英雄がまたとあろうか」と言って嘆《なげ》き、しばらくは涙がとまらなかったと言われる。戦争が高度に組織化された大規模なスポーツの側面を持ち、そのプレーヤーに独特の美学があった例である。

信玄の方も、遺言《ゆいごん》の時勝頼に、「私が死んだら、天下に武将と言えるのは謙信だけだ。何かあったら、国を挙げて謙信の助けを求めよ。一たび助けを求められれば、謙信は隣国《りんごく》と手を組んでお前を攻めるようなことはしないだろうから」と言ったといわれる。英雄は英雄を知る、という美談であるが、正にこの精神のひびき合いがあったため、川中島の地をして両軍のエネルギーの大放電《ほうでん》場にしてしまったのである。

第二回目は天文二十三年（一五五四）八月中旬の戦いである。この時は激戦であり、上杉謙信が単騎《たんき》武田信玄の陣に斬り込み、信玄は負傷して兵を退かせた。上杉軍はだからといって追撃するほどの余力はなかった。第三回目は翌弘治《こうじ》元年（一五五五）七月に出陣し、対陣実に四カ月に及んだ。第四回目は弘治三年（一五五七）の八月であるが、この時は武田の謀将《ぼうしょう》山本晴幸《はるゆき》（通称勘介《かんすけ》）が戦死した。第五回は弘治三年（一五五七）の八月であるが、川中島で睨《にら》み合った後、武田側が上野原に陣を移したが、上杉側が突破してきて武田側が敗れた。しかし上杉方に追撃する力はなかった。第六回は永禄《えいろく》二年（一五五九）の三月中旬、両軍は川中島に出兵、睨み合いをやった上、戦闘せずにお互いに引き揚げた。

第七回は永禄四年（一五六一）九月九日から十日にかけての激戦で武田信繁《のぶしげ》が戦死した。この時の戦闘が最も激しく講談《こうだん》や小説の材料になっている。第八回目は永禄七年（一五六四）の七月で、この時は睨み合いのまま、両軍撤退した。

■天下の風雲

信玄、謙信の両雄がこのように十年以上も全力を尽くして戦っている間に、天下の風雲は急速に動いていた。永禄三年（一五六〇）には桶狭間《おけはざま》の戦いが行なわれ、織田信長の急激な台頭《たいとう》があり、また京畿の方では松永久秀が大和を制圧していた。桶狭間以来、時勢はその動きを急にはやめた感じになるのだが、越後と甲州の英雄二人は、川中島に神経を集中していた。つまりヴェクトルが後ろ向き、あるいは切り口が過去に向いていたのである。

われわれによく知られた川中島の合戦は永禄四年、すなわち第七回目の川中島の対決の時の話である。しかし小説の中には、これと第四回目の山本勘介が戦死した弘治二年（一五五六）の合戦を一緒《いつしよ》くたにしたものもあった。いずれにせよ、この時の合戦は絵にも話にもなるのである。九月九日重陽《ちようよう》の節句の夜に、西條山（妻女山）に陣をしいていた謙信は、甲州軍の一隊が挟《はさ》み撃ちの態勢をとるために動き出したのを知った。それで擬兵を山上に置いてあたかも越後勢はそこにいたままであるかの如くにし、実際には全軍物音を立てず、馬には枚《ばい》を銜《ふく》ませていななかぬようにして一挙に雨宮《あめみや》の渡しを渡渉《としよう》して武田信玄の軍に向かった。信玄は西條《さいじよう》山に向かった部隊の報告を待ち、上杉軍を挟み撃ちにするつもりであったのである。

そして夜明けになった。川霧が霽《は》れてようやく見えるようになると、すぐ眼前には、西條山にいるはずの上杉謙信の軍勢の旗があるではないか。さすがの信玄も陣容を変える余裕がない。謙信は冑《かぶと》を脱《ぬ》ぎ、純白の練絹《ねりぎぬ》で頭を包み、小豆長光《あずきおさみつ》の太刀を振りかざしてまっしぐらに信玄の本営に斬り込んだ。信玄は刀を抜くひまもなく軍配《ぐんばい》でこれをふせぎ、肩先を斬りつけられたが、そのうち信玄の旗本らがかけつけたため、謙信は去った、と言うのである。

私も小学生の時に、学校で先生に連れられ川中島の戦いの映画を見に（映画鑑賞という言葉はまだなかったと思う）行った。画面がはっきりせず、筋《すじ》もよくわからず、みんながっかりした。しかし担任の榎本春三先生は、みんなに「信玄に斬り込んだところを見れば、それで十分なのだ」と解釈して下さった。戦前の小学校の国史では、この場面を教えるようにという指示がなされたという。敵の本陣への斬り込みというのは戦前の日本人の最も好きなことの一つで、ハワイ空襲のイメージとも重なるところがあった。こんな絵になる話を頼山陽が取り上げないはずがない。

西條山（妻女山）と筑摩河《ちくま》（千曲川）と。

越後の上杉謙信は虎の如く、甲斐の武田信玄は竜のようである（越公は越後の大将で、峡公は甲斐《かい》、つまり峡《かい》の大将）。

汝《なんじ》信玄は私を狭撃《きょうげき》しようとしたが、この私はその計画を見破ったぞ（信玄には二人称を使い、謙信には一人称を使っている。頼山陽は次関で見るように謙信に好意的であった）。

越軍の八千騎は夜の暗《やみ》をついて甲軍の眼前まですでに進出していたのだ。

暁《あかつき》の霧が晴れてみると、越軍の大旗《たいき》が甲軍の眼前にたなびいているではないか。

竜虎にも比すべき両軍が相打《あいう》ち、山も裂《さ》けんばかりであった。

謙信の快剣《かいけん》は信玄の本営を斫《き》り破り、信玄から血しぶきが飛ぶかと思われる勢いであった。
虎の吼《ほ》えるが如き謙信の軍と竜がたけり狂うが如き信玄の軍のため、千曲川は雪の如く白い水しぶきをあげた。
謙信と信玄の間で竜攘《りゅうじょう》虎搏《こはく》の如き戦いが千曲川のほとりの川中島で繰り返されている間、その側には毒竜《どくりゅう》の如き織田信長がいて、その両雄がつまずき倒れるのを待っていたのである。

この川中島の戦いを詩にしたものは、頼山陽の「題下不識庵撃二機山一図上（不識庵［謙信］ノ機山［信玄］ヲ撃ツノ図ニ題ス）」という七言絶句《ぜっく》の方がずっと有名で、詩吟《しぎん》をやるほどの人なら誰でも暗記しているものである。

鞭声《べんせい》粛　粛《しゅくしゅく》夜河ヲ過《わた》ル
暁ニ見ル千兵ノ大牙ヲ擁スルヲ
遺恨《いこん》十年一剣ヲ磨《みが》キ
流　星光底《りゅうせいこうてい》長蛇ヲ逸《いっ》ス

鞭声粛粛夜過ルレ河ヲ
暁ニ見ル千兵ノ擁スルヲ二大牙ヲ一
遺恨十年磨キ二一剣ヲ一

流星光底逸ス二長蛇ヲ一

この詩の前の二行は情景であるが、一転して謙信の心の中に触れている。天文二十三年（一五五四）八月の第二回の川中島合戦の時、謙信は単騎で信玄の陣に斬り込み軽傷を負わせたという。それから七年経った永禄四年（一五六一）の九月に、謙信は再び信玄の本営に斬り込んだ。約十年前に斬り損《そん》じたというので遺恨十年と言ったのである。この十年の「十」と一剣の「一」との対比が利《き》いている。この詩は着想といい、起承転結の見事さと言い、天才頼山陽の本質を遺憾《いかん》なく示していると言えよう。

55

第五十五関　皮履兒（ひりのじ）

北国の虎・上杉謙信

55 皮履兒《ひりのじ》

鞍《あん》に拠《よ》り槊《さく》を横《よこた》ふ北海《ほくかい》の月《つき》。
一檄姦雄胆破裂《いちげきかんゆうたんはれつ》す。
公《こう》能《よ》く志《こころざし》を皮履《ひり》の児《じ》に得《う》るも。
北人《ほくじん》の技《ぎ》は公《こう》未《いま》だ知《し》らず。
竢《ま》て、我明春雪解《われみやうしゆんゆきと》けて南《みなみ》に師《し》を出《いだ》すをと。
師《し》を出《いだ》さば必《かなら》ず捷《か》たんも身《み》先《ま》づ死《し》し。
中原《ちゆうげん》に向《むか》つて一《ひと》たびも技《ぎ》を試《こころ》みず。
北海《ほくかい》を蹂践《じうせん》したるは却《かへ》つて皮履《ひり》。

據レ鞍横レ槊北海月。
一檄姦雄膽破裂。
公能得二志皮履兒一。
北人之技公未レ知。
竢我明春雪解南出レ師。
出レ師必捷身先死。
不下向二中原一一試上レ技。
蹂踐二北海一却皮履。

馬上に槊《さく》を横たえて　北海の月にうそぶきつ。一書飛ばせば姦雄の　豪胆千々《ちぢ》に砕けたり。「御身信長時を得て　軟弱雪駄《せった》の徒に勝つも。北土の寒に鍛《きた》えたる　越路の勇をまだ知らず。待て我明春雪解けて　南に長駆すべければ」師《いくさ》出ださば必ずや　勝つべき君のまず逝《い》きて。ああ中原《ちゆうげん》にひとたびも　胆略競う日々を得ず。壮図《そうと》むなしく北海の　雪踏み犯《おか》す雪駄の足。

■猛虎の如き武将

永禄《えいろく》・元亀《げんき》・天正《てんしょう》と言えば、戦国時代が最も戦国らしかった時期であり、それこそ名将豪傑が雲《くも》の如く現われる。日本民族が最も騎馬民族的になった時期とも言えるし、一種の民族昂揚《こうよう》期と言ってもよいのではないだろうか。日本の「武」の伝統は遠くは神武《じんむ》天皇御東征、神功《じんぐう》皇后の三韓《さんかん》征伐などという、多分に伝説的な時代から、源平時代、建武・延元《えんげん》の時代と続くが、後世の日本人から言えば、少し時代が遠い。

ところが戦国時代となれば正に講談の舞台であり、しかもそのあたりから現在の日本の名門の家系の多くが残っているわけであるから、極めて身近である。そしてそれは激烈な闘争の時代であった。この激烈な時代において、最も武士らしかった武将と言えば、上杉謙信をあげてもよいであろう。頼山陽もそう思っていた一人である。しかしあまりにも戦国武将らしかったために、戦国時代を爽快《そうかい》かつ痛快に生きることはできても、戦国時代を締《し》めくくる人にはなれなかった。

上杉謙信は享禄《きょうろく》三年（一五三〇）に越後の守護代であった長尾為景《ためかげ》の末子に生まれた。兄には、晴景《はるかげ》・景康《かげやす》・景房《かげふさ》がいる。謙信が生まれた年は庚寅《かのえとら》であったので、寅にちなんで幼名を虎千代と言い、元服して景虎になったが、後には政虎とも言い、また将軍義輝から偏名《へんめい》をもらって輝虎とした。どこまでも「虎」がつく。ちなみに彼の生涯の好敵手であった武田信玄は大永《たいえい》元年（一五二一）辛巳《かのとみ》の年の生まれ、つまり「蛇」の年である。

頼山陽が川中島の戦いを七言絶句の一つにして（第五十四闋参照）、「流星光底長蛇ヲ逸《イツ》ス」と言った時、この「長蛇」には巳《み》年、つまり蛇年生まれの武田信玄が寓《ぐう》意《い》されていたし、『日本楽府《がふ》』の第五十四闋《けつ》「筑摩河《ちくまかは》」の中で、「虎《とら》は吼《ほ》え蛇《へび》は逸《はや》りて河は雪を噴《ふ》く」という一行があるのも、虎と蛇、つまり虎と竜の対比であり、竜攘《りゅうじょう》虎搏《こはく》の状況を示したものである。十干十二支《じっかんじゅうにし》の寅年と巳年を中心的なイメージとして詩作した頼山陽の才気は、まことに嘆賞《たんしょう》すべきものがある。

「名は体を表わす」と言うが、上杉謙信はまことに猛虎の如き武将であった。

関東管領《かんれい》の上杉憲政《のりまさ》が、北條氏康《うじやす》に敗れて越後に来て助けを求め、謙信と親子関係になることになった。それで謙信は長尾の姓から上杉になった。そして永禄二年（一五五九）四月に京都に上り、正親町《おおぎまち》天皇に拝謁《はいえつ》し、酒を賜わり、また宝剣をいただき、これを「五虎」と名付けた。そして将軍足利義輝《よしてる》にも会い、関東管領に正式に任ぜられて、斯波《しば》、畠山《はたけやま》、細川の三家と同格ということになった。そして篾《べっ》輿《よ》（竹の輿《こし》）に乗り、赤柄《あかえ》の采配《さいはい》を執ることを許された。将軍から偏諱《へんき》を賜わり輝虎となったのも、この時である。

この管領家になったことは、上杉謙信のプライドを大いに昂揚させると共に、関東の支配に対して重い責任感を持たせることになった。これが彼の心を、京都よりも関東の方へと後ろ向きにした一因である。しかし関東管領として関東平野に兵を出す時の彼の勇姿はまことに颯爽《さっそう》としていて、群獣《ぐんじゅう》を見下す猛虎の姿を彷彿《ほうふつ》せしめるのである。『名将言行録《げんこうろく》』に次のような記述がある。

「輝虎（謙信）（関東管領として）は武蔵《むさし》・上野《こうずけ》・下野《しもつけ》あたりに毎年五十日から七十日ぐらいの間、出かけて行ったものだが、敵の城はみんな門を閉じて出て会おうという者はなかった。いわんや出て戦おうという者などがいるはずもなかった。敵は言うまでもないことだが、味方の大名小名の場合も、ついでに自分の城でも取り上げられるのではないかと、主君も家来もおちおちできなかった。関東の敵味方は、輝虎が越後への帰途につき、上野の猿《さる》ケ京《きよう》を通り過ぎたと聞くとはじめてほっと安堵《あんど》の思いをした。まことに大夕立、大雷鳴が過ぎた後に、雨が霽《は》れ上がったような気持ちがして喜んだとのことである」

また謙信が北條氏康を小田原城に囲んだ時、氏康は城に固くたてこもって出てこようとしなかった。謙信は冑《かぶと》を脱ぎ、白布で頭を包み、白馬に乗り、朱色の采配を握って諸大名の軍勢の中に入って戦いの指揮をした。その姿を見て、関東の将士たちはこっそり指さして「あの大将はわれわれを虫けらか蟻《あり》のように思っているようだ」とささやき合ったと言う。

■兵站を重視した信長

織田信長はすぐ近接する武田信玄を怖れ、心を砕いて和平関係の維持に努力した（第五十四関参照）。そのため、信玄と信長の間に本格的な戦闘はなかった。信玄が最終的に上洛の決意をして行動を起こした時に、矢面《やおもて》に立ったのは徳川家康である。信長はこの時は佐久間信盛《のぶもり》と平手汎秀《ひらてひろひで》を援軍として送ったが、それは申し訳程度の軍勢であった。そして家康は三方ケ原《みかたはら》で痛烈な敗北を喫し、成瀬正義《なるせまさよし》、本多忠《ただ》真《ざね》、安藤基能《もとよし》、鳥居忠広《ただひろ》、夏目正吉《まさよし》らの股肱《ここう》の臣を失った。

織田軍は平手汎秀を失ったが、これは織田勢の派遣一支隊であって、信長の主力ではない。信長の主力はまだ近江の鎮定《ちんてい》に従軍し、信長自身は京都に入り、信玄にけしかけた将軍足利義昭《よしあき》を二條城に囲んで降参させている。信長は家康の危急《ききゅう》を見ても全力を投入して助けようとせず、むしろ京都の足利将軍を通じて信玄をなだめようとしていたふしがある。

信玄は全力をあげて上洛せんとしているのだから、信長としては何をさておいても家康と協力して信玄の進出を防ぐのが当然の如く思われるが、信長は京都とその周辺の討伐の方に主力をそそいでいる。少し暢気《のんき》なのではないかとも思われる。しかし信長は近代センスのある大将で、ロジスティックス（兵站《へいたん》）のことがよく解っていた。

甲州から山道を通り抜けて都に上るのは大変な距離である。途中には大きな川も多く、岐阜城はじめ要塞がある。どっちみち急に京都に出られるわけはないと見切って、まず信長を包囲する作戦の震源地の足利義昭をとっちめ、一方柴田勝家《かついえ》、明智光秀、丹羽長秀《にわながひで》、蒲生氏郷《がもううじさと》らの強力軍団を使って近江のあたりの諸城を確保させる戦略を取ったのである。

実際には武田信玄は三河までは出たが病死したので、信長の主力軍団とは戦う機会はなかった。しかし、もし健康だったとしても、三河からさらに尾張・美濃《みの》の諸城を抜き、近江にいる織田の主力と戦うところまではいかなかったであろう。信長は一種の落ち着きをもって甲州軍の息の切れるのを見ていた感じである。

それまで信長が信玄の機嫌取りに熱心だったのは、まだ弱体のうちに甲州軍団と戦っていては京畿《けいき》を制することができないと考えていたからであろう。このようなわけで、われわれは信玄と信長の間の本格的な戦闘を見ることはできない。しかし謙信と信長の主力軍団は戦っている。そしていずれも謙信の圧勝であった。

■織田軍を撃破したつわもの軍団

信玄と謙信が対立していた頃、謙信は家康との関係もよく、また信長ともよかった。しかし武田信玄が天正元年（一五七三）四月に死亡し、その年のうちに信長が越前の朝倉義景《よしかげ》を滅《めっ》し、近江の浅井長政《ながまさ》を滅ぼすと、織田家の優勢は圧倒的になった。しかし上杉謙信はまだ関東に注意を向けて、しばしばそこで戦っていたのである。気がついてみたら、信長の勢力は、謙信の越後の近隣まで伸びていたことになる。

信長は信玄の死後は、謙信に対しても、かつて信玄に対したるが如く丁重《ていちょう》であった。そして信長は妹を謙信の一族に連なる神保長純《じんぼながすみ》に嫁にやったりして機嫌をとっている。信長の志は天下布武《ふぶ》にあった。そのためには京畿でやらなければならないことがいっぱいある。北の方でエネルギーを取られるのを避けたかったのだ。しかも信長は、謙信が他の武将を虫けらの如く見るので、謙信に心服《しんぷく》していない者たちが少なからずいることを察し、謙信の諸将と款《かん》を通じはじめていた。

たまたま畠山義隆《よしたか》の武将遊佐弾正《ゆさだんじょう》らが主君義隆を毒殺し、能登の七尾《ななお》城をたずさえて信長に降参したのである。上杉謙信は関東から軍を引いて、天正二年（一五七四）七月、西伐の軍を起こして越中に攻め入り、信長と縁続きの神保長純を木船《きふね》城に攻めてこれを陥《おと》し、加賀金沢を屠《ほふ》って八月には能登に攻め入り、七尾城の遊佐弾正や長重連《ちょうしげつら》を囲んだ。遊佐らは信長の応援を頼んだが、ちょうど伊勢長島《いせながしま》の一向一揆を攻めていた信長は応援に行けなかった。それで九月十一日に七尾城は落ち、遊佐らは誅殺《ちゅうさつ》された。

そして謙信は兵を休めて二日、折しも九月十三夜であり、月色明朗《めいろう》であったので、諸将を招いて陣中に月見の宴を開いた。酒が大いに廻《まわ》った頃、謙信は七言絶句を作った。これが日本漢詩集のどれにも採録《さいろく》されている名詩「九月十三夜陣中ノ作」である。

霜ハ軍営ニ満チテ秋気清シ

霜満㆓軍営㆒秋気清

数行ノ過雁《カガン》月三更
数行過雁月三更

越山併セ得タリ能州ノ景
越山併得能州景

遮莫《サモアラバアレ》　家郷遠征ヲ憶フ
遮莫家郷憶二遠征一

この詩の原作の最初は「霜ハ軍営ニ下リテ」であり、また四行目の遮莫《サモアラバアレ》は「不レ管《カンセズ》」だという説もある。『名将言行録』では「任レ他」となっている。頼山陽が改めたのだとも言われるが、湯浅元禎《ゆあさげんてい》の『常山紀談《じょうざんきだん》』でも「霜ハ……満チテ」になっているから、すでに改作されていたのかも知れない。

また謙信にはこの漢詩しか残っていないので実作《じっさく》でないかも知れぬ、という説もある。しかしいかにも謙信らしさが出ている名詩であることには間違いない。日清戦争の折、金州《きんしゅう》に遠征した軍人が、そこの学問ある清国人に詩を求められたので、直ちにこの詩の「越山」を「千山」、「能州」を「金州」にと二字を換えたところ、清国人は激賞してやまなかったと言う。

謙信には教養も詩心もあり、「月澄《す》まば　猶《なお》静かなり　秋の海」という句や、越中魚津《うおづ》城では初雁《はつかり》の鳴き声を聞いて作ったという「武夫《もののふ》の　鎧《よろい》の袖を片敷《かたし》きて

枕《まくら》に近き 初雁《はつかり》の声」という絶唱《ぜっしょう》もあるから、この漢詩も謙信の作としておくのがよいであろう。

一方、信長はその間に伊勢長島を陥《おと》して一揆二万人を焼殺し、着々と地歩を固めていた。翌天正三年（一五七五）五月二十一日には武田勝頼《かつより》と長篠《ながしの》に戦い、武田の騎馬隊を鉄砲による新型戦法で撃滅し、八月には越前《えちぜん》・加賀《かが》を平定し、柴田勝家を北陸方面の司令官にした。これは謙信を怒らせることになるので、十一月に信長は使いを越後に出して謙信と和睦《わぼく》しようとしたが謙信は聞き入れない。それで翌天正四年（一五七六）の正月早々に信長は近江に安土《あづち》城を築くべく丹波長秀を普請《ふしん》奉行とした。二月二十三日には早くも城の本体ができ、三月には本丸もできた。安土城は信長がその威容を天下に示すためと言われるが、本来の目的は上杉謙信の軍に備えるためなのである。

信長はロジスティックス（兵站《へいたん》）から発想する。かつて上杉謙信が破竹《はちく》の勢いで関東を制し、北條氏康を小田原城に囲んだ時、氏康は固く守って出てこなかった。謙信は野戦の天才であるにせよ、長期の攻城戦をやるようなロジスティックスをもっておらず、また根拠地の越後とは冬の間は往来できない。それで謙信は小田原城を囲んだものの空しく撤退するより仕方なかった。

この十五年前の永禄四年（一五六一）のことを信長が忘れているわけがない。謙信の軍の弱点はロジスティックスと越後の冬の雪にあると見た。半年ぐらい頑張れる城があれば、謙信の軍は必ず引き揚げざるをえない、というのが信長の洞察《どうさつ》であり、それが安土城建築という形になったのである。

上杉謙信は天正四年（一五七六）三月に大挙して越中に攻め入り、いくつかの城を取ったが後が続かない。越後の諸将は信玄なき後のしかも長篠に惨敗《ざんぱい》した後の甲州武田征伐の方がよいと説くが、謙信は聞きいれない。そして九月に加賀に入り小松城を攻め、十一月には能登に入るが、冬になれば北陸での軍事行動は不可能になる。翌天正五年（一五七七）には松永久秀《ひさひで》や毛利輝元《てるもと》と通じて織田信長を挟撃する計画を立て、八月には越中、能登を攻略してさらに加賀を征服すべく兵を進めた。

松永久秀はこれに呼応して大和信貴山《しぎさん》に反織田の兵を挙げた。翌九月には謙信は能登穴水《あなみず》城を陥して城将長重連を斬り、その勢いは破竹の如くである。

そして小松、安宅《あたか》を攻めた。信長はこの方面の大将として柴田勝家、前田利家《としいえ》、滝川一益《たきがわかずます》、丹波長秀、佐々成政《さっさなりまさ》、羽柴秀吉など四万八千の大軍を送り込んだ。もっとも秀吉はこの方面の大将の柴田勝家と仲たがいして帰ってしまう。一方、信長自身はひそかにこの戦場にやってきた。謙信は織田方の城を片っ端から陥し、織田軍から十里ばかりの石動橋《いするぎばし》にせまった。そして使いを織田側に出して、翌朝決戦しようという挑戦状を渡した。

信長は夜のうちにこの戦場からひそかに去っている。上杉軍はさらに進んで金沢を陥し、越前に入っては片っ端から織田側の城を攻め、守備兵を敗走させ、火をかけて焼きながら前進した。信長は北ノ庄《きたしょう》に退却しさらに長浜《ながはま》まで下ってしまった。しかし一方、織田信長の嫡男の信忠は上杉謙信と呼応して兵を挙げていた松永久秀を大和信貴山に囲んで自殺せしめた。それで謙信は気候が寒冷になったことも考えて兵をいったん越後に帰すことにした。

■自信満々の果たし状

その時に当たって、謙信は信長に次のような手紙と、それに越後の布《ぬの》二千反《たん》を贈ったのである。

「あなたはしばしば京都付近で楽な戦いをしてきておられるが、まだ北国人の腕前は見ておられない。それで明年（天正六年＝一五七八）の三月十五日を期して、関八州《はっしゅう》の全軍を率いて西上し、あなたと戦場でお目にかかりたい。この謙信は雪駄《せった》（皮履《ひり》）を穿《は》いている都の人たちとは、ちと違うつもりである」

これに対して信長は謙信の使者にこう答えた。

「私に代わって謙信公にこう答えてくれ。この信長は謙信公と戦争する気などはさらさらないのだ。謙信公が来られたら刀のたぐいは一切持たず、ただ扇《おうぎ》だけを持ち、一人馬に乗ってお迎えに出て、案内役として都に入りましょう。謙信公は義人《ぎじん》でありますから、この信長が苦心して経営してきたものを奪われるようなことは決してありますまい」

謙信はこの使者の復命を聞いて嗤《わら》って言った。

「信長は姦雄《かんゆう》である。調子のよいことを言って私に油断させようとしているだけじゃ。話に聞くと、長篠の戦いでは、あの男は柵《さく》と銃を使って武田勝頼を破ったそうな。来年もきっと同じような手を使おうとするだろうが、わしはその手にはのるまいぞ」

こう言って越後に帰った謙信は、八州の兵に命令を出して、「三月十五日を期して出兵せよ」と命じたのであった。信長はすぐに武田勝頼に使いを出し、「謙信が西進して来たならば、私と家康は北陸道で防ぎますから、あなたはまっすぐに越後を攻めて下さい。その地を取れば、それはあなたのものです。以前の行きがかりは捨てて、同盟して謙信軍に当たりましょう」と言ったが、勝頼からの返答はなかった。

翌天正六年正月十九日、謙信は兵を関東に出して北條を撃破し、その後西に攻め上るからこれに参加せよ、という出陣の命令を全軍に出した。そして三月十五日に自ら出陣する予定であったが、その二日前に中風《ちゅうふう》を起こして急死した。ロジステイックスから見て信長が結局勝ったに違いないが、謙信と信長の本格的決戦が見られなかったのは残念である。もっとも信長を脅《おど》した果たし状みたいなものは講談的作り話だとも言われるが、急死した謙信を惜しむ人たちが創作したのであろう。いずれにせよ織田の主力を連続撃破した武将は上杉謙信のみであり、頼山陽はこのテーマで第五十五闋《けつ》を作ったのである。

鞍《くら》により、槊《さく》（戈《ほこ》、あるいは槍）を横たえて北海の名月を見ながら、「霜ハ軍営ニ満チテ……」という風雅《ふうが》な詩を作った謙信公だが、一通の挑戦状で姦雄《かんゆう》（悪がしこい英雄）織田信長をその胆《きも》が破裂するほど震え上がらせたのだ（その文面とは次のようなものだった）。

「あなたは雪駄《せった》（皮履《ひり》）穿きの京都あたりのへなちょこ連中を従えて志《こころざし》を得たとしておられるようだが、北国の武人の手なみのほどをあなたはまだ知っておられまい。まあ待っていてみたまえ、明年雪が解けたら軍を率いて南下してゆくから」

軍を出せば必ず勝ったことだろうが、まず自分の方が病死してしまった。国の中央に兵を進め、そこでその武力を試してみる機会は一度もないままで終わったのである。

そして謙信の北国を踏みにじって征服したのは、かえって「雪駄穿き」と謙信が軽蔑した中央の軍隊であった。

この六行目の「出師必捷身先死」は、杜甫《とほ》が諸葛孔明《しょかつこうめい》を詠じた「蜀相《しょくそう》」の「出師未捷（イマダ勝タズ）身先死」の一行の中の一字だけ、つまり未を必に換えただけである。ここにも頼山陽の才気が躍《おど》っているのを見る。

56

第五十六関　吉法師（きつぱふし）

織田信長のバックボーン

㊱吉法師《きつぱふし》

吉法師《きつぱふし》。師《し》とする所無《ところな》し。
地《ち》に堕《お》ちるや鎧《よろひ》を披《き》て緇《し》を披《き》ず。
心悟《しんご》して古兵法《こへいはふ》に参《さん》ぜず。
群豪《ぐんがう》を芟刈《さんがい》して九逵《きうき》を開《ひら》く。
日《ひ》を擎《さゝ》ぐ荊榛《けいしん》の底《そこ》。
再《ふたゝ》び挂《か》く扶桑《ふさう》の枝《えだ》。
衮芾《こんふつ》倒《さかさま》に輝《かがや》く妙法《めうはふ》の旗《はた》。
恨《うら》む莫《なか》れ、盤根錯節《ばんこんさくせつ》に利剣《りけん》の折《を》れしを。

吉法師。無レ所レ師。
隳レ地披レ鎧不レ披レ緇。
心悟不レ參二古兵法一。
芟二刈群豪一開二九逵一。
擎レ日荊榛底。
再挂扶桑枝。
衮芾倒輝妙法旗。
莫レ恨盤根錯節利劍折。

後覇《こうは》は尽《ことごと》く吉法師《きつぱふし》を師《し》とす。

後霸盡師二吉法師一。

吉法師《きつぽうし》。師など無し。生まれ落ちたは武士の家　僧《そう》家などでなし。武略独創　書物に学んだものでなし。割拠《かつきよ》の群雄なぎ倒し　関《せき》を廃して道ひらく。いばらの底から日をかかげ。ふたたび扶桑の枝にかけ。天子の光増したもう　これ妙法《みようほう》の旗のおかげ。盤根錯節　折れた剣　恨《うら》むな吉法師。後の英雄ことごとく　君を師とせぬ者はなし。

■織田氏のルーツ

平成三年、頼山陽の『日本楽府《がふ》』の第四十関《けつ》前後を注解していた頃、NHKの大河ドラマは『太平記』を主題としてやっていた。それでテレビに出てくる人物の名前がこの連載にも同じ頃に出てきた。平成四年の大河ドラマは織田信長である。それで信長関係の書物や雑誌特集などが多く出て、日本人の信長に関する情報は急に増えた。『日本楽府』も第五十六関以降は数回にわたって信長のことである。頼山陽の信長に対する関心は深く、『日本楽府』の一割近くは信長に関する題材を扱っていることになる。頼山陽が信長の活躍のどのような場面に興味を持っていたかは、われわれの興味をそそるところではないか。

先ず信長の先祖であるが、あまり明らかでないというのが学界の定説のようであり、『国史大辞典』(吉川弘文館)においても信長の系図は祖父からしか示していない。だが頼山陽は江戸時代の通説《つうせつ》によっている。過去の「通説」というのは現在刊行されている研究書にはたいてい書かれていないので、かえって調べにくくなっていることが少なくない。

頼山陽がその『日本外史』に取り上げているところに従って紹介すれば、織田信長の先祖は平重盛《たいらのしげもり》である。重盛の次男に資盛《すけもり》がいたが、平家滅亡の時に、この資盛の男の子を、その生みの母親が懐《ふところ》に入れて近江の津田郷《つだのさと》にかくれたところ、その郷長《さとがしら》が、その女性の美貌《びぼう》なるのに惹《ひ》かれて、自分の家に納《い》れた。それで資盛の息子もその郷長の家で育てられることになる。

ところで越前《えちぜん》織田荘《おだのしよう》の祝人《はふり》(禰宜《ねぎ》の次の位の神官)で、しばしば京都に出てくる用事のある者がいた。その祝人は近江ではいつもこの郷長の家に泊めてもらうことにしていた。そしてこの平資盛の子、つまり平重盛の孫を見たのである。何と言っても全盛期の平家の嫡流《ちやくりゆう》の血をひき、したがってその母も京で名のある美女だった人から生まれた少年である。眉目秀麗《びもくしゆうれい》であって、そのあたりの草深い田舎の若者とは違う。それでこの織田荘の祝人は言った。

「私はそろそろ老齢であり、まだ子供がいません。この子を養子としてわが家を継がせてはもらえないでしょうか」

郷長にはきっと本妻もおり、その子もいたのであろう。つまり平資盛の子は、その郷長にとっては妾《めかけ》の連れ子であり、しかも源氏の目からかくしておかねばならない厄介《やっかい》な子供だったのである。それでこの子はもらわれて越前織田荘に行くことになり、約束通りその養家《ようか》を継ぎ、織田親真《おだのちかざね》と名乗り、権太夫《ごんだゆう》と称した。これが織田家の祖である。その後その子孫は代々祝人であった。

足利時代になると越前《えちぜん》・尾張《おわり》は、管領《かんれい》家である斯波《しば》氏（武衛《ぶえ》家）の領地になる。斯波義重《よししげ》（義教《よしのり》）があるとき出遊《しゆつゆう》した際、織田荘の祝人の息子の美貌に惹かれて、自分の小姓《こしよう》とすることにして連れて帰った。彼は後に義重の近臣として寵《ちよう》を受けることになる。そのうち斯波家の重臣の一人が罪によって追放されたが、その後釜《あとがま》に織田氏が入った。かくして織田氏は管領家斯波氏の重臣になり、織田常昌《つねまさ》は尾張の守護代になったのである。織田氏の祖親真より八代目である。

織田信長の系統が美男美女であったことはよく知られているが、このような家系を考えてみると納得させられる。何しろ平家の公達《きんだち》と美女が遠い先祖であり、織田家を守護代の地位に上げるきっかけも、美貌を管領となる斯波義重に見染《みそ》められる

図56-1　織田氏略系図（伝承による部分が多くて正確は期し難い）

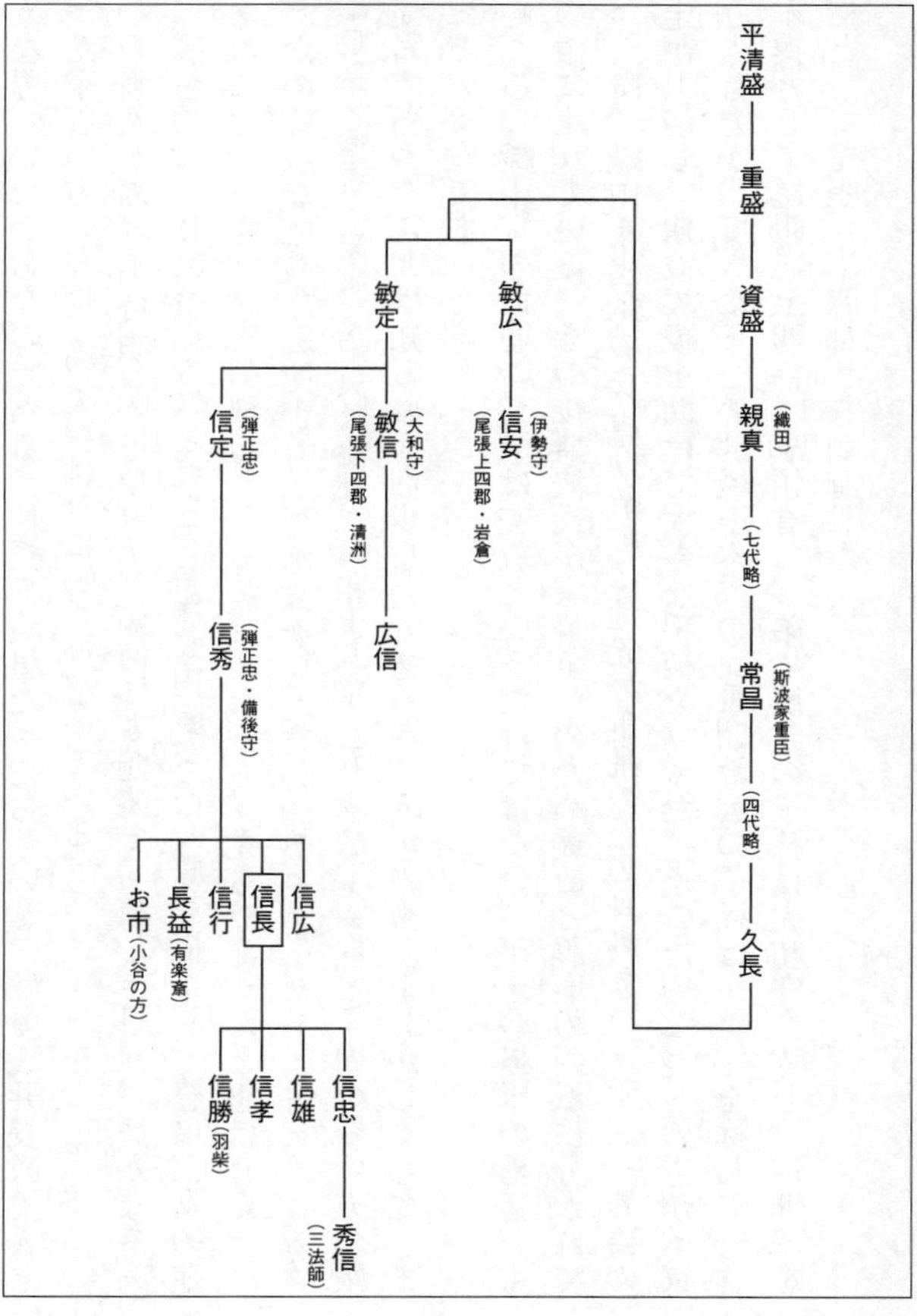

ような男がいたからなのである。信長も美男だったらしいし、妹で浅井長政《ながまさ》夫人となった小谷《おだに》の方《かた》（お市《いち》）の美貌は今に鳴りひびいている。

「その画像が高野山持明院《じみょういん》にあるが、如何《いか》にも艶麗《えんれい》で、涼しき目元、豊かなる肉附、滴《したた》らんばかりの嬌態《きょうたい》は、流石《さすが》の豪傑柴田勝家《かついえ》の心腸《しんちょう》を悩まし、終《つい》に三女の連《つれ》子《ご》あるにも拘《かかわ》らず、之《これ》を引取らしむるに至ったのも、尤《もっと》もであったと思はれた」

とかの謹厳《きんげん》な辻善之助博士もその画像を見た時の印象を書いておられる（辻善之助『信長・秀吉・家康』中央公論社、昭和十八年・五〜六ページ）。この小谷の方の娘が淀君《よどぎみ》であったことは知らぬ人も少ないであろう。晩年の秀吉をおかしくしてしまうほどの美女であった。

もちろん織田家の血筋の特徴は美貌というだけではない。平重盛以来の勇猛《ゆうもう》さも血の中に流れている。その後斯波氏が家督《かとく》争いのため義敏《よしとし》と義廉《よしかど》の両派に分かれて争った時、織田家当主の兵庫助敏広《ひょうごのすけとしひろ》は地元の争乱のため身動きできず、その弟の敏定《としさだ》が上洛して斯波義廉を助けて大きな手柄を立てた。そのためこっちの方が本家よりも勢力が出てきたらしい。織田本家の兵庫助敏広の子孫は伊勢守を称して岩倉《いわくら》を本拠として尾張「上《かみ》四郡」を領有し、弟の敏定の子孫は大和守を称し、清洲《きよす》城を根拠として尾張「下《しも》四郡」を領有した。

■信長の血に流れる経済感覚

この尾張の下四郡を支配していた織田大和守の下に、三奉行と呼ばれる三人の家老がいた。織田因幡守《いなばのかみ》、織田藤左衛門、織田弾正忠《だんじょうのちゅう》である。このうち織田弾正忠信定《のぶさだ》は織田敏定の庶子《しょし》とされる。この弾正忠信定の子が三郎信秀《のぶひで》すなわち織田信長の父である（系図参照）。すなわち織田信長の家系は、足利氏の管領斯波氏の守護代の家の家老（奉行）の家ということになる。しかし実権が下へ下へと移って行った下剋上の時代であったから、このような下の方の家の、しかも傍系《ぼうけい》の家でも、信長が天下に乗り出す足場になるだけの富力は十分にあったのである。

また信長は系図を平家からはじめているが、これは後になってから言い出したことで、源氏出身の足利氏に交替する立場から、源平交替の原理を考えての上であるとも言う。確かに信長以前の織田家は、「織田」と共に「藤原」の姓をしばしば使っている。信長自身、初期の頃は「藤原信長」とも称している。しかしこれは織田荘の祝人だった家が「藤原」の姓であったということらしい。信長の先祖はそこに養子になった平家の子孫という伝説もあるのだから、どっちを用いてもよかったと言えよう。ただ信長が後にはっきり足利氏と交替することを意識するようになってからは、「平家」を強く意識してその方を強調するようになったのではあるまいか。

また織田家が元来は神官の出身であることは、信長に「白」を連想させるという人もある。それが「黒」の墨染《すみぞめ》の衣で象徴される仏教とは対比的だというのである。信長が比叡山《ひえいざん》や一向宗《いっこうしゅう》を徹底的に攻撃したのは、その血が神官の家から出ているからなのではないか、という説を読んだ記憶がある。

織田信長の祖父の信定は庶流であるために、尾張の守護代織田大和守の家老であったが、この信定という人は当時としては群《ぐん》を抜いた先見の明がある人物であった。信定は海東郡勝幡《しょばた》（愛知県の中島郡と海部郡にまたがる地域）に城を築き、尾張西南部を抑える形になった。

特に注目すべきことは、この城の西方約一里のところにある津島《つしま》社の門前町《もんぜんまち》として、また港町として繁昌《はんじょう》していた津島を支配したことである。ここは木曾《きそ》川支流の河口であるが、伊勢の国の桑名《くわな》までは水上三里であり、尾張、美濃《みの》、伊勢の産物の一大集散地であった。当時とは地形、特に海岸線が随分変わっているため、今の地図を見てもピンとこないが、当時は水上交通の要衝《ようしょう》で大いに繁栄していたのである。有名な連歌師《れんがし》宗長《そうちょう》は信定の代（大永《たいえい》六年＝一五二六）にこの津島を訪れたことがあり、その記すところでは、港の広さは五、六町、寺院や在家《ざいけ》（民家）が数千も軒《のき》を連ね、出入りの船でにぎわっていたとのことである。

信定の偉いところは、この港町の重要さに気付いただけではない。この港町の町人衆の頭分《かしらぶん》である大橋清兵衛という者の家に、自分の娘をとつがせたことである。いくら下剋上で社会の秩序が流動的な時代であるとは言え、守護代の家老で城持ちの武家が、町人と縁組みするというのは当時としては破天荒《はてんこう》のことであったろう。しかしこのことが、信定の子、三郎信秀、つまり信長の父の不思議な財力の基盤を説明してくれるであろう。

日本は神代から農業国で、土地からできる穀物を富の基盤にしてきた。銅銭や銀貨は日本でも奈良時代の和銅《わどう》元年（七〇八）に鋳造《ちゅうぞう》されたものの、平安時代を通じてあまり通用せず、平清盛の頃からようやく普及しはじめ、鎌倉・足利時代には大いに通用するようになった。そして通貨による経済が発達してくると、商業による利益は農耕の利益とはけた違いに大きくなる。富の集中が全く形態を変えてくるのだ。

しかし武将は何と言っても支配する領国の大きさが第一の関心事であり、流通経済の集める富の大きさとその力を十分理解するような精神構造にはなかなかなれない。ところが織田信定はそれを知り、その子信秀はそれを利用し、さらにその子信長になって明確な通商政策となるのである。

ここから織田信秀・信長父子に見られる朝廷への献金行為も理解されよう。信秀は天文《てんぶん》十年（一五四一）に伊勢外宮に銭《ぜに》七百貫文《かんもん》、次いで天文十二年（一五四三）には平手政秀《ひらてまさひで》を京都にやって内裏《だいり》の築地《ついじ》修理費四千貫文を献じている。この頃はそれこそ戦乱の真最中で、伊勢神宮や朝廷に献金できる武将などは暁《あかつき》の星の如《ごと》く稀な時代である。今川義元《よしもと》のような名家で、大国の領主、しかも天下に野心のある大名がやるのはある程度わかるが、管領家の守護代の家老がやるのは不思議と言うべきである。

それは織田信秀という人物が人並すぐれて敬神尊皇《けいしんそんのう》の念に篤《あつ》かったということよりも、人並ならぬ富の蓄積があったことによることが大きいであろう。そして敬神尊皇の行為は、日本においては庶民の間にひそやかな人望を作り上げる。これが信長にも幸いするのだ。こんな話もある。

内裏築地の修理費に大枚《たいまい》四千貫文の寄付を受けた朝廷は、天皇の礼状とお礼の品として『古今集』一部を持たせて、連歌師の宗牧《そうぼく》を織田信秀につかわした。宗牧が尾張に行った天文十三年（一五四四）の八月は、織田信秀が美濃の稲葉山《いなばやま》城を攻め、斎藤利政《としまさ》（道三《どうさん》）や朝倉孝景《たかかげ》と戦って散々に敗けた月である。

宗牧の訪問は大敗直後であったので、「これはまずい時にやってきたものだ」と思った。しかし信秀の方は意外にも敗戦で打撃を受けた様子は全くなく、いつもと変わらぬ鷹揚《おうよう》さで連歌の会を催《もよお》したりして歓迎してくれた上に、「この次の美濃攻めがうまくいったら、あらためてさらに献金する旨《むね》、朝廷にお伝え下さい」などと言った。これは信秀の豪胆さもさることながら、富力があるので、いくらでもまた戦う準備ができるからであろう。信長も何度も美濃攻めに失敗しているが、一向にめげない。敗軍の傷をすぐに癒《い》やしてくれる富があったからである。

■数々の前例を作った男

織田信長はこのような血筋をひいて尾張に生まれたのである。祖父信定は町人と縁組みを考えるほどの前例にとらわれない人だったが、孫の信長にはその傾向が特に甚《はなは》だしかった。

信長の一生は先例破りの連続である。桶狭間《おけはざま》の戦いは、寡兵《かへい》をもって大軍を撃つ奇想天外の方法であった。数百年間、朝廷や国民に対して絶対的な権威と武力を示してきた比叡山を焼き打ちするということは、比叡山の僧侶も他の日本人も誰も考えないことだった。一向宗徒に対する討伐の徹底さも空前のことであった。長篠《ながしの》の戦いの鉄砲の使い方も、誰も──鉄砲の本場の西洋でも──考えつかない新しい戦術だった。また毛利の海軍が手ごわいとなれば、ただちに鉄板で覆《おお》った船を作って撃退した。上杉謙信に対しては七層の天守閣を持つ空前の城造りをして万全の守りとすると共に、威風《いふう》を万人に見える形にした──などなど信長の新機軸には限りがない。

こういう人には先生とすべき人は誰もいないのである。古い兵法の本を読んで学ぶというようなものではなく、天才が次から次へと新事態に対応する新機軸を直観的に作り出すという風であった。また関所《せきしょ》を廃止し、楽市《らくいち》・楽座《らくざ》にしたことは彼の商業に対する祖父・父以来の理解を示すものである。

また彼は金貨をはじめて広く通用させた人でもあった。銅銭や銀貨だけではお金の力が十二分に出ないと直観したからであろう。高額の通貨ができれば、通商の要地を抑えた者が絶対に有利である。信長は正にそれをやったのである。この方式は天才豊臣秀吉が最もよく理解して、それを徹底的に利用したのだった。

また経済力のある信長は、朝廷のためにもどんどん金を使った。久しく荒れるにまかされていた皇居の修理や公家衆の復興がある。永禄《えいろく》十二年（一五六九）四月から日乗上人《にちじょうしょうにん》と村井貞勝《さだかつ》らに命じて内裏の修造を開始し、三年後の元亀《げんき》三年（一五七二）には、紫宸殿《ししんでん》、清涼殿《せいりょうでん》、内侍所《ないしどころ》、その他の局《つぼね》に至るまでほとんど竣工させた。また禁裏御料《きんりごりょう》が恒常的に入ってくるような配慮もした。

このような信長が長生きしていたらどのような日本になったかは、想像してみるだに楽しいが、中道《ちゅうどう》にしてやんだ。その信長の新機軸のエッセンスみたいなものを実行したのが秀吉である。秀吉にとっては信長は単に君主たるのみならず、自分の先生だったのである。

信長のこうした一生を貫《つらぬ》く特徴を、頼山陽はまず九行で総括してみせる。

吉法師《きつぼうし》と名付けられたこの子供（信長）には先生などというものはいない曠古《こうこ》の天才である。

吉法師という名は小坊主の名のようであるが、生まれ落ちたのは鎧《よろい》を着る武家にであって、衣《ころも》（緇《し》）を着るお寺に入ったのではない。

心で洞察発明したので、古い兵法の本を勉強したのではない。

多くの強大な大名たちを草でも刈《か》るかの如く刈り倒し、諸国の関所をなくして、

四方に通ずる大道（九逵《きゅうき》）を開いて交通を自由にした。

彼は皇室（日《ひ》）を再び高くかかげたのだが、その時まで、皇室の威光は荊《いばら》や榛《はしばみ》の下に落ちたみたいにどん底にあったのだ。

このようにして彼は扶桑《ふそう》（日本）の木の枝を再び繋《つな》ぎとめた（挂《か》けた）のだ。

このようにして天子の威容（袞《こん》は天子の礼服、芾《ふつ》はその膝《ひざ》かけ）は、逆に臣下の信長のために輝くようになったが、その信長の軍の幟《のぼり》の先につける小旗には南無妙法蓮華経の文字があったとのことである。

蟠《わだか》まる根（盤根《ばんこん》）や、入りまじった節《ふし》（錯節《さくせつ》）を伐《き》って見なければ、刀剣の良し悪しはわからないと言って、後漢の孝安帝の臣の虞詡《ぐく》は賊徒の多い土地に勇んで赴任したと言うが、信長という利剣は盤根錯節を切るに比すべき天下平定の

事業の半ばに折れてしまった。しかしこのことを恨《うら》む必要はないのだ。というのは彼の後に天下統一の覇業《はぎょう》を完成した者は、豊臣秀吉にしても徳川家康にしても、みな、師を持つことのなかった吉法師を師として、そのやり方を真似たのだから。

吉法師、の師、という字に注目し、第一行目を「師とする所無し」ではじめ、最終行を「吉法師を師とす」で終えている。「師」という言葉遊びでこの関を終えているのであるが、この言葉遊びの間に、信長一代の特徴を収めえたところ、まことに頼山陽の詩才には脱帽《だつぼう》せざるをえない。

57

第五十七関　桶子峡（とうしかふ）

桶狭間の戦いは、なぜ成功したか

㊼桶子峡《とうしかふ》

士《し》は枚《ばい》を銜《ふく》み。馬《うま》は舌《した》を結《むす》ぶ。
桶峡《をけはざま》は桶《をけ》の如《ごと》く雷擘裂《らいはくれつ》す。
驕竜《けうりよう》は元《かうべ》を喪《うしな》ひて敗鱗《はいりん》飛《と》ぶ。
面《めん》を撲《う》つ腥風《せいふう》は雨《あめ》か血《ち》か。
一戦《いっせん》始《はじ》めて開《ひら》く撥乱《はつらん》の機《き》。
万古《ばんこ》海道《かいだう》に戦氛《せんふん》滅《めつ》し。
唯《ただ》見《み》る血痕《けっこん》の紅《こう》の絞纈《かうけつ》となれるを。

士銜㆑枚。馬結㆑舌。
桶峽如㆑桶雷擘裂。
驕龍喪㆑元敗鱗飛。
撲㆑面腥風雨耶血。
一戰始開撥亂機。
萬古海道戰氛滅。
唯見血痕紅絞纈。

兵ものいわず。馬いななかず。――ひた進む音なき一軍。桶狭間その名も桶よ落ちかかる雷《いかずち》に裂け。驕《おご》る竜首うたれ破れた鱗《うろこ》地に片々。吹きつける風なまぐさく降るは雨か血か。この一戦はじめて乱世を終わらせるきっかけとなり。のち長く東海道に戦乱の妖気《ようき》は絶えた。そのかみの血潮《ちしお》に似るはただ紅《あけ》の鳴海《なるみ》の絞り。

■信長を導いた父と師

周囲の人に一個の狂児《きょうじ》の如く見られていた織田信長が、一朝にして天下の英雄として注目されることになったのは、いわゆる桶狭間《おけはざま》の一戦によって今川義元を屠《ほふ》った時からである。この話は昔から小説講談などで語り尽くされていて、今ここで改めて解説するのもいかがなものかとも思われるが、私の抱いている青年信長像を述べてみたい。

信長には幼い時から妙心寺派の沢彦《たくげん》という僧がついていた。この人の考え方や教育が信長の天稟《てんぴん》を目ざめさせ、その精神を鍛えるのに大きな役割を果たしたことは確かである。吉法師《きっぽうし》（第五十六関参照）が元服する時、「信長」という名を選んだのもこの沢彦という僧であった。信長の父の信秀《のぶひで》は、なぜ「信長」にするのか理由を聞いた。もちろん「信」は父の名前から一字をもらったもの、つまり偏諱《へんき》であり、「長」は長命とか長寿とか長久とか、めでたい意味がある。父の信秀もそういう返事を期待していたと思われる。

しかし沢彦の返事は意表をつくものだった。それは「信長の二字は桑の反切《はんせつ》だからです」と言うのである。反切というのは二個の漢字で、別の漢字の音を示すやり方である。「信」の字の語頭音はs《ス》であり、「長」の語尾音はou《オウ》である。それでsとouを組み合わせるとsou《ソウ》、つまり「桑《そう》」となる。この場合「桑は信長の切」と言うのである。

そう答えられた信秀には、桑がなぜめでたい意味になるのかピンとこない。「桑は蚕《かいこ》に食われるものであるが、それのどこがめでたいのか」とたずねた。すると沢彦は答えた。

「そういうことではありません。桑の字は元来は桒であり、その中に十の字が四個と八の字が一つあり、つまり四十八を意味します。四十八という数字は古来めでたい数とされているのみならず、わが国の名も扶桑《ふそう》と言って桑の字で表わしますから、この名を持った若者はゆくゆく天下を取るということです」

これを聞いた信秀は大いに喜び、沢彦に寺領《じりょう》を寄付したと言う。この話から推《お》しても信長の父信秀に、すでに天下を目ざす心が生まれていたとも考えられる。さればこそ、伊勢神宮や宮廷に献金していたのであろう（第五十六関参照）。天下を窺《うかが》う気がなければ、地方の下級の領主が伊勢神宮や宮中のことを心配して献金などしないはずである。そういう父にそういう師（沢彦）を持った信長であるから、志は若くして天下に向けられていたと想像してもよい。

時間的には桶狭間の合戦の後になるが、信長が美濃を平定して稲葉山に城を築いた時も、沢彦和尚が「岐阜《ぎふ》」という名を選んだ。それは岐蘇《きそ》川（木曾川）に面しているということのみならず、周の文王が岐山《きさん》から興《おこ》ってついに天下を平定したという故事をふまえてのことであった。阜は丘の意味であるから、岐阜は正に岐山の意味である。ここにも信長の師の沢彦が、常に天下を志すよう信長を指導していたことがわかる。

この頃から信長の使い出した朱印は「天下布武《ふぶ》」であり、この四文字も沢彦和尚が選んだものである。また信長はその子の信雄《のぶかつ》には「威加海内《いはかいだいにくわわる》」、信孝《のぶたか》には「一剣平天下《いつけんてんかをたいらぐ》」という印文《いんぶん》を使用せしめているが、いずれも天下統一を目ざす志を示すものである。

こうした師に指導された信長であれば、少年の頃からの志のヴェクトルが天下に向いたとしてもおかしくない。彼にはその素質があったのだ。しかし平凡な父の下で平凡な師についていたら、信長もせいぜい中級の大名になったにすぎなかったであろう。少年信長の目はすでに天下に向けられていた。と同時に彼は徹底的なリアリストでもあった。志は志として、自分の置かれた状況をリアルに見れば、それは途方もないことである。しかもリアルな大敵がすぐ側にいた。それは駿河《するが》、遠江《とおとうみ》、参河《みかわ》の三国をその勢力下におさめた今川義元である。

■父子二代にわたる奇襲作戦

だいたい今川家と織田家では家格が違う。織田家が将軍の管領家の守護代の一奉行だったのに反し、今川家は足利将軍家と先祖を同じくし、「足利家に相続人なければ参河の吉良《きら》が之《これ》を継ぎ、吉良になければ駿河の今川之を継ぐ」と当時言われていた。そして義元の父の代までには、駿遠《すんえん》二州は確乎たる領土であった。参河の吉良家は内紛があり、その間に松平家（徳川家康の先祖）が勃興したが、後に松平氏は今川氏の属国的同盟国になったので、今川義元は実質的に駿遠参《すんえんさん》三国の支配者と言ってよかった。そして彼は天下に志を持っていたのである。

信長の父信秀が天文十二年（一五四三）内裏《だいり》修理費として四千貫文を献上したが、それから約四カ月後に今川義元は五万貫文を献上している。朝倉家や畠山家などの名門の大名家は、幕府に献金はしても皇室には頭がまわらなかったようだ。この年、内裏の窮乏《きゆうぼう》や建物や塀などの破損が甚だしかったが、内裏に献金した大名の記録は、ざっと見たところ、織田信秀と今川義元しか目につかない。このことが、当時、天下に志を持ち、皇室のことを念頭に置いて考え、しかも多額の献金をする経済的余裕があったのは、織田と今川という東海道のライバルだけだったと言えるのではないだろうか。

信長の父の信秀の業績を見ると、若き日の信長のやっていることと全く同じである。父子が気質において似ていること、また置かれた地勢的な立場が同じであることによって、動きも同じようになるのである。信秀・信長親子に共通のところは「軽々と動く」ということである。信秀の尾張は平地であり、四通八達の地であるから、守りにくい土地だ。西に美濃の斎藤、東に駿遠参の今川という大敵に挟《はさ》まれた地勢においては、守るためには攻めるより仕方がないのである。

父の信秀も「一個月は美濃国へ御働き、また翌月は参河国へ御出勢」というように休みなく戦い続けた。天文十一年（一五四二）には今川義元、松平広忠《ひろただ》（徳川家康の父）の連合軍四万と称する大軍に対し、織田信秀は十分の一の四千の兵を率いて小豆坂《あずきざか》で迎撃し見事に勝っている。この時、小豆坂の七本槍（織田信光《のぶみつ》、織田造酒允《みきのじよう》、下方左近《しもかたさこん》、岡田助右衛門《すけえもん》、佐々政次《さつさまさつぐ》、佐々孫助《まごすけ》、中野又兵衛《またべえ》）というのも世にうたわれた。織田軍が十倍の今川軍にうち勝つというのは、それから十八年後の桶狭間の戦いと同じではないか。信秀という人は不屈《ふくつ》の人である。

天文十六年（一五四七）の九月に美濃の斎藤と戦って大敗した時、斎藤道三も「これで尾張衆は足腰立つまい」と大挙攻め入ったが、信秀は逆にすばやく美濃国に攻め入り、方々に火をかけたので、斎藤道三も退却せざるをえなくなった。この時の信秀の様子を、当時の記録は「備後守《びんごのかみ》（信秀）軽々と御発足」と描写している。後に信長の家来で『信長公記《しんちょうこうき》』を書いた太田牛一《ぎゅういち》は、信長のことを「何事も斯様《かよう》に物軽《ものがる》になされ」と言っている。「軽々」といい「物軽」といい、いずれも用兵の迅速《じんそく》、あるいは神速《しんそく》なるさまを指している。信秀、信長親子の共通点は正にここにあった。

天下に目をつけ、内裏に目をつけているライバルが今川義元であることを信長は子供の時から知っていた。今川が名家であり、その動員兵力が織田側の約十倍であることも子供の時から知っていた。天才児信長が朝から晩まで考えていたことは、いずれの日にか十倍の今川勢と戦うことであった。高校三年生の頭には大学受験のことしかなく、ほかのことはどうでもよいという気になるように、少年信長にとっては、今川に勝つことしか頭になく、ほかのことはどうでもよくなる。十倍の敵に勝つには用兵の迅速、神速以外に術《て》はなかろう。

かくして狂気の如く毎日毎日馬に乗ってかけ廻《まわ》ることになった。しち面倒くさい足利時代の武家の礼法などはどうでもよい。国中を馬でかけめぐる。土地勘《とちかん》を養う意味もあるし、馬を一直線に驀進《ばくしん》させれば、どれくらいの時間でどれだけの距離を走れるかも体験的にわかる。

信長はスピードにすべてをかけようと思っていた。今川は大軍とはいえ、広い戦場で戦う場合のほかは、長蛇《ちょうだ》の如く伸びて進軍するにちがいない。その進軍中の敵、つまり戦場で展開して向かい合うという形にならないうちの敵を、横から攻撃すれば、織田軍の方が逆に十倍の軍勢になる（桶狭間では正にそうなった）。父の信秀が小豆坂で勝ったのは、敵の大軍が散開できない「坂」で戦ったからである。大軍も散開する前の行軍中では、数に物を言わせられないことは、父が実際に示してくれたではないか。あとはどこで急襲、いな強襲《きょうしゅう》するかである。

ここで信長の近代的才覚はキイポイントが「情報」であることを悟った。強襲可能地の範囲はだいたい決まっている。そこに情報伝達者を入れた。

これは秘策中の秘策である。今川の大軍が長蛇のように伸び切っている姿をありありと見たのは信長の心眼《しんがん》のみだった。だから信秀が死ぬと、信長のうつけぶりしか目に入らぬ者たちは、誰の目にも有力に見える今川に寝返り始めた。

信秀に重用され、鳴海《なるみ》城を守って対今川の第一線の備えであった山口左馬助《さまのすけ》父子は、信秀が死ぬと信長を見限って今川義元に降《くだ》った。降参したのみならず今川勢の先陣のようになった。山口左馬助は息子を鳴海城に置き、自分は中村に砦《とりで》を築いてたてこもり、笠寺《かさでら》にも城を作って今川家の武将を入れた。信長は事の重大さに驚き、自ら鳴海城を攻めたが落とせなかった。山口父子はさらに大高《おおだか》、沓掛《くつかけ》を取った。笠寺の守将の戸部新左衛門は最も手強《てごわ》い相手であり、信長も降すことができなかった。

この戸部が能書家《のうしよ》であることに注目した信長は、祐筆《ゆうひつ》に命じて戸部の書風を学ばせた。約一年もすると完全に戸部の筆跡と変わりなく書けるようになったので、織田家と通じていることを示す偽《にせ》手紙を書かせて、商人に化けさせた森可成《よしなり》にそれを持たせて駿河にやり、うまくこの手紙が今川義元の手に入るようにしむけた。義元はまんまと信長の術策に陥り、戸部を召し出してこれを殺し、さらに山口父子まで殺してしまった。かくて国境の状況は一転して信長に大いに有利に変わったのである。

信長は丹下《たんげ》、善照寺《ぜんしようじ》、中島に砦を作り、さらに鳴海と大高の間を絶つように、丸根山《まるねやま》に佐久間大学を、鷲津《わしづ》山に織田玄蕃《げんば》、飯尾近江守を入れた（173ページ地図参照）。そして織田勢と今川勢、松平（徳川）勢の小競合《こぜりあ》いが始まったが、戦況は一般に織田側に不利であった。

■計算し尽くされた「桶狭間」

そして、いよいよ永禄《えいろく》三年（一五六〇）五月、今川義元は四万と称する大軍を率いて府中（静岡）を出発して京都に向かった。その前に義元は武田や北條と婚姻による同盟を完成し、後顧《こうこ》の憂いはなくなっており、前方にいる織田を潰《つぶ》すのに全力を向ければよかった。当時の今川家は約百万石であるから本当は二万五千人ぐらいの兵を動員したと考えてよいであろう。一方、織田家は約二十万石、したがって五千人ぐらいが動員可能な人数だった。

五月十七日に池鯉鮒《ちりふ》に出て松平元康（家康）と会った義元は、翌十八日には、家康に丸根山の砦に向かわしめ、鷲津山方面には朝比奈泰能《あさひなやすよし》らを向かわせた。これらの砦からは危急を知らせる使いが次々と清洲《きよす》にやってくる。正に織田家の一大事である。この十八日の夜、清洲城ではどのような軍議が行なわれたであろうか。ところが何も行なわれず、信長は世間の雑談ばかりした上に、「もう夜も更けたことであるから、みんな帰宅せよ」と解散してしまった。織田家の重臣たちは、「運勢が傾く時は日頃の知恵も曇《くも》ると言うが、こういうことか」と慨嘆《がいたん》しながら帰ったのである。

ところが十九日の払暁《ふつぎょう》、鷲津山と丸根山で戦闘が始まったという注進があった。すると信長は直ちに立って、幸若《こうわか》の敦盛《あつもり》の舞を舞った。「人間五十年、下天《げてん》の内をくらぶれば、夢幻《ゆめまぼろし》の如く也《なり》。一度生《ひとたびせい》を得て、滅《めつ》せぬ者のあるべきか」と謡《うた》いつつ、法螺《ほら》貝を吹け、具足《ぐそく》をよこせと命じ、立ちながら食事をし、武装して飛び出した。従う者は小姓衆の五人のみ。主従六騎で熱田《あつた》まで三里の道をかけ抜けた。ここで熱田神宮に願文を捧げたが、この頃になると約二千人の者が集まってきた。この願文を捧げると神宮の奥の方で鏘然《しょうぜん》として鎧《よろい》の鳴る音がしたので、「勝ち戦のしるしだ」と言って兵を励ましたと言う。

これは嘘みたいだが、私は本当だと思う。というのは熱田神宮への願文は今も残っているが、それは長文であり、急に作ったものではない。十分に準備してあったのだ。だから神官に命じて鎧の音を立てさせるぐらいの話はついていたのだろう。そしてこの計画は事前に洩《も》れれば全く効かない奇襲的強襲なのだ。身内の者や家臣に何度も裏切られたことのある信長は、秘計《ひけい》を自分だけの胸におさめておいた。重臣の一人も前に知るものはない。

信長はそこから善照寺砦に出た。ここの守将たちは御大将がやってきたので奮《ふる》い立ち、今川勢に突進したが多く討ち死にした。それらの首を見た義元は大いに喜び、「わしの矛先《ほこさき》は天魔鬼神も防ぎえまい」と言ったという。

信長はここからさらに中島に向かおうとした。家老たちは必死に信長のくつわを取って止めた。

「中島への道は両わきが深田《ふかた》ですので一騎ずつ縦隊《じゆうたい》でしか進めませんから、桶狭間山にいる今川方からは当方が少人数であることが丸見えになってしまいます」

善照寺から中島まで二キロ足らず、中島から桶狭間山までは四キロ足らずであるから、織田勢の動きは敵の視界の中にある。信長は中島に進んだ。従う軍兵は二千人に足りない。信長はさらに中島からまっすぐ桶狭間山に向かう。家来たちはすがりついて止める。しかし信長は叱咤《しつた》する。

「敵は昨日の晩に食事をとり、夜通し大高《おおだか》に食糧を運び、鷲津山、丸根山の砦で手を焼いて疲れ切っている。われわれは新手《あらて》だ。首など取るな。斬り捨てよ。この戦に勝ちさえすれば、みんなの家の面目《めんぼく》、末代までの功名である。ひたすら進め」

信長は馬で驀進すれば四キロぐらいの距離は十数分であることを知っている（マラソンは四十キロ以上を二時間十分ぐらいで人間が走る。その十分の一以下の距離だから人間でも二十分ぐらいで走れる）。その二十分そこその間に、戦場に出ている今川義元の軍勢が義元の本営の守備にもどれるはずがない。信長の天才は正にここを洞察したことにあったのだ。その上に急に雷が鳴り豪雨《ごうう》が信長軍の背後から、つまり今川軍の正面から降りつけるというおまけまでついた。しかし天候に関係なく信長の奇襲、いな強襲は成功していたに違いない。

図57-1　桶狭間の戦い布陣図（永禄3年5月19日）

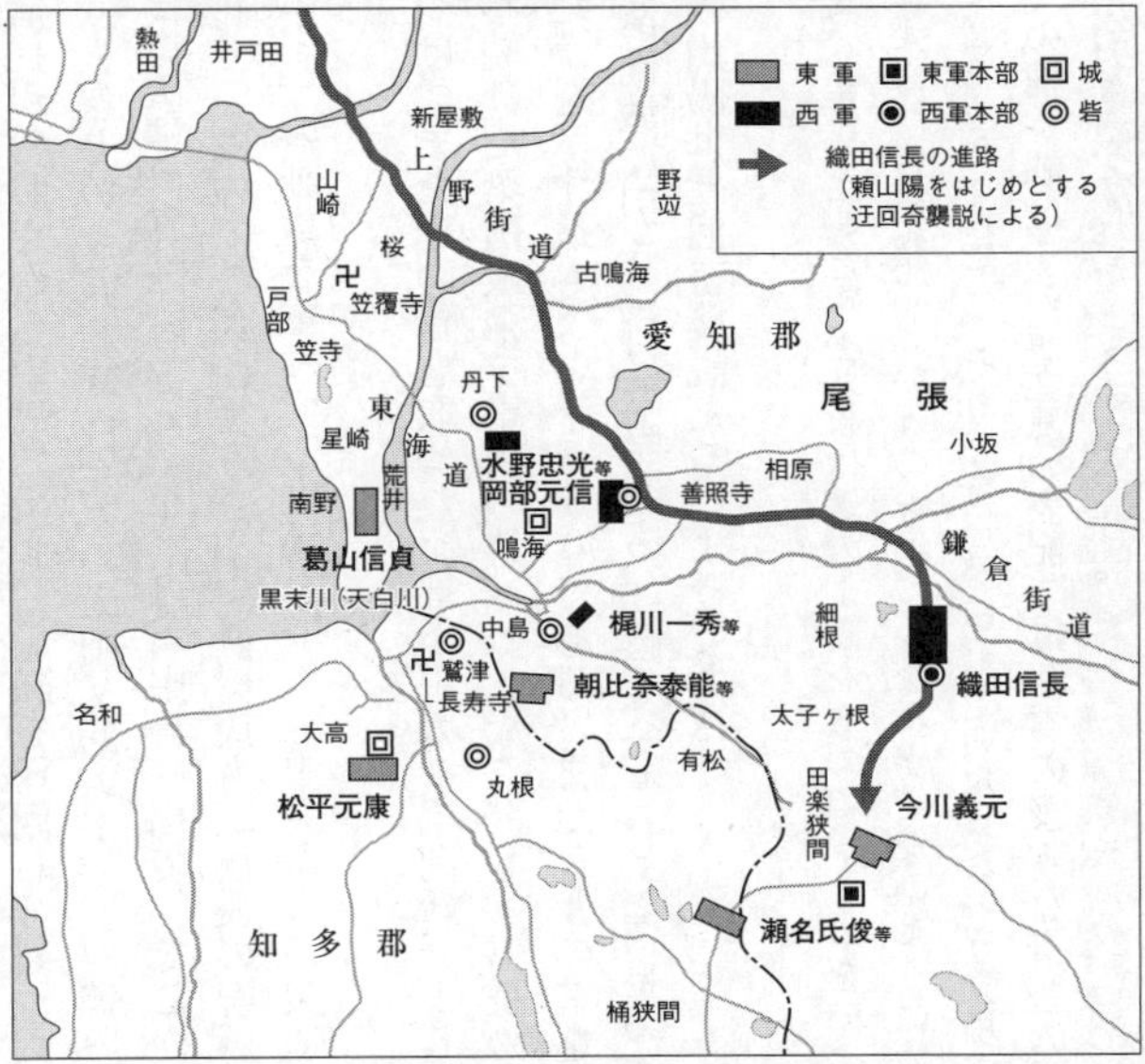

参考：吉田東伍著、蘆田伊人修補『大日本読史地図』冨山房、昭和10年（覆刻版、昭和55年）

多くの本は信長が善照寺から中島に出ず、山際を迂回《うかい》して襲ったことになっているが、信長の六人衆という親衛隊の一人の太田又助（牛一）の書いた『信長公記』（角川文庫、現代語訳は教育社、一九八一年）は、中島に出て、そこからまっすぐに突進したと明記しているのでこれに従う。小室直樹氏も『信長の呪い』（光文社、一九九二年）で太田牛一の証言を重んずる立場を取り、中島からの突進説を明快に述べている。

義元に斬りつけ、またその首を取った服部小平太《こへいた》や毛利新介よりも、義元の動きを的確に通報し続けた梁田政綱《やなだまさつな》を軍功の第一としたことも、信長の作戦がどのようなものであったかを示す最もよい手がかりである。また義元の首をあげると、すぐその日の中《うち》に清洲城に引き揚げた早さも、「軽々」とした信長の姿を髣髴《ほうふつ》とさせる。もっとも頼山陽は迂回奇襲説だったようである。

士は枚《ばい》を銜《ふく》み、馬は舌を結ぶ（枚は箸《はし》のようなもので、それを口に銜《くわ》えて声を出さないようにする。舌を結ぶというのも馬にいななかせないようにすること。いずれも織田軍が音も立てずにこっそりと今川勢に近づいた、という立場である）。桶狭間《おけはざま》（表題の桶子峡《とうしきょう》はその漢文風の表記）は落雷のような奇襲のために、あたかも桶の箍《たが》が引き裂かれたような大混乱。

驕《おご》れる竜の如き今川義元は首をはねられ、竜の鱗《うろこ》が無残に散っているような惨敗。

今川方の面を搏《う》つ風は腥《なまぐさ》く、雨か血かわからぬものが降ってくる。

この桶狭間の一戦のおかげで、はじめて乱世を撥《のぞ》いて、天下平定の機運が開けた。

今では長く東海道は安穏《あんのん》で、戦争の悪気《あつき》もすっかり消えている。

ただ、今になって桶狭間のあたりに見える血痕のようなものは、鳴海《なるみ》名産の赤い絞《しぼ》り染《ぞめ》（纐纈《こうけつ》）である。


鳴海絞りで結んだところに、頼山陽の機知を見る。

58

第五十八関　兩雄頭（りやうゆうのかうべ）

織田信長と浅井・朝倉

⑱兩雄頭《りやうゆうのかうべ》

匣《かふ》を発《ひら》けば血模糊《ちもこ》たり。
擘《さ》げ出《いだ》す兩雄《りやうゆう》の首《かうべ》。
此《こ》の好下物《かうかぶつ》有《あ》り。
誰《たれ》か辞《じ》せむ満酌《まんしやく》の酒《さけ》。
百戦纔《ひやくせんわづか》に一觴《いつしやう》を共《とも》にするを得《え》たり。
酔時《すいじ》は及《およ》ばず戦時《せんじ》の長《なが》きに。

發レ匣血模糊。
擘出兩雄首。
有二此好下物一。
誰辭滿酌酒。
百戰纔得レ共二一觴一。
醉時不レ及戰時長。

箱を開けば血痕《けつこん》おぼろ。捧げて出すは二つの髑髏。かかる佳肴《かこう》を前にして。拝辞《はいじ》する者はなし。百《ひやく》たび戦い今ここにああ一盞《いっさん》の酒の歓。酔《よ》うて楽しむひとときに思えば戦よ長かりし……。

■酒宴に供された髑髏《しゃれこうべ》

織田信長は戦国末期の人であるが、太田牛一《ぎゅういち》（又助《またすけ》、後に和泉守《いずみのかみ》）の残した『信《しん》長公記《ちょうこうき》』のおかげで、青年時代の行ないまで詳しくわかっている。太田牛一は元来は尾張の安食《あじき》村に生まれ、信長の足軽であったが、弓にすぐれていたので、信長の親衛隊六人の一人に取り立てられた。信長は弓にすぐれた者三人、槍にすぐれた者三人を側においたのである。もとは無学であったが、努力して学び、秀吉の時代は学問の要《い》る分野でも活躍している。

何しろ信長の側近で、愚直《ぐちょく》と言われた男が、直接に見聞したことを潤色《じゅんしょく》の意図なく書き記したものであるから、こと信長に関する限り、最も信頼できる史料であり、その記述に反する憶測を立てることを、後世のわれわれは慎《つつし》まなければならないであろう（桶狭間《おけはざま》のことについては第五十七関参照）。この太田牛一の天正《てんしょう》二年（一五七四）の元日の記事に次のようなことが記されている。

「天正二年正月一日、京都および隣国の諸将は岐阜へごあいさつに参上した。それぞれ招かれて三献《さんこん》のご酒宴があった。これらの方がたが退出されたあとで、信長公直属のお馬回り衆だけになったところで、いまだに見聞きしたこともない珍奇なおさかなが出され、またご酒宴となった。それは去年北国で討ち取られた、

一、朝倉左京大夫義景《あさくらさきょうだゆうよしかげ》の首
一、浅井下野守《しもつけのかみ》（久政《ひさまさ》）の首
一、浅井備前守《びぜんのかみ》（長政《ながまさ》）の首

以上三つの首を薄濃《はくだみ》（うるしでかため彩色）にして、折敷《おしき》の上に置き、酒のさかなとして出されて、また、ご酒宴となったのである。それぞれ謡《うたい》などをして遊ばされ、まことにめでたく、世の中は思いのままであり、信長公はいたくお喜びであった」（榊山潤訳『信長公記』上巻・教育社、一九八一年・二四六ページ）

太田牛一は、その場に居合わせていた者でないとわからない微妙な正確さで、情景を伝えている。天正元年（一五七三）の年末までに信長は尾張以西の近畿地方の大部分を確実に掌握《しょうあく》した。京都の周辺に敵はない。信長は桶狭間に今川義元《よしもと》を破って以来、はじめてほっとできる立場になったと言ってよい。そのはじめての正月である。京都及び周辺の諸将が岐阜に年賀に来るのは当然である。信長はこれらの諸将に酒を三回めぐらせて酒宴を終えた。そしてお開《ひら》きにした。ここが大事なとこ

ろである。とにかく正式のお客様はここで帰したのだ。それから内輪《うちわ》の直属の家来だけが残って、飲み直しの宴《うたげ》に入ったところで、信長は浅井・朝倉の頭蓋骨《ずがいこつ》の漆《うるし》塗《ぬ》りにしたものを酒の肴《さかな》に出したのである。

正式のお客さんに敵の髑髏《しゃれこうべ》を出したのでは、いくら何でも失礼であり無礼である。そういう年賀《ねんが》の武将が帰ってからの親衛隊と飲み直しの場だから、つまり苦労を共にしてきた身内の者だけの座だから出したのである。

頼山陽の『日本外史《がいし》』巻之十四の冒頭は、この酒宴の様子の叙述《じょじゅつ》ではじまる。しかし太田牛一との違いは、髑髏が酒の肴として出されたのが内輪の集いになってからだ、という点が抜けていることである。さすがの頼山陽も現場に居合わせた人なら絶対に書き落とさないことを書き落としてしまった。その点を別とすれば、頼山陽はさすがにこの正月の宴の情景も、その背景も、簡潔に、しかも生き生きと描写している。太田牛一が書かず、頼山陽が書いていることは、信長が髑髏の入った箱を開く時、盃《さかずき》を柴田勝家《かついえ》に渡し、自分の手でその蓋《ふた》を開いてみせたということである。

信長がなぜ天正二年（一五七四）の正月をそんなに喜んだかは、正にその前の三年間（すなわち元亀《げんき》元年［一五七〇］から天正元年［一五七三］まで）こそは、信長の命運がわずかに細い糸一本でつながったような、あるいは軽業師《かるわざし》の綱《つな》渡りのような期間だったからである。特に元亀元年（一五七〇）と元亀二年の二年間は、いつ信長が消されてもおかしくないほどの緊迫した状況の連続だったのだ。信長の敏速な決断と不抜《ふばつ》の堅忍《けんにん》と、そして不思議な幸運でこの二年間を持ちこたえ、天正元年（一五七三）の後半になってようやく絶対有利な態勢を築くことができたからである。

■窮地に立つ信長

このあたりのことを年代記的《クロノロジカル》に略述してみよう。

信長は京都に出ることを目ざしていた。「天下布武《ふぶ》」のスローガンも都に出ないことには話にならない。そのために、どうしても味方につけておきたい者があった。三河の徳川家康は今川家との関係から、信長にとっては安心できる同盟軍であるからそれはよいとして、背後の大敵である武田信玄と、前面の北近江《おうみ》の浅井長政である。特に信玄を怖れた信長は、すでに永禄《えいろく》八年（一五六五）に養女を信玄の後継者となる武田勝頼に嫁《とつ》がせ、さらに安心のため永禄十年（一五六七）には信長は娘を徳川家康の長男信康《のぶやす》に嫁がせている。その上に、永禄十一年（一五六八）には信長の長男・信忠が信玄の娘を娶《めと》った。これと同じ頃、信長は浅井長政に妹のお市《いち》を嫁がせた。このように信長は、後門の狼とも二重の婚姻を結び、前門の虎とも婚姻を結んで、中原《ちゅうげん》に出る準備をととのえた。この頃の大名の娘は、文字通り将棋の駒《こま》のように政略結婚に使われた。

武田信玄については今さら言うこともないので、近江の情勢を見てみよう。近江は元来近江源氏と言われた佐々木氏の本拠地である。源頼朝が挙兵した時に参加して手柄をたてた佐々木定綱《さだつな》が、近江佐々木荘《しょう》の地頭《じとう》となり、ついで近江守護職になった。この定綱の子信綱の次の代になって、本家は六角《ろっかく》氏と京極《きょうごく》氏に分かれ、それぞれ近江の南と北を支配したが、応仁の乱の時は、六角は西軍（山名宗全《そうぜん》）、京極は東軍（細川勝元《かつもと》）に属してお互いに戦っている。

その後、北の京極氏が衰えて家臣の浅井亮政《すけまさ》が実権を取り、その息子の久政、久政の子の長政と「浅井三代」が北近江を制した。久政の時代まで京極氏や南の六角氏に攻められ、何度も敗れながらも越前朝倉氏との同盟などに助けられて守護の権力を奪い、琵琶湖《びわこ》の北部に支配権を確立していたのである。一方、六角氏は、義賢《よしかた》（承禎《じょうてい》入道）が湖南の観音寺《かんのんじ》城で頑張っていたが、浅井長政に圧迫されて意気が上がらなかった。

信長が近江から京都を目ざしたのは、こうした時だった。美人の妹のお市《いち》の方《かた》を浅井長政に嫁がせて浅井と手を組んだ信長は、ちょうど自分を頼って越前からやってきた足利義昭《よしあき》をかついで京都に向かうことにした。永禄十一年（一五六八）九月のことである。そして浅井長政と共に六角義賢の観音寺城に迫った。六角は城を捨てて伊賀に逃げた。九月十二日のことである。信長は足利義昭と共に九月二十八日に京都に入ったが、それから間もない十月八日に十四代将軍足利義栄《よしひで》が死去したので、その十日後の十月十八日に足利義昭を征夷《せいい》大将軍にした。浅井家にとっては、この頃が最盛期でもあった。

ところが翌永禄十二年（一五六九）の二月になると、信長と浅井長政の間に亀裂《きれつ》が生じ、浅井は京都から近江に帰って旧敵六角義賢と和睦している。信長と長政が何故不和になったかはよくわからない。信長はこの年のはじめ、二條に足利将軍の邸宅を造営した。そして四月に越前の朝倉義景に上京して将軍の新第に参上するよう促した。足利義昭は信長のところに来る前に朝倉家に頼って行っており、関係は浅くない。

しかし朝倉家はこれに応ぜず、上京しなかった。元来、朝倉家も織田家も共に管《かん》領《れい》家である斯波《しば》氏の重臣であった。そして両家はもともと仲がよくなかった。はじめ越前の守護代であった朝倉氏は、応仁の乱の後、朝倉敏景《としかげ》が越前の守護となり、あたかも今川氏や大内氏の如く、越前に京都文化を持ちこんだ。信長は同じく斯波管領家の守護代の家から出ているといっても傍系の家であって、家来になった家系から出た。朝倉敏景の子の義景にしてみれば、信長を門閥《もんばつ》的に見下すところがあって、京都に出て来いと言われても、簡単に出て行きたくなかったのであろう。朝倉義景が上京しないので、信長は越前討伐に向かった。朝倉に上京を促してからちょうど一年後の元亀元年（一五七〇）の四月二十日のことである。浅井長政が信長と仲が悪くなったのは、自分に断わりなしには朝倉とは戦わないという約束を破ったからだと言われている。しかし信長の朝倉征伐の一年以上も前に、浅井長政は信長と仲たがいして六角と手を結んでいることを忘れてはなるまい。いずれにせよ、織田信長が破竹の勢いで越前に攻め入り、金《かな》ケ崎《さき》城を落とした直後に、浅井長政と六角義賢が反織田の兵を挙げた。信長は木下藤吉郎《とうきちろう》を殿軍《しんがり》として直ちに京都に逃げ帰った。それは危うい退去であった。信長は四月二十日に京都を発し、ちょうど十日後の四月三十日に京都にもどったことになる。

そして約二カ月後の六月二十八日に、信長と家康の連合軍は、浅井・朝倉勢を姉《あね》川《がわ》に破った。と言っても朝倉義景の越前も、浅井長政の近江も健在で油断はできない。それどころか秋になると石山本願寺と三好《みよし》党が結んで、摂津《せっつ》に反織田の兵を挙げた。そして織田信長は九月十四日と九月十八日の二度の戦いに石山勢に敗れた。この石山勢に呼応して、浅井・朝倉の連合軍が信長の留守にした近江の坂本や宇佐《うさ》山《やま》城を攻め、城将の森可成《よしなり》や織田信治《のぶはる》を殺した。また比叡山の僧徒は朝倉に味方して兵を起こし、勢多《せた》橋を落として信長の帰路をはばんだ。六角義賢もこれに応じて兵を挙げ、浅井・朝倉勢は京都に迫った。信長はいそいで石山から京都に帰り、近江に入って宇佐山に陣をしいた。浅井・朝倉勢は比叡山にたてこもった。信長は比叡山麓を囲んで方々に砦《とりで》を作って対峙《たいじ》した。これが九月中旬から下旬にかけての京都付近の形勢であるが、これに加えて伊勢長島の一向宗徒が石山本願寺に応じて挙兵した。信長の将の滝川一益《かずます》が鎮圧に行ったが、勝てなかったのである。まことに元亀元年（一五七〇）の九月から十一月までは、信長にとっては危機の連続であり、明るい未来は見えなかった。

■起死回生の反撃

ところが十一月の末になり、冬が迫ると、越前・北近江の将士たちは郷里に帰りたくなったのである。朝倉義景は将軍義昭を動かし、天皇の詔勅《しょうちょく》があったということで信長と和議を結ぶことになった。かくして十二月十五日に朝倉勢は比叡山を降りて越前に帰った。これで信長は一息つけることになった。和議の直前の十一月下旬にも、長島では織田信興《のぶおき》が戦死して尾張の小木江《こきえ》城が一向宗徒にとられた上に、同じ頃、近江の堅田《かただ》では信長の部将・坂井政尚《まさなお》が戦死しているのだ。信長は本当に危《あや》うい状態にあったのである。ただ一つの明るい点は、十一月下旬に六角義賢が信長に降《くだ》り、近江の状況が少し好転したことである。この年後半は、浅井・朝倉と信長の我慢くらべみたいなところがあった。信長はよくしのいだのである。復原力の強いのは、父信秀の代から織田軍の特色である。翌元亀二年（一五七一）ともなれば織田軍に主導権が移る。五月には松永久秀がそむき、伊勢長島の一向宗の討伐がうまくいかなかったにせよ、八月には浅井を小谷《おだに》城に攻め、次いで九月十二日は比叡山の焼打ちという空前絶後のことをして、南近江から京都にかけて完全に平定した。

次の年の元亀三年（一五七二）は、浅井・朝倉との小さな戦いにいくつか勝つが、信長の最大の問題は、武田信玄がこの年の十月三日に本格的に上洛しはじめたことである。先ず家康がその攻撃を受けることになる。信長は武田家と断交し、上杉謙信と結んで家康を助けることになった。今こそ浅井・朝倉が信長の背後をつくべきであったが、十二月になると朝倉義景は冬を怖れて越前に引き揚げてしまった。一方、武田勢は進軍をやめず、十二月二十二日に三方《みかた》ケ原《はら》において家康と織田の連合軍を粉砕した。

翌天正元年（一五七三）は、信長と信玄の決戦の年になるかと見えた。信長は織田掃部《かもん》を信玄のもとにつかわして、信玄に対して二心《にしん》なきことを弁明して武田の侵攻をとめようとする。一方、将軍義昭は京都に信長征伐の兵を挙げた。信長は再び腹背《ふくはい》に敵を受け、危機である。しかし信長はついていた。信玄は病み、矛先《ほこさき》がにぶってきたのだ。そして四月十二日に歿《ぼっ》した。かくして信長は自分の背後の心配が全くなくなった。今や安心して将軍義昭を討てる。七月七日に二條城を陥《おと》し、七月十八日には詔勅によって足利義昭の官爵《かんしゃく》を削ってもらった。かくして足利氏は十五代二百三十九年で滅亡したことになる。

あとに残るは浅井・朝倉である。八月八日、浅井の小谷城を攻めると、朝倉義景が応援に出て来た。信長は小谷城よりもその救援に来た朝倉義景を攻撃し、徹底的に追撃する。そして追いつめられた朝倉義景は、八月二十日に自殺する。残る浅井長政も、九月一日に小谷城で自殺した。十一月には三好義継《みよしよしつぐ》も自殺し、三好氏は亡んだ。かくて信長を攻めて来そうな者は一応視界から消えたのである。元亀元年（一五七〇）以来、四年続いた危機の連続に終止符はうたれ、はらはらするような局面は終わった。

この四年間、抜群の功をあげ続けたのは藤吉郎秀吉である。小谷城が落ちた二日後に、信長は秀吉に浅井の旧領地十八万石を与えるという破格のことをしている。信長の喜びや思うべし。こうして迎えた天正二年（一五七四）の正月だからこそ、信長は宿敵浅井・朝倉の髑髏《しゃれこうべ》をかざって酒の肴《さかな》として、内輪の者と祝ったのである。この時の信長の言葉を頼山陽は『日本外史』の中でこう言っている。

「自分は京都近畿を経略《けいりやく》したが、二患《かん》（浅井・朝倉）に邪魔されて、ここ数年間というもの思うようにならなかった。お前たちがわしのために労を積み、苦を累《かさ》ねてくれたおかげでようやく誅伐《ちゆうばつ》することができたのである。と言って各人に刀を与え、この上なき喜びようであった」

正月の酒宴の肴に、敵の首の漆塗り（『日本外史』では金箔《きんぱく》）を出すというのも例がない。それで『日本楽府』の第五十八闋《けつ》もこのことをテーマとしている。

匣《はこ》を開いて見ると血痕《けつこん》がうすくぼんやりとついています。

うやうやしく匣から出されたのは朝倉義景と浅井長政という二人の武将の首です。

このよい酒の肴（好下物《こうかぶつ》）があるのですから、

誰も盃（觴《さかずき》）の満《まん》をひくのを遠慮する者はありません。

無数の戦いの連続であったが、ようやくここで酒を酌《く》み交《か》わすことができました。

酒を酌み交わす時間は短いのに、何しろ戦いの時間はとても長いのです。

今ならば残酷とか悪趣味ということになるであろうが、太田牛一にも頼山陽にも、少しも信長のこの趣向について非難がましい調子がない。武士としては共感できるものがあったのであろう。われわれでも、浅井長政は余計なことをやったものだという気がしてならない。織田・徳川同盟のように織田・浅井同盟も長く続けば、お市も不幸にならず、比叡山も焼けず、信長の近畿の完全平定は数年早まり、したがって、ひょっとしたら本能寺の変もなくてすむような情勢になったのかも知れないのに、などと考えてもみたくなるのである。

59

第五十九関　天目山（てんもくざん）

武田氏、天目山に散る

59 天目山《てんもくざん》

天目山頭《てんもくさんとう》に鼓声《こせい》死《し》し。
万槊天《ばんさくてん》を指《さ》して乱矢《らんし》萃《あつま》る。
乃爺《だいや》に　志《こころざし》有《あ》り豎子《じゅし》よ継《つ》げ。
頭《かうべ》を送《おく》りて遥《はる》かに向《むか》ふ京城《けいじゃう》の市《し》。
個児《かじ》は猶《なほ》敵手《てきしゅ》に屠《ほふ》らる。
君《きみ》が家《いへ》の豚犬《とんけん》は家奴《かど》に死《し》す。

天目山頭鼓聲死。
萬槊指レ天萃二亂矢一。
乃爺有レ志豎子繼。
送レ頭遙向京城市。
個兒猶被二敵手屠一。
君家豚犬死二家奴一。

天目山の頂に武田の戦鼓《せんこ》の響《ひび》き絶え。天を突く織田軍の槍《やり》は林か矢は雨あられ。「親父が上洛《じょうらく》の志　息子の貴公継ぐがよい」首を送ってはるばると都へ上す。だが勝頼はそれでも敵手《てきしゅ》に死んだのだ。君の不肖《ふしょう》のお子たちは家臣どもに殺された。

■勝頼が後継者に決まるまで

戦国時代に興隆《こうりゅう》した主要な武家で、頼山陽の『日本外史《がいし》』が目次に取り上げているのは北條、武田、上杉、毛利、織田、豊臣、徳川の七氏である。このうち、跡《あと》かたもなく消滅した豊臣氏と並んで、その末路が悲惨であったのは武田氏である。そのほかの五氏は、将軍になった徳川氏は別格としても、江戸時代にも大名として残った。川中島《かわなかじま》での上杉謙信と武田信玄の戦いは文字通り竜《りゅう》攘《じょう》虎《こ》搏《はく》の決戦であって、信玄と言えば謙信、謙信と言えば信玄といった風に、名将の双璧《そうへき》とされている（第五十四関《けつ》「筑摩河《ちくまかは》」参照）。

しかし上杉・武田両家のその後の運命は対照的である。上杉家は豊臣秀吉亡き後も石田三成《みつなり》と組んで徳川家康と拮抗《きっこう》するほどの大勢力であり、関ケ原の戦いの後も見事に大名として残ることができた。しかも赤穂《あこう》義士事件や、名君上杉鷹山《ようざん》を出して江戸時代にもまた今日も話題になる存在であった。一方、武田家の方は、天目山《てんもくざん》において消滅してしまった。頼山陽はこの武田氏の最期《さいご》に目を向ける。

武田家は八幡太郎義家《はちまんたろうよしいえ》の弟の新羅《しんら》三郎義光《よしみつ》の子孫である。義光の子の義清《よしきよ》が常陸《ひたち》国吉田郡武田郷に住み、武田冠者《かじゃ》と称したところから、武田氏を名乗るようになった。後に義清が常陸から甲斐《かい》に追われて甲斐武田氏となった。

この義清は父の新羅三郎義光から弓を習い、伯父の義家の旗と鎧《よろい》（楯無《たてな》しの鎧）をもらって代々の家宝としていた。清和源氏の名門中の名門というべきである。この義清の十七代目の子孫が武田信玄である。

信玄の長男は義信であるが、勇敢で戦が上手だったので、武田家の将士は心服していた。義信は川中島の戦いの時に、上杉謙信の陣を襲って勝ったこともある。信玄には親まさりの長男がいてまことにおめでたい、というのが普通であるが、戦国時代はそう簡単でないのだ。

信玄はこの有能な長男を心の中で忌避《きひ》するようになっていた。親まさりの子を持つというのは、戦国の武将にとって怖ろしいことでもある。信玄は自分の父をクーデターで国外追放した人間であるから、父親まさりの長男義信も、自分が父に対してやったことをやるのではないかと疑っていたのである。

この信玄の疑心を察した四男で妾腹《しょうふく》出の武田勝頼《かつより》は、山県昌景《やまがたまさかげ》と共謀して義信に謀叛《むほん》の意図ありと誣告《ぶこく》した。かくて義信は捕らえられて自殺せしめられた。また義信の妻は今川義元の娘であったが、彼女は駿河《するが》に帰される。そのため武田・今川同盟は崩れることになった。永禄《えいろく》八年（一五六五）正月のことである。

武田勝頼の母は諏訪頼重《すわよりしげ》の娘である。元来諏訪頼重は信玄の妹婿《むこ》、つまり義弟であった。しかし信濃《しなの》国諏訪郡を欲した信玄は、板垣信形《いたがきのぶかた》（方）の謀略を採用して諏訪頼重を誘殺《ゆうさつ》したのである。その折に信玄は諏訪頼重の娘を側室にしたが、この女性から生まれたのが勝頼である。信玄にとっては四男なので、彼に諏訪氏の名跡《みょうせき》を継がせ、諏訪四郎勝頼と称させた。そして長男義信が例の謀叛事件なるもので亡くなると、勝頼が信玄の後継者としてにわかに定められ、織田信長の養女を妻とした。義信が死んだと同じ永禄八年（一五六五）の十一月のことである。

■衰えぬ武田の力

こうして武田家を継ぐことになった勝頼は、武将としては勇敢で、父の信玄に劣らぬところを見せようと気張ったようである。信玄が京都に向かう途中で病死したので、その志を継ぐことを明らかにして、何度も東美濃《ひがしみの》や奥三河《おくみかわ》に出兵し、天正《てんしょう》二年（一五七四）六月には遠江《とおとうみ》まで侵攻して、高天神《たかてんじん》城をも陥落させている。徳川家康も勝てないのだ。信玄亡き後も、武田の精兵《せいへい》は恐るべきものであった。

しかし勝頼のこうした働きも、信玄以来の宿将《しゅくしょう》から見ると危なっかしくてならない。外交の配慮がないし、ただ強いところを見せたがっているとしか思えないのだ。それで馬場信房《ばばのぶふさ》、山県昌景、内藤昌豊《まさとよ》、高坂昌宣《こうさかまさのぶ》（弾正）という武田信玄の四天王とも言うべき武将たちは、まず上杉謙信と和睦することをすすめる。謙信は信《しん》義《ぎ》の人であるから、かつての好敵手信玄の子が和睦を申し出ても、それに乗じて何かしようというような危険性のある武将でないことを馬場、山県らは知っていたのだ。

しかし勝頼は強情で亡父の重臣たちの意見は聞きたくない。そのかわりに長坂《ながさか》長閑《ちょうかん》と跡部勝資《あとべかつすけ》の言うことに耳を傾ける。この二人は信玄が生きていた時から寵愛されていたが、死後ますます勝頼に重んぜられた。頼山陽はこの二人を二嬖《にへい》（二人の寵臣）と呼んでいる。この二嬖の進言することは、ほとんど常に四将の意見と反対である。勝頼に美濃・遠江へ進出することを勧めたのはこの二嬖であった。

武田勝頼はしばしば美濃・遠江に兵を出し、しばしば勝ち、しばしば失敗した。信玄の宿将たちは、むしろ徳川や織田と争い続けるよりも、これと和睦して勢力を関東に植《う》えるべきだとした。しかしいわゆる二嬖は、信玄の志を継いで京都を目ざすべきだとしたのである。勝頼は信玄にふさわしい後継者になることを激しく望んでいたから、東に出て地歩《ちほ》を固めるよりも、西に出て徳川、織田の勢力圏に入ろうとしたのである。かくして武田勢は何度も長篠《ながしの》や高天神などに出ることになった。

事実、天正二年（一五七四）六月には、高天神城を落としている。つまり勝頼は、しょっちゅう兵を出して付近の城や砦《とりで》を囲んだり落としたりしているのだが、腰《こし》のすわった侵攻ではなく、そのたびにまた甲府に帰るのである。それで周辺の諸国も、噂《うわさ》の通り信玄はもう死んでいると確信するようになった。

勝頼もいつまでも信玄の死をかくしておくわけにもいかない。天正三年（一五七五）四月十二日——信玄が本当に亡くなったのは天正元年（一五七三）であるから丸二年後、つまり三回忌《き》の日——に勝頼は信玄の喪を発表し、葬儀を甲州の恵林寺《えりんじ》で行ない、次いで本格的に京都進攻の意を表明することになった。

十日後、勝頼の軍は徳川の奥平信昌《おくだいらのぶまさ》を長篠城に囲んだ。この年の三月頃から徳川家の奥郡二十余郷の代官であった大賀弥四郎《おおがやしろう》は勝頼と密約し、武田軍がやって来たら内応して岡崎城に引き入れるということになっていたのである。

しかしこれが露見《ろけん》したため、勝頼は引き返す。大賀は岡崎の街の辻《つじ》に穴を掘って板をはめて首まで埋められ、手の指は十本とも切られて目の前に並べられ、また足の筋も切られた。そばには竹の鋸《のこぎり》と、鉄の鋸の二つが置かれ、通行人は代わる代わる大賀の首をそれでひいて殺したのである。

この段になっても、家康の家来から重大な裏切り者が出るというのはなぜだろうか。それは元亀《げんき》三年（一五七二）の十二月二十二日、三方ケ原において徳川・織田の連合軍が武田勢のために、木《こ》っ端《ぱ》微塵《みじん》に破られたことの記憶がまだ鮮明だったからであろう。武田が勝つ可能性が高いとみる者がいた。中間《ちゅうげん》から出世した利口な大賀は、勝つ方について自分が岡崎城主になることを夢みたのである。信玄死後といえども、武田軍の威勢はこのようなものであった。

天正三年（一五七五）五月、武田勝頼は一万人の軍勢を高坂昌宣に与えて甲州の留守番をさせて越後の上杉に備えしめ、自分は二万余と称する大軍を率いて徳川領に侵攻して来た。五月一日には医王山《いおうざん》に陣を進め、鳶巣山《とびのす》に砦を築いて叔父の武田信実《のぶざね》に守らせ、自分は主力を率いて進み、五月六日には三河の二連木《にれぎ》、牛久保《うしくぼ》を占領した。主力を挙げて攻めかかる時の武田勢の強さはさすがである。徳川家康は、緊急の援軍を織田信長に乞《こ》うた。使者は三度送られたが、信長は援軍を出そうとしない。それで家康は最後の使者にこう言わせたと伝えられている。

「織田の援軍がなければ武田勢を防ぐことはできません。御援軍をいただけなければ、遠江に武田勢を入れ、徳川勢は武田勢の先駆《せんく》となって尾張に攻めこむより仕方がありません。信玄はすでに死んでいるのに、信長公は何故《なぜ》にそんなにも武田勢を怖れておられるのですか」

この話が本当だとすると、織田信長が救援を遅らせている理由がよくわからない。この時までに信長は浅井・朝倉を滅ぼし、また長島の一向宗徒二万人を殺して足もとを固め、河内《かわち》も平定して、後方の心配がなくなっていたからである。あるいは、もう徳川との同盟はそれほど必要なくなったと考えて、武田と徳川が争って両者の力が減退《げんたい》した方がよいと考えたのかもしれない。あるいは、武田の騎馬隊を撃滅する方策を考え続けていたのかもしれない。

■長篠の戦いでの完敗

いずれにせよ、信長は家康の頼みを聞いて、五月十三日に七万と称する大軍を率いて岐阜を出た。一方、武田勢はその五日前の五月八日から長篠城を囲んだ。信長は数の上からは圧倒的な軍兵を率いていたが、なおも武田の騎馬隊の突撃を警戒して、前面に柵《さく》を立て、その後ろに数千の鉄砲隊を配備し、休まずに射撃し続ける工夫をした。

大軍だからとて気を許さず、新しい戦術思想を用いて万全を期したことは、さすが信長であって、戦国に武将多しとは言え、信長が断然傑出《けっしゅつ》していたことを示している。おそらく姉川の戦いで浅井勢の突撃に苦い思いをした信長は、精悍《せいかん》さにおいて浅井勢をはるかに超えると思われた武田勢の騎馬隊に対しては、徹底的に準備したのである。かくて、世界の戦争史の上でもエポック・メーキングな長篠の戦いが行なわれた。

馬場、山県、内藤らの諸将は本能的に危険を悟り、織田軍との正面衝突を避けることを進言し、まず長篠城を力攻《ちからぜ》めにでも攻めて落とすべきだとした。しかし二嬖は、「織田、徳川を一挙に葬《ほうむ》るのは今日をおいてほかにない。老将たちの臆病な言葉は聞き容《い》れたまうな」と言った。勝頼は二嬖の主張に従った。

馬場、山県、内藤の宿将のみならず、真田《さなだ》則幸《のりゆき》、土屋《つちや》直村《なおむら》など、名のある武田の諸将は信長の鉄砲の前にみな戦死した。しかし突撃を進言した長坂、跡部の二嬖はうまく逃げた。甲州で留守番をしていた高坂昌宣は、敗戦を考慮して八千の兵を連れて国境まで出迎え、勝頼を無事に引き揚げさせた。そして勝頼に北條氏との同盟をすすめ、その年の暮《くれ》に両家の結婚が成立した。結婚式の後、高坂昌宣は「今晩、はじめて私は枕を高くして眠ることができる」と言ったと伝えられる。

一方、信長は圧勝したにもかかわらず、また家康や秀吉が信濃・甲斐を一挙に取ることをすすめたにもかかわらず、さっさと引き揚げる。信長の頭には越後《えちご》の上杉謙信があったのだ。そして謙信との話し合いがつかないとわかると、翌天正四年（一五七六）の正月から安土城を築きはじめる。謙信は雪国から出るから、時間のかかる城攻めは不得意である。かつて謙信は小田原城を囲んでも冬になる前に撤退したことを、信長は覚えていた。

一方、勝頼の大敗を聞いた上杉の武将たちは、謙信に今こそ甲斐征伐をすべきと進言した。しかし謙信は答えた。「わしは信玄とは数えきれないほど戦って、ついに信濃・甲斐を取ることができなかった。今、その信玄が死んだからと言って、その子供を侮《あなど》り、しかも敗戦に乗じてその領土を取ったならば、天下に対してわしの面目が立つまい」と。正に謙信の面目躍如《めんぼくやくじょ》である。こんなことが陰徳《いんとく》となって上杉家は永続したのかもしれない。

また武田勝頼は長篠で敗れたりとは言えまだ強力で、徳川方は押され気味であった。そうするうちに、天正六年（一五七八）三月十三日に上杉謙信が死んだ。信長には、怖ろしい敵はいなくなった。そして北陸や中国の征伐と京都付近の安定に熱心のようである。長篠の戦いからちょうど三年経った天正六年（一五七八）五月十一日に、高坂昌宣が死んだ。かくて信玄の四天王というべき宿将はすべていなくなったことになる。

武田勝頼は相変わらず意気軒昂《けんこう》であり、剽悍《ひょうかん》であり、謙信死後の上杉家の内紛に干渉して越後にまで兵を出していたが、この年の秋十月天高く馬肥《こ》ゆる候、武田軍は駿河に出陣し、さらに大井《おおい》川を渡って遠江に入った。そして遠江の小山相良《さがら》で家康と睨《にら》み合った後、十一月に甲府にもどった。

一方、信長は近畿の鎮定を続けている。翌天正七年（一五七九）も、その次の天正八年も九年も似たような情勢で、勝頼はしばしば徳川領に出ては引き揚げており、信長は近畿・北陸を確固たる支配下に置く。

■致命傷になった腹心の離反

かくて天正十年（一五八二）は来た。この二月、信長は徳川家康と北條氏政《うじまさ》に呼びかけ、武田征伐の大号令を下した。長篠の戦いから七年の間に、織田軍は質量共に着実に向上し続けていた。

一方、武田勝頼は国の周辺にしょっちゅう兵を出しては退くことの繰り返しである。つまり役にもたたぬ消耗戦をやっていたに過ぎない。しいて言えば、穴山梅雪《あなやまばいせつ》にすすめられて韮崎《にらさき》に城を築きはじめ、新府《しんぷ》と称したことである。よく知られるように、父の信玄は「人は石垣、人は城」で城池を持たなかった。ところが信玄の娘、つまり勝頼の姉を妻としているこの穴山梅雪が、さっさと徳川家康に降参してしまったのだ。この梅雪の父も、信玄の姉を妻としており、二代にわたって主家の娘を妻にしている武将が敵に降《くだ》ったのだから、士気にかかわるところが多大である。

それに先立ち、木曾義昌《よしまさ》も織田に降った。あとはこれが武田勢かというほどもろかった。最後まで美談として残ったのは、仁科《にしな》五郎信盛《のぶもり》が高遠《たかとお》を守って玉砕したことぐらいである。

新府の城壁はまだ完成しておらぬ。重臣小山田信茂《おやまだのぶしげ》は、主君を織田側に売ろうとして自分の岩殿《いわどの》城へ来るように誘った。真田昌幸は自分の吾妻《あがつま》の城に拠るようにすすめた。勝頼が長坂、跡部の二嬖に「どちらに行くべきか」を聞くと、彼らは「小山田は古くからの家臣で、真田は新しく仕えたものであるから、古い方を信じた方がよい」と言う。そこで勝頼はそれまで叛《そむ》いた家臣の人質三百人を殺し、忠節を守って死んだ家臣の人質十人に百両ずつ与えて自由にした後、五百人の兵と共に岩殿に赴《おもむ》いたが、そこで小山田の裏切りを知った。そこで逃げて天目山《てんもくざん》に入ったが、従う者は四十人になっていた。

長坂、跡部の二嬖はとっくに逃げていた。勝頼は北條氏からもらった妻に相模《さがみ》に帰るようすすめたが、彼女は勝頼と共に死ぬことを選ぶと言う。長男信勝《のぶかつ》をも奥《おう》州《しゅう》に落とそうとしたが、彼も死を選ぶと言う。そこで勝頼は、長男信勝がまだ元《げん》服《ぷく》していないことを思い出し、秋山光次《みつつぐ》を賓《ひん》として、先祖八幡太郎義家の「楯無しの鎧」を被《き》せて元服式を行なった。それが終わる頃には、織田側の滝川一益《たきがわかずます》の軍が迫って来たが、勝頼について来た家来たちの多くは空腹のため、もう立てなくなっていた。土屋惣蔵《そうぞう》（昌恒《まさつね》）、秋山光次らの最後の奮闘が伝わっているが、ここで武田氏はあわれにもあっけなく滅びた。信長は、後に続々と降参して来た武田家の重臣たちをことごとく誅殺した。穴山梅雪だけは、先に家康に降ったので助かった。

勝頼の首が信長にとどけられると、信長は「日本にまたとない武人であったが、運がおつきになり、こうなられたことよ」と言ったと、大久保彦左衛門《おおくぼひこざえもん》は『三河物語』の中に書き留めている。

一方、頼山陽の『日本外史』では、勝頼の首を見た時、信長は「お前のおかげで俺は何年も枕を高くして眠れなかったが、そのあげくが何のざまだ」と罵《ののし》ったのに反し、家康のところに勝頼の首が来た時は、鄭重《ていちょう》にいたわりの言葉をかけてやったと言う。われわれとしては、大久保彦左衛門の言葉を信じたいところである。『日本楽府《がふ》』の第五十九闋《けつ》では、勝頼の首に向かって信長が「お前の父は上洛の志を果たさないで死んだから、その代わりにお前の首に京都を見せてやろう」と言って、勝頼の首を京都に送って梟《さら》させたことにしてある。

天目山では武田側の太鼓《たいこ》はもう鳴らない。

織田方の矛《ほこ》(槍)は万本も天を指しながら迫ってきて、その軍から射《い》て来る矢は勝頼とその数少なくなった家来に集中してくる。

「お前の親爺《おやじ》の信玄は上洛の志ありながら実現できなかったから、不肖《ふしょう》の息子のお前にその志を継がせてやろう」と言って信長は、勝頼の首をはるか京都に送り出して〔そこの町に梟《さら》すことにした〕。

しかし信玄の子の勝頼はそれでも戦って天晴《あっぱ》れ敵の手に倒れたのに、お前（信長）の不肖の子たちは、お前の家来に殺されたではないか（長男信忠《のぶただ》は明智光秀に殺され、三男信孝《のぶたか》は柴田勝家と組んだため秀吉に敗れ、秀吉側についた次男信雄《のぶかつ》に自殺せしめられた）。

60

第六十関　啗饅頭（まんぢゆうをくらふ）

豪傑・荒木村重の運命

⑥⓪ 啗饅頭《まんぢゆうをくらふ》

好男児《かうだんじ》。
摂津《せつつ》の十三郡《じふさんぐん》。
汝《なんぢ》の之《これ》を剪取《せんしゆ》するに任《まか》す。
既《すで》に取《と》るも汝《なんぢ》を殺《ころ》す豈辞《あにじ》無《な》からむや。
吾饅頭《われまんぢゆう》を啗《くら》ふを知《し》る。
摂州《せつしう》を啗《くら》ふを知らずと。
剣《けん》を擬《ぎ》して喉《のど》に向《むか》ふ機《き》已《すで》に伏《ふく》す。
人《ひと》有《あ》り剣《けん》を擬《ぎ》して君《きみ》が腹《はら》に向《むか》ふ。

好男兒。
攝津十三郡。
任㆔汝剪㆓取之㆒。
既取殺㆑汝豈無㆑辭。
知㆔吾啗㆓饅頭㆒。
不㆑知㆑啗㆓攝州㆒。
擬㆑劍向㆑喉機已伏。
有㆑人擬㆑劍向㆓君腹㆒。

あっぱれ武者ぶりよ。摂津の国は十三郡。お前の斬《き》り取り勝手とせい。さて摂州取ったお前を討つ　それについては一言なくてかなうまい。拙者《せっしゃ》剣先饅頭は食い方承知《しょうち》でござったが。摂津の国の食いようを心得なんだ、とか。饅頭刺した切尖が喉に向かったその時にこうなる機縁《きえん》がもう潜《ひそ》んでた。だが信長公、一人の男が切尖をやがては御身《おんみ》の腹に向ける日が。

■織田信長を喜ばせた豪胆ぶり

荒《あら》木《き》村重《むらしげ》という武将は日本の歴史の上では取るに足りない存在であり、頼山陽が『日本楽《が》府《ふ》』で一闋《けつ》を与えるほどの人物でないことは言うまでもない。しかし、頼山陽は絵になる情景、あるいは講談になりそうな話に特別興味があった。それで『太閤記《たいこうき》』の一場面に出てくる話を取り上げている。

もともと荒木村重は父の代から摂津《せっつ》の池田勝正《いけだかつまさ》（政）に仕えていた。その池田勝正は織田信長が摂津に勢力を伸ばしてくると織田側についた。荒木村重は、この時点で織田信長の陪臣《ばいしん》みたいな形になっている。

ところで、織田信長は将軍足利義昭《あしかがよしあき》の陰謀に悩まされ続けていた。将軍義昭は上杉謙信や武田信玄に使いを出して信長を挟撃《きょうげき》させようとしたり、また毛利輝元《てるもと》や本願寺光佐《ほんがんじこうさ》にも織田信長の背後をつかせようと計画した。信長はまだ浅井・朝倉とも戦いが終わっていないのだ。信長としては将軍家と争っているひまはない。

そこで武田信玄の進出を信じた将軍義昭は、天正《てんしょう》元年（一五七三）二月に自ら兵を率いて勢多橋《せたはし》を渡り、石山寺や堅田《かただ》に兵を挙げたのである。信長は部下の諸将にここを攻め陥《おと》させ、自分は三月末に岐阜を出て、近江《おうみ》の大津に至り、園城寺《おんじょうじ》に陣した。この時、信長に新たに仕えたいと出頭して来たのが、細川藤孝《ほそかわふじたか》と荒木村重であった。

荒木村重の名は、この時にはすでに豪傑として信長の耳に入っていたらしい。荒木の部隊が精鋭であることも知られていた。当時まだ四方に強敵がいて危ない橋を渡り続けている感じであった織田信長は、この豪勇の誉《ほま》れ高い荒木村重が自分のところにやって来たことを大いに喜んだに違いない。実際に会ってみると、その面構《つらがま》えがいかにも豪傑らしいので大いに気に入った。たまたま饅頭《まんじゆう》が出ていたので、信長は佩刀《はいとう》を抜いて、切先《きっさき》で饅頭を貫いて、ぐいと荒木村重に差し出し、「さあ食べよ」と言った。

何しろ信長がいきなり刀を抜いたのだ。一座の者がびっくりして見ている中で、荒木村重は少しもびくつかず、するすると躙《にじ》り出て「忝《かたじけ》のうござる」と言って、大口をあけてその饅頭にくらいついてむしゃむしゃと食べ、懐紙《かいし》で口を拭《ふ》いて引き下がった。信長はその豪胆ぶりが気に入り、笑いながら、

「よき武者振《ぶ》りじゃ。摂津の十三郡はそなたが切り取るにまかせようぞ」

と言って、郷義弘《ごうのよしひろ》の刀を与えた。この時一緒に出頭した細川藤孝も名物《めいぶつ》の脇差《わきざし》を信長から拝領《はいりよう》した。

これは天正元年三月二十九日のことであったが、それから四カ月後の七月三日には荒木村重は信長が将軍義昭を宇治槇島《うじまきしま》城に攻めるのに参加し、同じ月の二十七日には摂津芥川《あくたがわ》の城将和田惟政《わだこれまさ》を攻めて斬り、また、もとの主君である池田勝正を池田城から追い出した。彼は信長に許されたように摂津の攻略をはじめたのである。

浅井・朝倉は天正元年（一五七三）の夏頃に滅ぼされたが、その戦役の功により羽柴秀吉が浅井の旧領十八万石を信長から与えられて、近江の今浜《いまはま》に城を築いて、地名を長浜《ながはま》にしたのは翌天正二年（一五七四）三月であったが、それとちょうど同じ時に荒木村重は摂津の伊丹《いたみ》城に伊丹勝興《かつおき》を攻めてこれを滅ぼし、伊丹城を有岡《ありおか》（在岡）城と改め、自分の居城にした。荒木村重が織田軍団の中で地歩《ちほ》を固めている様子がわかる。

荒木村重が戦ったのは摂津だけではない。同じ天正二年の夏には一向宗《いっこう》徒と伊勢長島で戦っている。織田信長がこの年の九月末に、その地の一向一揆《いっき》の者たち二万余人を焼殺して平定するまで、伊勢長島は織田軍の横腹《よこばら》につきつけられた短刀のようなものであった。荒木村重はこの難戦の地でもよく戦い、さらに翌天正三年(一五七五)三月には、これまた強敵であった大坂の一向宗徒を撃破して、摂津の大和田や天馬《てんま》などの砦《とりで》を奪っている。そしてさらに信長の命で播磨《はりま》の浦上《うらがみ》氏を攻めた。

荒木軍団の勇猛さを伝えるこういう話が残っている。それは天正元年七月に摂津の和田惟政を攻めた時のことであった。信長は立札を立て、「主将の首を取った者には万金、次将の首を取った者には千金、士卒《しそつ》の首を取った者には百金を与える」と布告した。荒木村重の部将の中川清秀《なかがわきよひで》はこの立札をよくよく見ていたが、筆を取り出し、立札の中の主将に関する条項を塗りつぶしてしまった。これを見ていた者たちは、信長の立てさせた立札の一部を墨《すみ》で塗りつぶすとは、気でも狂ったのか、といぶかしがった。

一方、和田惟政は、朝早くから城を出て、士卒にまじって守備を固めていた。その時、堀《ほり》のわきに伏せてかくれていた中川清秀が躍《おど》り出て、和田惟政の首を斬り取ったのである。信長はその豪勇をたたえて万金を与えたという。荒木村重の軍団はそういう連中の集まりであった。

一方、荒木村重の旧主の池田勝正はこの間、風見鶏《かざみどり》を決めこんで信長のために何も働かなかったので、信長は池田勝正を高野山《こうやさん》に追っ払ってしまった。そして信長は和田氏と池田氏の旧領をことごとく荒木村重に与えたのである。中国攻めを考えていた信長は、荒木村重の武力を高く買っていたのだ。また荒木も、秀吉や明智光秀にも匹敵するような急速な抜擢《ばってき》を受けて感激したことであろう。荒木がその後に伊勢長島や大坂で、一向一揆という難敵を相手に勇戦したのも無理はない。

■信長・秀吉に翻弄された人生

天正四年（一五七六）になると、織田軍の敵は毛利と、越後《えちご》の上杉謙信と、大坂の本願寺勢である。この年の四月、信長は荒木村重と明智光秀に命じて天王寺、森口、野田などに砦を築かせて大坂の本願寺を攻めることになった。

一方、本願寺光佐は砦を木津《きづ》と難波《なんば》に築いて水上を抑えると同時に、加賀《かが》の一向一揆と連絡し、上杉謙信の応援を頼んだ。形の上では織田軍を挟撃しようというのである。信長はまず木津を取るように命じた。しかし攻め手の部将原田直政《はらだなおまさ》は五月二日に戦死し、逆に本願寺側の万余の軍勢が五月三日に押し寄せて天王寺を囲んだ。天王寺の砦はまだ溝壁《こうへき》ができていなかったので、急いで牛馬を殺してその皮をはぎ、その皮を張って壁代わりにして矢や石を防ぐという有様であった。

この危急の知らせを受けた時に信長は、京都にいて湯浴《ゆあみ》をしていたところだった。危急に際して反応の敏速なのは、信長の特色である。浴衣《ゆかた》のまま馬にまたがり、居合《いあ》わせた百余騎と救援にかけ出した。それより十六年前の五月にも信長はたった六騎を率いて桶狭間《おけはざま》に向けて走り出したのであるが、それを思い出させるものがある。信長は少しも老いていない。百余騎と走り出して若江《わかえ》まで行ったら、おいおい追いついて来た軍勢が約三千になった。ここで信長はこれを三隊に分け、先鋒《せんぽう》を荒木村重に命じた。一千人で一万人の敵を攻めよ、というのだ。さすがの荒木村重も辞退した。

すると信長は言い放った。「そんなら俺がやる」と言って自ら足軽《あしがる》の中に入って行き、直接指揮して進んだ。本願寺側からの矢弾《やだま》は雨の如く、信長も足に軽傷を負った。しかし信長はますます憤然《ふんぜん》として進む。城兵たちは信長の旗印を見て喜び、門を開いて出て来た。そこは百戦錬磨の織田勢で、巧みに挟《はさ》み撃《う》ちして城兵を破った。しかし本願寺側の兵も陣を敷き直して退却しようとしない。それで信長は再び攻撃に移ろうとした。織田側の諸将――その中に荒木村重もいたはずである――は口々に言った。

「昔から衆寡《しゅうか》敵すべからずと申します。わが味方の軍勢が全部到着するのを待って、それから攻めた方が万全でありましょう」

しかし信長はそんな常識論に耳を傾けはしない。

「今は好機だ。これに乗《じょう》じて撃たずに何時《いっ》撃つのか」

そう言って居合わせた軍勢を二手に分け、再び戦いをしかけて、大いに勝った。そして逃げる敵を追いかけて大坂の城門まで行ってしまった。この追撃戦で挙げた敵の首は二千を超えたという。そこで軍勢を整えて本願寺軍の逆襲に備え、大坂を囲むように十カ所に砦を築いてから若江に凱旋《がいせん》した。

この石山本願寺包囲作戦の時、荒木村重は尼崎《あまがさき》から海上を警備した。危機と見て動く時の信長の勢いは、疾風《しっぷう》の如しと言おうか迅雷《じんらい》の如しと言おうか、まことに目の醒《さ》める思いがする。荒木村重は豪勇なりとは言え、信長とは人間としてのヴォルテージの高さがだいぶ違う。しかし信長の高い電圧は荒木村重にも伝わり、数日後の五月七日に彼は木津城を攻め陥している。そして翌天正五年（一五七七）には、信長の紀州雑賀《さいが》の一向一揆鎮圧の戦いに従軍して働いた。

天正六年（一五七八）の年初の戦雲は、尼子勝久《あまこかつひさ》が忠臣山中鹿之助《やまなかしかのすけ》と相談し、尼子家伝来の「松虫の轡《くつわ》」を信長に献じて歓心を得、京都から播磨に行き、上月城《こうづき》に入ったところから動きはじめる。その翌二月に、この上月城は宇喜多直家《うきたなおいえ》に取られてしまった。羽柴秀吉は再びこの城を取りもどし尼子勝久に守らせたが、この時は荒木村重も秀吉に従って働いた。

ところが翌三月二十三日に、一度は信長に服従の意を示して拝謁したこともある播磨三木《みき》城主の別所長治《べっしょながはる》が織田信長に叛《そむ》くことになり、播磨の形勢は一変した。そしてこれは荒木村重の人生をも一変させることに連《つら》なった。

中国派遣の織田軍の総司令官とも言うべき羽柴秀吉は、諸軍を督励《とくれい》して三木城の別所長治を攻めた。一方毛利軍も兵を出し、まず尼子勢のいる上月城を囲んだ。秀吉は救援のために高倉山に陣し、荒木村重もこれに従って毛利軍と睨《にら》み合うことになった。

秀吉は織田信長に援軍を求めたので、信長は長男の信忠《のぶただ》を播磨に派遣した。二カ月以上経っても秀吉は毛利に包囲された上月城の囲みを解いてやることができず、六月二十六日に撤退してもとの本営であった書写山《しょしゃざん》に移り、翌二十七日に播磨神吉《かんき》城を攻め、荒木村重もここで働いたが、翌六月二十八日には秀吉軍は吉川元春《きっかわもとはる》の率いる毛利軍に敗れ撤退した。孤立したままに放置された上月城は陥落し、尼子勝久は自殺し、山中鹿之助は志を秘めて毛利に降った。

秀吉の戦線ははかばかしくないが、織田信忠の方は秀吉の攻め損じた神吉城を七月十六日に陥《おと》し、八月十日には播磨志方《しかた》城を陥した。秀吉では片付かなかったところで、信忠が成功するというのはおかしいが、これは秀吉が一人で勝ちすぎて、信長に忌憚《きたん》されることを怖れたという見方がある。

この年の三月に上杉謙信も死に、信長の怖れる相手は一人もいなくなり、対毛利の戦場だけが主戦場である。ここで勝ちすぎてはまずい。信長の長男を担《かつ》いで勝つ分には差し支《つか》えない——と秀吉が考えたにしても不思議はないであろう。

当面の敵は三木城の別所長治である。三月に信長に叛旗《はんき》をひるがえしてから、半年経っても三木城は落ちない。それどころか十月になると別所長治は摂津丹生山《にゅう》に砦を築き、毛利側から糧米《りょうまい》を三木城に入れたのである。秀吉は城の力攻めはしない男である。調略《ちょうりゃく》か、奇襲か包囲である。

まず十月に秀吉は中村城の中村一氏《なかむらかずうじ》を調略し、別所長治に叛かせた。別所側は中村城を攻め返したが失敗している。その一方、秀吉は三木城を囲む形で実に三十以上の砦を築いて完全に三木城の糧道を断《た》ってしまった。一つの城を攻めるのにその周囲に三十余の砦を築くなどということを考えた武将は、それまでの日本にいなかったであろう。信長にしろ秀吉にしろ、とにかくやることがそれまでの常識を超えている。

■仕組まれた罠

ところがこの十月頃に、荒木村重が織田信長に異心を抱いているという噂が拡がりはじめたのである。その噂の種というのは、荒木村重に属している従兄弟《いとこ》の中川清秀の軍中に、兵糧《ひようろう》の欠乏に苦しむ石山本願寺側にこっそり米を売ってもうける者がいた、というのである。その頃、信長は九鬼嘉隆《くきよしたか》に命じて鉄船《てつせん》を造らせ、毛利の水軍が糧食を本願寺側に入れるのを撃退していた。その噂が本当だとしても、それは荒木村重の家来の家来がやったことで、荒木村重の叛意《はんい》ということにはならないであろう。

「荒木村重に逆心《ぎやくしん》あり」という報告があった時に織田信長は事実ではあるまいと思い、「何か不満があるなら聞いてやろう」と言って松井友閑《まついゆうかん》、明智光秀、万見仙千代《まんみせんちよ》をやって尋ねさせたところ、「叛意など少しもありません」という答だったので、信長は喜び、また荒木村重の方もその母を人質として信長に差し出した。そこで信長から「差し支えなくば出仕《しゆつし》されよ」と伝えられたが、荒木村重は出仕しなかった。これが太田牛一《ぎゆういち》の『信長公記《しんちようこうき》』巻十一の伝えるところである。

しかし後世になると明智光秀がからんだ話になってくる。頼山陽（『日本外史』巻之十四）によると、話は次のようになる。

荒木村重の家来の中に、米を大坂の本願寺側に売る者がいたので、荒木に謀叛心あり、と告げる者が出た。それを聞いた信長は信じない。

「荒木は元来摂津出身の微賤《びせん》の者だ。それを私が取り立てて摂津の守護にしてやったのだ。何を苦しんで謀叛を起こす必要があろうか。何かの間違いに違いない」

しかし明智光秀は、新参者の荒木村重が功績において自分を凌《しの》ぐばかりであるのを妬《ねた》んで、中傷の言葉を信長の耳に入れた。信長は人をつかわして荒木村重を叱った。荒木は驚愕《きょうがく》し、さっそく信長に謁見《えつけん》して陳謝《ちんしゃ》し、申しひらきしようとした。しかし従兄弟の中川清秀は、安土城に行けば信長に処刑されるだろうと引きとめた。村重はそれを押し切って出かけた。ところが途中、明智光秀から手紙があって、「信長公の怒りはとめようがない。これから安土に行くのは虎口《ここう》に身を投《とう》ずるようなものだ」と告げた。そこで荒木村重は伊丹城にもどり、信長に叛旗をひるがえし、毛利、本願寺としめし合わせて、三木城を攻めている秀吉を挟撃することを計画した。天正六年（一五七八）十一月三日のことである。

荒木謀叛に従う者は高槻《たかつき》城主の高山右近《たかやまうこん》、茨木《いばらぎ》城主の中川清秀、花隈《はなくま》城主の荒木村正《むらまさ》、能勢《のせ》城主の能勢十郎、尼崎城主の荒木村次《むらつぐ》（村重の嫡男《ちゃくなん》）、三田《さんだ》城主の荒木重堅《しげかた》らであった。中国戦線に大異変が生じたことになる。

しかし信長はすぐに動いた。三日後の十一月六日には木津浦で毛利の水軍を九鬼嘉隆に破らせ、また高山右近が熱心なキリシタンであることを知り、オルガンチーノ神父に忠告させ、出家することを条件に降参させた。旗揚げからたった六日後の十一月九日である。そして同月十六日に高山右近は信長に謁見し、四万石の本領《ほんりょう》安堵《あんど》となる。それが利いたのか、十一月二十七日には中川清秀が降参した。

た。秀吉はその翌日、軽装で伊丹城に行って、もと戦友の荒木村重に降参をすすめた。荒木村重は秀吉の友情に感激し、無事に秀吉を帰したが降参はしなかった。一方、黒田官兵衛も出かけたが、土牢《つちろう》に入れられ、伊丹城が落ちるまで入れておかれ、そのため片足が不自由になったと言われる。

荒木村重は八カ月頑張ったが、天正七年（一五七九）九月二日に彼は家族を伊丹城に残したまま嫡子荒木村次のいる尼崎城に逃げ、さらに花隈城に入った。十一月十九日には伊丹城が落ちた。織田信長は、滝川一益《たきがわかずます》に命じて荒木村重の一族家臣を京都に護送させ、十二月十三日、家臣、婦女、召使いに至るまでことごとく磔刑《たっけい》または焼殺した。磔刑になった者百数十人、焼殺された者五百人を超えたという。助けられたのは明智光秀の娘で荒木村次に嫁《か》した女だけである。

間もなく花隈城も落ちると、荒木村重は備後《びんご》の尾道《おのみち》に走り、毛利に頼った。そして剃髪《ていはつ》して道薫《どうくん》と号していたが、信長の死後は堺《さかい》に移り、千利休《せんのりきゅう》に茶の湯を学んだ。秀吉はその荒木村重を茶の相手にした。

このように荒木村重は、晩年は暢気《のんき》な生活を送り、天正十四年（一五八六）に五十二歳で死んだ。彼のために死んだ家族のことをどう考えていたのだろうか。信長から佩刀の切先《きっさき》にさした饅頭をつきつけられた時、平然としてこれを口で受けた村重と、後の村重とではあまりにもイメージが違うのに驚く。しかしこういう変わり方をする人をわれわれは戦後多く見てきた。頼山陽の第六十閿には、明智光秀への言及がある。

いい男だ〔刀の切先《きつさき》にさした饅頭を口で受けてくらうとは〕。

摂津の国の十三郡、

これはお前の切り取り勝手にさせようぞ。

お前はすでに摂津を取ったのに、お前を殺す（討伐）ことになった。これについて一言あってしかるべきである。

私は饅頭の食い方は知っていたのですが、摂津国の取り方は知らなかったのです。

信長が刀を村重の咽喉《のど》に向けたということの中に、将来、村重を討つというモメントが含まれていたのであろう。

しかしある人（明智光秀）がいて、刀を握ってあなた（信長）の腹に向けることになるのですぞ。

61

第六十一関　本能寺（ほんのうじ）

織田信長、本能寺に散る

⑹本能寺《ほんのうじ》

本能寺《ほんのうじ》。溝《みぞ》は幾尺《いくしやく》ぞ。
吾《わ》が大事《だいじ》を就《な》すは今夕《こんせき》に在《あ》り。
茭粽《こうそう》手《て》に在《あ》り茭《こう》を併《あは》せて食《くら》ふ。
四簷《しえん》の楳雨《ばいう》天《てん》は墨《すみ》の如《ごと》し。
老阪《おいさか》は西《にし》に去《さ》れば備中《びっちゅう》の道《みち》。
鞭《むち》を揚《あ》げて東《ひがし》を指《さ》せば天猶早《てんなほはや》し。
吾《わ》が敵《てき》は正《まさ》に本能寺《ほんのうじ》に在《あ》り。
敵《てき》は備中《びっちゅう》に在《あ》り汝《なんぢ》能《よ》く備《そな》へよ。

本能寺。溝幾尺。
吾就㆓大事㆒在㆓今夕㆒。
茭粽在㆑手併㆑茭食。
四簷楳雨天如㆑墨。
老阪西去備中道。
揚㆑鞭東指天猶早。
吾敵正在㆓本能寺㆒。
敵在㆓備中㆒汝能備。

本能寺……。あの溝の深さはどれほど……？　ふと心くちびるを洩《も》れ。
（今宵こそ生涯の賭け――）馳走《ちそう》のちまき笹《ささ》の葉ぐるみうつつに嚙めば。軒《のき》
降りこめる梅雨《つゆ》暗く空墨に似る。老坂を西に進めば主命奉ずる備中路。い
な、東へ！　と鞭上げて指す暁闇《ぎょうあん》の天。「吾が敵は正に本能寺に在り！」
非《あら》ず非ず光秀よ誠《まこと》の敵は備中に。備え怠《おこた》るな。

■『祖父物語』が伝える話

頼山陽の『日本楽府《がふ》』六十六闋《けつ》のうち、第三十五闋の「蒙古來《もうこきたる》」と並んで最も有名なのが第六十一闋「本能寺」である。そしてまた明智光秀が主君織田信長を殺した「本能寺の変」も、知らない人のない有名な事件である。織田信長によって浪人《ろうにん》同様の身分であった明智十兵衛は、惟任日向守《これとうひゅうがのかみ》に取り立てられ、丹波一国を任せてもらうほど出世した。いわば羽柴秀吉と共に出世頭《がしら》である。その明智がどうして大恩ある信長に謀叛《むほん》を起こして殺害するに至ったかは、当時から物を書き残すほどの人すべての関心事であったから、諸説が紛々《ふんぷん》としている。

これらをすべて取り上げて検討した高柳光寿『明智光秀』（人物叢書一・吉川弘文館、昭和三十三年）は、光秀が信長を恨むに至ったとされる怨恨《えんこん》説――七つばかりあげられている――すべてを根拠なき俗《ぞく》説として捨てている。そして主因は、自分も天下を取りたかったこと、ただし信長を殺しても後の始末をどうするかが難しいのだが、今なら信長の幹部級の武将たちが全部出払っているから「今だ」と決心したことに求めている。またその際には、ライヴァルである羽柴秀吉が念頭にあっただろうとするのである。

しかし昔から怨恨説が多く出たのは、よほどの恨みがなければ、家来が主人を殺すわけがない、という通念があったからであろう。高柳氏が捨てた怨恨説のうちで、一つ私の気になるものがある。それは高柳氏が法華寺《ほっけじ》の一件と呼んでいるものであるが、それは『祖父《そふ》物語』が伝える話で、高柳氏の要約を引用すれば次の通りである。

「甲州征伐のとき信長は諏訪《すわ》の法華寺に陣取った（原文には「信州諏訪郡、孰《いず》れの寺にか、御本陣を捉ゑらる、と……」とあって法華寺の名はない）。そのとき光秀は、かような目出度《めでた》いことはない。われらも年ごろ骨折った甲斐があって、諏訪郡のうちはみな上様《うえさま》の兵だといった。それを信長は、お前はどこで骨を折って武功を立てたかといいながら、光秀の頭を欄干《らんかん》に押しつけて打擲《ちょうちゃく》した……」（「前掲書」、一八三

ページ。傍点渡部）
この説を斥《しりぞ》ける理由として高柳氏があげているのは「光秀という男はこんな軽率な、こんな迂闊《うかつ》なことをいう男ではない筈《はず》である。もっと用心深い男である」（「前掲書」、一八三〜一八四ページ）という理由だけである。この推察《すいさつ》の根拠は、高柳氏の明智光秀の用心深い性格に対する信頼だけであって、ほかにない。私は正《まさ》にこの点こそ、「ありそうな話ではないか」と思う。

『祖父物語』が伝える表現通りではないにせよ、光秀が武田家征伐成功の祝いの言葉を述べる時に、「われらも働き甲斐《がい》があったというものでござる」という趣旨のことを、ちらっと言ったのではないか。それは普通の主従関係なら、「そうだ、お前たちもよくやってくれたな、御苦労であった」と主人の方が言ってくれたかも知れない。しかし曠古《こうこ》の天才織田信長には、明智光秀の「われらも働き甲斐があったというものでござる」という言葉がカチンときた。

明智光秀は秀才型の男であった。足利幕府風の行儀作法が好きであったし、自分の教養の高いところを誇りにする風があった。頼山陽の言葉を借りれば「光秀の人と為《な》り、文は深く、喜びて自らを修飾し、材芸《ざいげい》を以《も》って自ら高しとす」（『日本外史』巻之十四）ということになる。秀才顔してお高くとまっているところがあった。俗に言う「おツンちゃん」である。心の中では、礼節を守らないことの多い信長を「教養がない」と見下す気持ちがなかったとは言えないのではないか。

しかし京都の行政をやらせてもうまいし、戦争も下手ではない。何よりも人材を求めていた信長は、こういう光秀を抜擢《ばってき》に抜擢を重ねて、二十五万石の領地も与えていたのである。しかし、そのインテリぶったところのあるキンカ頭《あたま》の男の言動には、カンに障《さわ》ることもあったのであろう。それが爆発した。というのは、それが武田を滅ぼした後の祝いの席だからである。

■天才・信長の誇りを傷つけた秀才・光秀

日本最強といわれ、徳川家康でも歯の立たなかった甲州《こうしゅう》騎馬軍団を一挙に滅ぼしたのは、実に長篠《ながしの》の戦いにおける信長の鉄砲作戦のためである。馬防柵《ばぼうさく》を作って敵の騎馬軍団の突撃を防ぎつつ、その後ろに数千挺《ちょう》の鉄砲隊を三列に分かち、代わる代わる発射させて、絶え間なく主戦場に弾丸を流し続けるという戦法は、それまでの人類の誰もが思いついたことのない前例のない戦法であり、信長の天才のみがなしえたことである。

鉄砲隊を何段にも配置して間断なく一斉射撃をやる方法は、ヨーロッパではスウェーデン王グスタフ＝アドルフがハプスブルク軍を破った例が最初とされ、これは一六三〇年であり、信長より五十五年後、つまり半世紀後である。また馬防柵を利用した一斉射撃法は、ヨーロッパ軍がオスマン・トルコ軍と戦って勝った時で、一六九一年、つまり信長の百十六年後である（この点については洞富雄『鉄砲』思文閣出版、一九九一年・七四〜七七ページ参照）。

信長の戦術思想は鉄砲の本場で、しかも戦争をし続けていたヨーロッパよりも一世紀以上も進んでいたのだ。全く天才の発想であり、信長自身も「ほかの誰もそんなことは考えつくわけがない」ことを十分に知っており、誇りに思っていたに違いない。信長が自分の武将たちを猟犬《りようけん》でも使うように使いまくったのは、自分の頭脳に断固たる自信を持っていたからであろう。

「武田を滅ぼしたのは俺の頭脳以外の何物でもない」と信長は思いこんでいたに違いないし、それは当然だ。しかし特に口に出して自慢はしなかったかも知れない。他の武将たちは信長を畏敬《いけい》し慴伏《しようふく》していたからである。

その信長の抱《いだ》く天才独特の誇りも知らずに、単なる秀才の光秀が、「われらも働き甲斐があったというものでござる」などと言ったのだから、本物の天才であり、主君である信長は腹を立てた。

「お前がどこで手柄を立てたと言うのだ。日頃粉骨《ふんこつ》して尽くしたのは（「脳漿《のうしよう》をしぼり続けたのは」とした方がよくわかるだろう）この俺だぞ。それもわきまえぬとは憎い奴だと言って、懸作《かかりつく》りの欄干に明智の頭を押しつけて叩かれた。その時、明智は諸人の中で恥をかいた。無念千万《せんばん》と思い詰めた気色《けしき》が表に出ていたと伝えられています」（「祖父物語」――『異説日本史』第五巻・雄山閣、昭和六年・一八九ページ参照。現代語訳渡部）

　これは解る話ではないか。信長にしてみれば「この野郎、俺が天才であることを認めていないな」という気持ちだったのだろう。そして信長は執念深い。一度怒ったことが、しばらく経ってから、あるいはうんと経ってから突如噴き出してくることは、天正《てんしょう》八年（一五八〇）に佐久間信盛《さくまのぶもり》父子を譴責《けんせき》して高野山に追い払い、林《はやし》通勝《みちかつ》、安藤伊賀守父子、丹波右近《たんばうこん》などを織田家から追放したことにも表われている。何しろ四分の一世紀も前のことに突如腹が立つのだから恐ろしい。諏訪で折檻《せっかん》されてからは、明智光秀はおちおちできなかったであろう。

　それでその後、徳川家康が上京する際の接待役を与えられた時、「上様の機嫌が直ってくれたか」と光秀は大いに喜び、全力をあげて接待の準備にかかる。ところが信長が家康の饗応《きょうおう》のための状態はどうかと思って、明智光秀の宿所《しゅくしょ》を訪ねたところ、ちょうど暑い盛《さか》りのことで、つーんと魚くさい臭《にお》いが鼻をついた。そこで信長の光秀に対する反感がよみがえった。「こんな臭《くさ》いものを大切な客に出せるものか。打ち捨ててしまえ」と言って、代わりを堀久太郎《ほりきゅうたろう》に命じた。そして明智光秀には、秀吉を助けにすぐ帰国して出陣準備をなせ、と命じたので光秀は面目を失った、というのである。

しかし高柳氏はこれを問題にせず、光秀の謀叛の伏線《ふくせん》として後で作られたものだとしている。しかし、家康を安土《あづち》において接待役としてもてなすことになったのが明智光秀であったことは確かであり、家康が安土についたのは五月十五日である。その光秀が、五月十五日に中国出陣準備のため帰国を命じられたらしく、遅くとも十七日には、光秀は坂本城に帰っている。

一方、徳川家康が五月二十日までは安土にいて、舞《まい》や能《のう》のもてなしを受けていることは確実である。家康ほどの人の接待役になる武将は、その頃はみんな第一線の戦場におり、光秀だけが適任だったと言ってもよい。だからこそ信長は、その役を光秀に与えたのである。五月十七日に秀吉からの手紙が来たらしいが、それだからと言って接待役を中途解任するものだろうか。そこにはやはり精魂《せいこん》こめての準備がパーになり、しかもライヴァルの応援に出陣せよと言われた光秀の恨みがあったとした方が自然である。織田家の人々に対してだけでなく、明智は家康に対してもメンツを失ったことになるのだ。

『川角《かわすみ》太閤記』に従えば、だいたいこういう話になる。高柳氏はこの本を時々重んじないむきがあるが、『川角太閤記』のように秀吉を直接知っている人が、かざりけなく、知っているまま、聞いたまま書き記した文書は、日時などの間違いなどあったとしても(それは現代人が書く現代史にもあることだ)、やはり話の筋《すじ》としては一番無理がなくできているようだ。

■光秀の心のうち

明智光秀はこのことを、諏訪の寺で信長に叱られ嫌われたという体験と重ねたに違いない。そして佐久間、林という古くからの家来に対する信長の執拗《しつよう》な報復、また自分もかかわりのあったとされる荒木村重《あらきむらしげ》滅亡の場合(第六十関参照)も、記憶に新しかったのであろう。そしてライヴァルの秀吉は、自分の子供がないのをよいことに、信長の子を養子にして後継ぎにすると言っているのに対し、自分は子沢山《こだくさん》でそんなことはできない。信長は与えたものを取り上げることも平気な人だ。自分の近江《おうみ》の領地は、信長のお気に入りの小姓《こしょう》の森蘭丸《もりらんまる》の父の旧領だから、おそらくその方面から願いがあれば自分から取り上げられるだろう、などなど、頭がよいだけにいろいろ考えたであろう。

それで信長がたった数十人の家来と共に本能寺に宿泊する予定と知った時、「一夜なりとも天下を取ったということを老後の思い出にしてやろうか」と考えるに至った。それで腹心の家来五人を呼んで、「こう思うが、お前たちはどう考えるか」と聞いた。そうしたら娘婿《むこ》の明智弥平次《やへいじ》(佐馬助光春《さまのすけみつはる》、秀満)が、「今のお話のようなことは、一人で考えていても天知る、地知る、人知ると申して何となく洩《も》れるものなのに、今、五人の者に相談された以上はもう思いとどまってはなりませぬ」と言ったという。『川角太閤記』によれば大体の筋はそうなる。

天正十年（一五八二）五月二十六日に近江国坂本城を出発した明智光秀は、丹波国亀山《かめやま》城について出陣の準備をなし、翌二十七日に山城国愛宕山《あたごやま》に参詣して祈禱《きとう》した。愛宕権現《ごんげん》に祈ってから一人将軍地蔵《しょうぐんじぞう》の御堂《みどう》に詣《まい》り、三度も神籤《みくじ》を受けたという。最初に二度が大凶で、三度目が大吉と出たと言うが（誰が見たのだろう）、つまりは大吉が出るまで籤《くじ》を受けたということであろう。そして翌二十八日には、呼んでおいた連歌師《れんがし》の里村紹巴《さとむらじょうは》とその弟子の兼如《けんにょ》、その姻戚の昌叱《しょうしつ》や威徳院行祐《いとくいんぎょうゆう》らと共に、そこの西ノ坊で連歌百韻《いん》を興行《こうぎょう》して神前に納めた。発句《ほっく》は光秀で、

ときはいま天《あめ》が下《した》しる五月《さつき》かな　（光秀）

これに行祐（西坊）が、

水上《みなかみ》まさる庭の夏山　（西坊）

とつけ、さらに紹巴が、

花落つる流れの末をせきとめて　（紹巴）

とつけて続く。今日まで伝えられているのは、このほか次の数吟がある。

風は霞《かすみ》を吹き送る風　（宥源《ゆうげん》）

春もなほ鐘の響や冴《さ》えぬらむ　（昌叱）
片敷《かたし》く袖《そで》は有明《ありあけ》の霜《しも》　（心前《しんぜん》）
うら枯《が》れになりぬる草の枕して　（兼如）
聞《きく》に馴《なれ》たる野辺《のべ》の松虫　（行澄《ぎょうちょう》）

などで、やがて花の句に昌叱（一説に心前）が、

色も香も酔をすすむる花の下　（昌叱？　心前？）

とつけると紹巴が（一説に光秀が苦しんだあげく）、

国々はなほ長閑《のどか》なる時　（紹巴？　光秀？）

とつけて百韻を結んだという。

この連歌の発句の「時は今……」は「土岐《とき》は今……」とかけたもので、明智光秀の出自《しゅつじ》である土岐氏を指し、それが天下を統《す》べることを含蓄《がんちく》していると言われる。後に秀吉がこの連歌のことを聞き、里村紹巴を問責《もんせき》した時、紹巴は「し」の字を消して再び「し」の字を書き加えた詠巻《えいかん》を呈出《ていしゅつ》し、元来は「天が下なる五月かな」とあったのを、誰かが中傷するために「しる」に書き換えたのだと弁明して、無事放免になったという。謀叛さわぎにも連歌が問題になるところなど、いかにも戦国末期の日本らしい。

この連歌の行なわれた時、寺の方で名物の粽《ちまき》を出した。光秀は謀叛のことを考え

て、放心状態になっていたのであろうか、包んでいる葉を一緒に口に入れたという。またしばらくすると突然、何の前後の脈絡《みゃくらく》もなく、「本能寺の堀《ほり》の深さはいかほどか」などと質問して、紹巴をびっくりさせたともいう。いずれも後の噂であるが、事件を起こす直前の光秀の放心状態を指している点、案外、明智光秀という人物の本質を指しているが如くでもある。

■敵は本能寺にあり

五月二十九日に織田信長は安土城から京都の本能寺に入った。六月一日の夜も亥《い》の刻（午後十時）に亀山城を発した一万二千の光秀の軍は、真夜中すぎに老《おい》ノ坂《さか》に向かった。元来、亀山城から備中《びっちゅう》方面には三草《みつぐさ》越えをするはずなのに、老ノ坂に向かった。それでも老ノ坂から西に、つまり右に下れば山崎《やまざき》・摂津《せっつ》に行く道だから、そこまでは兵士も怪《あや》しまない。ここから東に、つまり左に下れば京都だ。

ここで全軍が桂川《かつらがわ》を渡ると、光秀ははじめて鞭《むち》を揚げて東を指し、「敵は本能寺にあり」と全軍に攻撃目標を示した。鞭で東を指したと言ってもまだ未明である。六月二日（今の七月一日）の払暁《ふつぎょう》に京都に入った明智軍は、まだ夜も明け切らぬうちに本能寺を囲んだ。

本能寺における信長や森蘭丸らの奮戦のことはよく知られている。また信長が最

図61-1　「本能寺の変」関係図

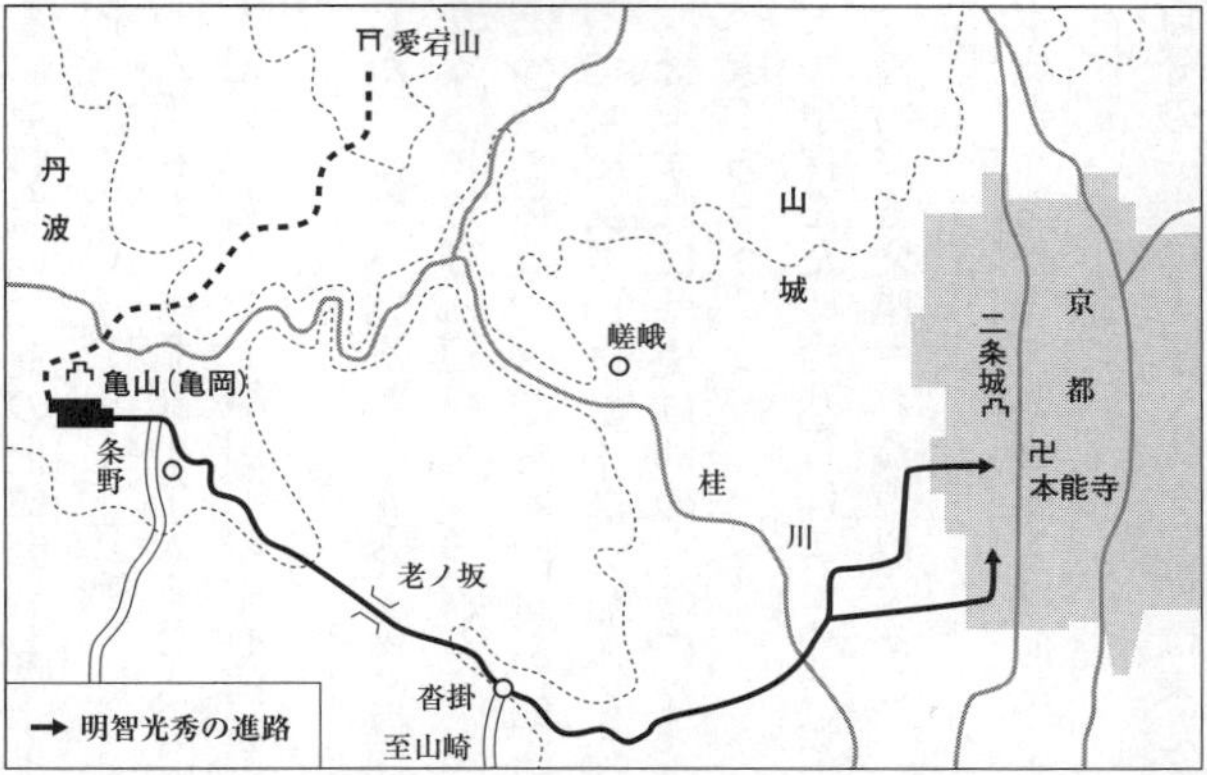

参考：『信長公記』（太田牛一原著、榊山潤訳、教育社、1980年）下巻、303ページ

後は奥の一室に入って焼死したため死体の確認ができず、いつまでも光秀を不安にした。一方、信長の嫡子《ちゃくし》信忠は、妙覚寺《みょうかくじ》にいて本能寺の変を聞いた。信長に合流しようとしたが、すでに遅いとわかったので、守備に都合のよい二條の御所に五百人の軍勢と入り、親王方《がた》を御所に移した。この仕事では連歌師・里村紹巴が働いている。

　信忠の家来の中には、「まだ敵の来ないうちに急ぎ安土に帰りましょう。そうすれば数万の軍勢はたちまち集まります。そして仇《あだ》を討ちましょう」と提案した者もいた。しかし信忠は、「敵はこの大事を計画したのだから、必ず途中に兵を配置しているに違いない。道の上に屍《しかばね》を曝《さら》すよりは、ここで死のう」と言ったので、みんな同意したという。そして勇戦した。戦死者の中には、かつて今川義元を桶狭間《おけはざま》で討った毛利新介《もうりしんすけ》や服部小平太《はっとりこへいた》らしき者がいたのが目につく。信忠は当時すでに岐阜城主であったので、織田家の中心的旗本《はたもと》の多くが信忠につけられていたことがわかる。

しかし後から見ると、光秀は秘密保持を厳重にしなければならなかったので、信忠が安土に逃げる道路をふさぐところまでは準備していなかった。信忠が父の信長であったならば、おそらく凶事《きょうじ》の第一報が妙覚寺にとどいた時に、そのまま馬に乗って数騎あるいは数十騎の旗本を連れてまっしぐらに安土に走ったと考えられる。そうすれば歴史は別のものになっただろうが、信忠の死に方も、潔《いさぎよ》しと評価すべきであろう。

この事件をたった八行にまとめた頼山陽の詩筆は、特に冴《さ》えてドラマチックである。詩吟《しぎん》にも愛唱される所以《ゆえん》である。

本能寺。あの寺の堀《ほり》の深さは何尺ぐらいあったかな、と光秀は放心して傍《かたわら》の人に聞いてしまった。

自分の一生の大事を行なうのは来たる晩《ばん》にあると思えば、心は心にないのも当然ではないか。だから出された粽《ちまき》の笹《ささ》の葉も、むかずに口に入れるということもやってしまった。

〔愛宕山に参籠《さんろう》し、連歌の会をやって百句満座としたのだが〕四方の簷《のき》からは梅雨時《つゆ》の雨がしたたり、天には星一つ見えず、墨《すみ》を流したるが如く黒々としていた。

老ノ坂から西の方に進んでゆけば備中《びっちゅう》への道で、これは本来の進軍路だ。光秀は鞭《むち》をあげて東を指して進めと命令したが、時刻が早く、東の空はまだ明けそめていない。

〔われわれの敵は毛利ではなく、本能寺にいる信長なのだぞ〕と命ずる。しかし、そう命令した光秀の本当の敵は、備中にいる秀吉《ひでよし》なのだ。光秀よ、油断するでないぞ。

62

第六十二関　拏鞋奴（だあいど）

「天下筋」の手相を持った男・豊臣秀吉

62 拏鞋奴《だあいど》

拏鞋奴《だあいど》。面《めん》は狙《さる》の如《ごと》し。
鞋《あい》を舍《す》て旄《ぼう》を執《と》り風《ふう》に従《したが》つて呼《よ》ぶ。
掌心《しやうしん》の逆理《ぎやくり》は中指《ちゆうし》を貫《つらぬ》き。
六十六州《ろくじふろくしう》を手《て》づから巻舒《けんじよ》す。
竜《りよう》を馴《なら》し虎《とら》を玩《もてあそ》びて余力《よりよく》有《あ》り。
却《かへつ》て冥海《めいかい》に向《むか》つて鯤魚《こんぎよ》を掣《せい》す。
何《なん》ぞ知《し》らむ金甌《きんおう》も欠《か》け且つ破《やぶ》るるを。
当《まさ》に言《い》ふべし得失《とくしつ》は皆吾《みなわれ》よりすと。

拏鞋奴。面如レ狙。
舍レ鞋執レ旄従レ風呼。
掌心逆理貫二中指一。
六十六州手巻舒。
馴レ龍玩レ虎有二餘力一。
却向二冥海一掣二鯤魚一。
何知金甌缺且破。
當レ言得失皆自レ吾。

嗟哉《ああ》乎操持術《さうぢじゆつ》の無《な》きを君怪《きみあや》しむ無《な》かれ。　嗟哉乎操持無レ術君無レ怪。
鞋《あい》と天下《てんか》と小大無《せうだいな》し。　鞋與二天下一無二小大一。

その草履《ざうり》取り。猿にそっくり。草履取る手はやがて旗執り風に乗じて諸将に令する身。てのひら開けばくっきりと中指貫く天下筋。六十六州さらさらとその手で自在に巻き伸ばす。竜やら虎やら諸国諸大名馴らして玩《あそ》んでまだ余る力のゆくえ。いっそもう大海渡って鯤《こん》を釣るとしよう。思いもよらず金甌《きんおう》の欠けて壊れた夢の跡。自分で得たもの自分でなくすというよりほかなくて。ああ児孫《じそん》長久の策《さく》はなかったか——と言ってみたいがむだなこと。草履も天下も彼にとっては同じだったから。

■未刊の関に見る高松城水攻め

刊行されている『日本楽府《がふ》』の第六十一関《けつ》「本能寺」の次は、第六十二関「拏鞋《だあい》奴《ど》」である。しかし亀岡家に伝わる「山陽外史未定稿」の中には、刊本の第六十一関と第六十二関の間にもう一関入っている（福山天蔭『頼山陽の日本史詩』寶雲舎、昭和二十年・六〜七ページ及び二一三〜二一四ページ参照）。元来、頼山陽は今の刊本通りの六十六闋を作ったのではなく、元来は刊本にないのが十一闋もあった。これを除いたり、抹消《まっしょう》したりする一方、新しくまた十闋を作り補《おぎな》って今日の刊本のようにしたものである。頼山陽自身が原稿を抹消したものは別として、原稿で残っているものは捨て難い。特に「本能寺」の次に来る秀吉の「中国大返《おおがえ》し」の闋は、是非紹介しておきたいと思う。

本能寺で信長が殺されたという情報を得るや、秀吉は一挙に高松城の守将・清水《しみず》宗治《むねはる》を自殺させ、毛利と和を結び、その夜から撤兵して山崎《やまざき》の戦に明智光秀を討った。その間の時間はわずかに十日。まことに電撃的と言うべきで、こんな例は世界の戦史にも稀《まれ》であろう。秀吉のことはよく言わない新井白石《あらいはくせき》の『読史余論《とくしよろん》』の中でも、例外的にほめて「毛利と和して急に兵を班《かえ》されし振舞《ふるまい》など、誠に英雄の挙《きよ》にして、気一世《きいっせい》を蓋《おお》ふと云《い》ふべし」と言っている。それはまことに英雄の行為であった。それを未刊の原稿の中で、頼山陽は次の十行にまとめた。

陣雲壓レ水水不レ流。

陣雲《ぢんうん》は水《みづ》を圧《あつ》して水《みづ》は流《なが》れず。

敵城《てきじやう》は魚《うを》の如《ごと》く釜中《ふちゆう》に遊《あそ》ぶ。

中原《ちゆうげん》には別《べつ》に狂瀾《きやうらん》の倒《たふ》るる有《あ》り。
巨鯨《きよげい》は誅《ちゆう》に漏《も》るるに何《なん》の鯫儵《しういう》ぞ。
先鞭《せんべん》は別人《べつじん》の著《つ》くるを許《ゆる》さず。
讎首《しうしゆ》は輪《りん》の如《ごと》く快剣《くわいけん》斫《き》る。
群豪《ぐんがう》は環視《くわんし》して足《あし》は逡巡《しゆんじゆん》。
恠《あや》しむ莫《なか》れ奔鹿《ほんろく》の君《きみ》に獲《え》らるるを。
血《ち》を歃《すす》りて交綏《かうすゐ》し汝《なんぢ》の弓《ゆみ》を橐《ふくろ》にす。
唯英雄《ただえいゆう》の英雄《えいゆう》を識《し》るあり。

敵城如レ魚釜中遊。
中原別有二狂瀾倒一。
巨鯨漏レ誅何鯫儵。
先鞭不レ許二別人著一。
讎首如レ輪快劒斫。
群豪環視足逡巡。
莫レ恠奔鹿被二君獲一。
歃レ血交綏橐二汝弓一。
唯有三英雄識二英雄一。

武田家滅亡の直後、羽柴《はしば》秀吉は備中《びっちゅう》を攻めるために天正《てんしょう》十年（一五八二）三月中旬に姫路《ひめじ》を発ち、四月上旬に備前《びぜん》岡山に至り、四月中旬、宇喜多直家《うきたなおいえ》の兵を合わせて備中に入り、四月下旬、冠山城《かんむりやまじょう》を陥《おと》し、いよいよ備中高松城に迫った。しかし城を守っていた清水宗治は良将であって、調略にも応ぜず、力攻めも困難である。しかも毛利の主力がこの城の救援に来ようとしている。ゆっくり囲んでいるひまはない。

そこで秀吉が思いついたのは水攻めである。古来、城を火で攻め陥した例は多くあるが、水で攻めた例はほとんど聞くことがない（包囲されて水がなくなったという話とは違う）。秀吉は、それをやろうと思いついたのだ。足守川《あしもりがわ》の水を封じこめて、平城《ひらじろ》である高松城を水びたしにしようというのだ。急造させた堤《つつみ》の長さは二十八町二十間というから、ざっと三千百メートル弱になる。高さ四間というから約七・二メートルとなる。数字の正確さはさておいて、途方もないことを秀吉が考えついたことは確かである。

そして毛利側の援軍が出動し、五月二十一日に毛利輝元《てるもと》が猿懸山《さるかけやま》に、小早川隆景《こばやかわたかかげ》が日指山《ひさしやま》に、吉川元春《きっかわもとはる》が岩崎山に出てくる前に、高松城は孤島の如くなっていた。

堤防工事の早さもさることながら——秀吉は清洲《きよす》城の城壁修理でも墨俣《すのまた》の一夜城

でも工事の早さは革命的だった──天が秀吉に味方して雨をしこたま降らせてくれたことが成功の原因である。堤で囲んでも水量が少なければ思うように水位が高くならない。

秀吉の場合は、今日ならば集中豪雨とでも言うべきものが足守川の上流で降った。しかも折からの梅雨《つゆ》季で雨はやまずにけぶるように降る。水攻めは成功した。高松城の敵は釜《かま》の中の魚みたいになって逃げようがない。「陣雲《ジンウン》ハ水ヲ圧シテ水ハ流レズ。敵城《テキジョウ》ハ魚《ウオ》ノ如ク釜中《フチュウ》ニ遊ブ」という最初の二行はその情景を指している。

■秀吉を救った小早川隆景

ところがそこに都から密使が来て、主君織田信長が本能寺で明智光秀に殺されたという悲報を伝えてきた。こんな大事件が背後で起こっている時に、備中の田舎《いなか》城を相手にぐずぐずしてはいられない。明智を鯨《くじら》にたとえれば、清水宗治は雑魚《ざこ》である。その巨鯨《きょげい》を討たないで雑魚にかまってはおられない。信長の仇《あだ》討ちを他の人にやらせてなるものか、というのが次の三行である。「中原《チュウゲン》ニハ別《ベツ》ニ狂瀾《キョウラン》ノ倒《タオ》ルル有《ア》リ。巨鯨《キョゲイ》ハ誅《チュウ》ニ漏《モ》ルルニ何ノ鰍鯈《シュウユウ》（ハヤのような雑魚）ゾ。先鞭《センベン》ハ別人ノ著《ツ》クルヲ許サズ」。

かくして毛利方と交渉し、清水宗治の首と交換条件に水攻めをやめることにする。最初は毛利の五カ国をもらうということであったが、清水宗治の忠義に免じて、三カ国は毛利に返すという話になったと言う。かくして清水宗治は城の四方にひろがる百八十八町歩、つまり約百九十万平方メートルの急造の湖水《こすい》の上で、両軍環視《かんし》の中で切腹した。介錯《かいしやく》人の幸市之丞《こういちのじよう》の腕は確かで、宗治の首は見事に落ちた。検使の舟に乗っているのは堀尾茂助《ほりおもすけ》、西の岩崎山の方には毛利輝元、吉川元春、小早川隆景ら毛利三万の軍が、また石井山には秀吉が、堤の上には羽柴方の軍勢が、いずれも粛然《しゆくぜん》として見ていたが、その壮絶さにしりごみせんばかりであった。

主君信長の死という知らせを受けながらも秀吉は少しも動ぜず、毛利と和約し、戦場における勝利の確実なしるしとして、守将の首を取った。このような見事なことができる秀吉に、走り出した鹿《しか》のような明智光秀がやられてしまったのも無理はない。このことを頼山陽は次の三行にまとめた。「讎首《シユウシユ》（敵である清水宗治の首）ハ輪《リン》ノ如ク快剣《カイケン》斫《キ》ル。群豪《グンゴウ》ハ環視《カンシ》シテ足ハ逡巡《シユンジユン》。恠《アヤ》シム莫《ナカ》レ奔鹿《ホンロク》ノ君ニ獲《エ》ラルルヲ」。

かくして正式に和議が成立して血判《けつぱん》を押した誓紙《せいし》の交換も行なわれた。両軍は戦場からすぐに撤兵することになっていた。しかし誓紙交換から半日も経たないうちに「信長殺害さる」という情報が毛利方に入った。さあ大騒動である。秀吉を追撃すべしという声がどっと上がった。主戦論者の中心は吉川元春である。しかしそれを抑えたのは弟の小早川隆景であった。

「何と言っても誓約は誓約だ。しかも講和の話は元来は秀吉から出たものでなく、前々から毛利から出されていたのを、秀吉が譲歩する形をとって一挙にまとめたものである。それに毛利は先君元就《もとなり》以来、天下を狙《ねら》わないことになっている。天下を取る気もその力もないのに秀吉を追撃すれば、天下に信を失うのみならず、秀吉の生きている限り毛利を目の仇《かたき》とするであろう」などなど縷々《るる》説《と》いたらしい。毛利輝元も隆景の言い分をよしとして秀吉追撃の話は消えた。

『日本外史』によると、秀吉の方から進んで信長の死を毛利方に告げて、つまり手のうちを明かして、講和するか、それとも戦闘を続けるかの選択肢を毛利に与えたことになっている。話としてはこっちの方が面白い。いずれにせよ、講和が実現し、それが破られなかったのは小早川隆景のおかげであることは確かである。秀吉がその恩を忘れるわけはない。秀吉が天下を取ったあとも、毛利家や小早川隆景を遇《ぐう》すること甚《はなは》だ厚かった。これも秀吉と隆景の二人がお互いに英雄であることを認め合ったからであろう。

このことを頼山陽は最後の二行にまとめた。「血ヲ歃《スス》リテ（この場合血判をした誓紙を取りかわして講和し）交綏《コウスイ》シ（両軍共に退いて）、汝《ナンジ》ノ（小早川側の）弓ヲ橐《フクロ》ニス

（武器をしまってしまった）。唯《タダ》英雄ノ英雄ヲ識《シ》ルアリ」。

■草履取りから天下を取った男

ここでいよいよ主題は豊臣秀吉のことに移る。「挐《だ》」という字は「つかむ」という意味である。「鞋《あい》」という字は「わらじ、くつ、わらぐつ」という意味である。したがって「挐鞋奴《だあいど》」というのは「主人の履物《はきもの》を持って仕えるもの」つまり「草履《ぞうり》取《と》り」のことである。天下を征服して関白となった豊臣秀吉も、武士としてのキャリアは草履取りからはじまった。その容貌《ようぼう》は猿に似ていたと言う。一説には申歳《さる》生まれだったからとも言う。日吉丸《ひよしまる》という幼名も日吉神社の縁獣が猿ということから出たと考えられる。彼が生まれたとされる天文《てんぶん》五年（一五三六）はなるほど丙申《ひのえさる》の年である。

　その生まれについては諸説があるが、土屋知貞《つちやともさだ》の聞き書きとされる『太閤素生記《たいこうすじょうき》』をほぼ正しいとする渡邊世祐博士の考証に従っておいてよいであろう（渡邊世祐『豊太閤の私的生活』創元社、昭和十四年・九～一〇ページ参照）。この『太閤素生記』は秀吉の生まれた中々村代官の稲熊助右衛門《いねくますけえもん》の娘が語ったことを、その養子の土屋知貞《ともさだ》が書き記したものである。稲熊助右衛門は中々村の住人で、織田信長の弓を預かっていた。

その娘は秀吉とほぼ同年輩《ねんぱい》の女性である。同じ村の同年輩の男のことを語ったものであるから、年代などの細かいことの間違いなどはあっても、大筋は合っているに違いなく、事実、他の証拠とも重要な点で一致している（昭和六十二年刊行の吉川弘文館『国史大辞典』第八巻では『太閤素生記』の聞き書きは出所不明とされているのはなぜであろうか。渡邊博士の考証の間違いが発見されたのであろうか。この方面の研究史に通じている方の御教示を仰ぎたい）。

『素生記』の説によれば、秀吉の父は木下弥右衛門《やえもん》で、彼は信長の父の信秀《のぶひで》の鉄砲足軽であったが負傷して引退し、生まれ故郷の中々村の百姓となった。秀吉が八歳の時にこの父は死に、母は同じ村出身の竹阿弥《ちくあみ》と子連れで結婚した。この男も織田信秀に仕えていたが、病気で引退した。つまり弥右衛門と竹阿弥は同朋《どうぼう》だったことになる。

そして生まれたのが後の大納言秀長《だいなごんひでなが》である。つまり彼は秀吉の異父弟であり、小竹《こちく》と呼ばれていたのは竹阿弥の子だったからである。もちろん秀吉が元日の朝の日の出の時刻に生まれたというのは嘘かも知れない。しかし私の近親にも本当に元旦に生まれた女性もいるし、一月六日に生まれた男性もいる。「正月生まれ」となれば一月七日まで、あるいは十五日まで、あるいは一月中を指しうるから、後で「正月生まれ」が「元旦生まれ」ということに変わってもおかしくない。

この男は信長の草履取りになったが、顔が猿に似ていて「さる」と呼ばれた。しかし風雲に乗じて、草履を捨てて旄《ぼう》（犛《からうし》の尾を竿《さお》の先につけた旗、つまり軍旗）を取って軍を指揮するようになった。世はまさに戦国末期、元亀《げんき》・天正の世である。秀吉は最低点から出発したが、次から次へと大手柄を立てて出世する。その秀吉の手のひらには、手首から中指に通る筋《すじ》があった。すなわち逆理《ぎゃくり》があったそうである。こういう手相《てそう》の人は天下を取ると言われ、それは「天下筋」あるいは「太閤筋《たいこう》」と呼ばれる。

若い時から目を悪くして、文字通り目に一丁字《いっていじ》のなかった私の祖母も「太閤筋」という言葉を知っていた。祖母の知人の何とかいう女の人は、「タイコー者（太閤者）で、水呑み百姓生まれなのに大きな店をもつようになった」と言っていた。この女の人の手相には天下筋があったが、人に見せずにいつも手を握っていたそうである。太閤者（「テーコーモノ」と方言では聞こえる）が四百年後でも成功者という普通名詞になって地方に残るほど秀吉の出世はめざましかった。

その天下筋のある手で彼は日本中を、あたかも巻物《まきもの》を巻いたり舒《の》べたりするように自由にしたのである。刀狩りや太閤検地《けんち》、それに石高《こくだか》制度など、われわれの知っている講談の世界は、おおむね秀吉によってその基礎が置かれたと言うべきであろう。

戦国武将はいずれも竜か虎かといった恐ろしい連中である。秀吉はこの連中をみな手玉にとるように扱った。それは竜を馴《な》らし、虎とたわむれるようなものであった。しかもそれでもあり余るエネルギーがあった。それが大明《みん》国征伐という形になったのである。つまり秀吉は日本全土を征服した余力で、大海にのり出し、鯤魚《こんぎょ》のような大国を征服しようとした。鯤とは『荘子』に出てくる寓意《ぐうい》的大魚のことで、「北冥《ほくめい》（北の海）に魚あり、その名を鯤となす。鯤の大きさはその幾千里《いくせんり》なるを知らず」と言われている。つまり秀吉は広袤《こうぼう》幾千里とも知れぬ大陸を支配しようとしたのであった。

■跡かたもなく消えた豊臣家

しかし、それは成功しなかった。秀吉が日本国内でやった天下統一の大業は、金の甌《かめ》に傷欠《しょうけつ》がないようなものであった。本当は金甌無欠《きんおうむけつ》などではなく、それは欠け破れてしまい、金ピカ部屋のある大坂城も焼け落ち、彼の大業も豊臣家もすべては駄目になってしまった。しかし、ここで強調しておかなければならないことは、彼の場合、成功も失敗もすべて自分のせいであることで、家柄《いえがら》などは何の役割もなかったことである。

豊臣氏は二代で跡かたもなく消えてしまった。こんなに見事に消えてしまった家も少ないであろう。大名として残らなくても、誰か一族で残っているのが常である。しかも豊臣家は一時は天下を執《と》った者である。遠縁《とおえん》でも落胤《らくいん》でもどっかにいてもよさそうなものだが、一切ないのである。

何とか家系を残す術《すべ》がなかったかと考えないではいられない。関ケ原の後でも、大坂周辺で六十万石ぐらいの大名でいることに満足し、徳川家康に臣従《しんじゅう》する姿勢をとっていたら、豊臣家が全く消滅することはなかったろう。何しろ豊臣秀頼《ひでより》の妻は家康の孫娘である。それに家康に臣従する姿勢をとっても不自然ではないのだ。秀吉の主人の信長の子供や孫も、秀吉に滅《ほろ》ぼされるか、秀吉に仕えるかしているのだから。しかし淀君《よどぎみ》がいたのだ。

ところで頼山陽は、そんなことをおかしいと思ってはいけない、秀吉にとっては、草履を取るのも天下を取るのも同じことで、事に大小はなかったはずだから、と言う。なるほど、秀吉の辞世は、

露《つゆ》と落ち　露と消えにし　わが身かな
大坂《なにわ》の事も　夢のまた夢（原文はみな平仮名）

だったと言う。死の床《とこ》にあった時の秀吉の頭の中を去来《きょらい》したのは、本当に人生はすべて夢だという実感だったのかも知れない。

何しろ秀吉の話は知られていることばかりなので、だいたい頼山陽の詩に従って

解説してみたが、念のため訳してみれば次のようになるのである。

かの草履取りは、その顔は猿に似ている。

その草履取りは、草履の代わりに旗を立てて軍勢を指揮し風雲に乗じた。

その手のひらの筋は、手首から中指を真直《まつすぐ》に貫いている天下筋である。

そして、その手で日本六十六州を自由に支配したのだ。

竜のような豪傑も飼いならし、虎のような武将をもペットの如く扱ってまだ余力があった。

それで大海に出て、明《みん》という鯤《こん》にも比すべき広袤《こうぼう》何千里とも知らぬ大国を征服しようとした。

しかし予期に反して、欠陥なき金甌《きんおう》の如きものと思われた彼の大事業も、欠けてこわれてしまった。

しかし彼のやったことは、成功も不成功もみんな自分一人の力のなせることであって、誰のせいでもないことを認めてやらねばなるまい。

ああ、豊家《ほうけ》を維持させる手段はなかったのか、といぶかってはならない。

秀吉のような大器量人《きりよう》にとっては、草履も天下も同じなので、そこに大小《だいしょう》はなかったのだから。

63

第六十三関　罵龍王（りようわうをののしる）

豊臣秀吉はなぜ、天下をとれたのか

⑥③罵龍王《りようわうをののしる》

咄《とつ》、汝海《なんぢうみ》の龍王《りようわう》。
敢《あへ》て王師《わうし》の東《ひがし》に糧《りやう》を運《はこ》ぶを拒《こば》む。
咄《とつ》、汝北條《なんぢほうでう》の虜《りよ》。
我《われ》を平家白面《へいけはくめん》の豎《じゆ》に比《ひ》すと。
天子《てんし》の節刀《せつたう》は手中《しゆちゆう》に在《あ》り。
陸《りく》に猾賊《くわつぞく》を屠《ほふ》り海《うみ》に龍《りよう》を屠《ほふ》る。
嗤《わら》ふ莫《なか》れ相公《しやうこう》の面《めん》の仮鬚《かしゆ》を。
猙獰猶存《さうだうなほそん》す旧人奴《きうじんど》。

咄汝海龍王。
敢拒㆓王師東運㆑糧。
咄汝北條虜。
比㆓我平家白面豎㆒。
天子節刀在㆓手中㆒。
陸屠㆓猾賊㆒海屠㆑龍。
莫㆑嗤相公面假鬚。
猙獰猶存舊人奴。

奴握㆓四海㆒非㆓奴力㆒。
祖宗生㆑汝匡㆓王國㆒。

奴《ど》の四海《しかい》を握《にぎ》る奴《ど》の力《ちから》に非《あら》ず。
祖宗《そそう》の汝《なんぢ》を生《う》みて王国《わうこく》を匡《ただ》さしむ。

これ！　汝《なんじ》、海の竜王！　無礼にもみかどの軍が東に糧秣《りょうまつ》運ぶのを暴風起《お》こしてはばむ気か？　これ！　汝、夷狄《いてき》北條！　わしを平家のなよなよ小僧（人もあろうに水鳥の羽音で逃げたあんなヤツ）とよくも一緒にしおったな。帝より賜わった征夷《せいい》の節刀《せっとう》しかと手に。陸では狡猾《こうかつ》の賊を滅ぼし海では竜を退治した。笑うでないぞ関白太政大臣のお顔にあれよ付け鬚《ひげ》と。いまだに抜けぬのじゃ昔思えば信長公の草履《ぞうり》取り暴れん坊のその気性。草履取りの天下取り、草履取りひとりの力でない。皇祖皇宗汝を生んで国のありよう正《ただ》させたのだ。

■後継者になるために何をすべきか

天正《てんしょう》十年（一五八二）六月二日、織田信長は本能寺で明智光秀《あけちみつひで》のために殺された。それからたった十一日後には、羽柴秀吉《はしばひでよし》が明智光秀を山崎の戦いに破り、光秀は土民に刺されて死んだ。秀吉は光秀の首を本能寺に梟《さら》した。この間、すべて二週間で片付いてしまった。織田軍団の中でも最も重要に思われた柴田《しばた》軍団も、越後の戦線にいて全く参加できず、関東にいた滝川一益《たきがわかずます》の軍団は、かえって北条氏直《ほうじょううじなお》の軍勢に大敗した。六月二十七日、いわゆる清洲《きよす》会議が行なわれ、織田家の後継ぎは、秀吉の主張の如く、信長の嫡男の信忠《のぶただ》（本能寺の変の時、二条城で自害）の嫡男である幼児三法師《さんぼうし》（後の秀信《ひでのぶ》）に決まった。そして信長の遺領《いりょう》をおたがいに分与し合った。

　ここから秀吉が本当に天下人《てんかびと》の資質を持った人間であることが、日を追うて明らかになる。目のつけどころがほかの武将とまるで違って高いのだ。織田信長の遺領を分与された諸将は、大急ぎで自分の所領地にもどって足固《あしがた》めしようとする。それが正常なのだ。

　まだ関八州《かんはつしゅう》は北條家の支配にある。奥州では伊達政宗《だてまさむね》が勢力を張っている。上杉家は謙信なきあとも強大だ。徳川家康は、武田家の旧領を手に入れつつある。近いところでは、紀州は信長にも征服されないままである。毛利は依然として強大であり、四国は長宗我部元親《ちょうそかべもとちか》によって統一されつつあり、全九州は島津家のものになりそうである。信長の死によって、天下統一の方向を示していた歴史のヴェクトルは一瞬にして消え、元亀《げんき》以前の戦国の様相にもどった――と織田家の諸将に見えたとしても不思議はない。

そういう時代にやらなければならない第一のことは、まず自分の足元を固めることだ。柴田勝家《かついえ》も前田利家《まえだとしいえ》もみんなそう思って、自領にもどり石垣《いしがき》の間にかくれた蟹《かに》の心理になった。まず蟹としてなすべきことは、自分の甲羅《こうら》を固くすることである。

ところが秀吉だけは違っていた。まずなすべきことは、なき主君・織田信長によって形が見えてきた天下布武《ふぶ》のヴェクトルの正統的継承者が自分であることを明快に天下に示すことであった。それで同年十月十一日から五日間、京都紫《むらさき》野《の》大徳寺において盛大な葬儀を執り行なったのである。

主君の仇《あだ》を戦場で討ったのが、秀吉であったことは天下に知られている。しかし織田家には名だたる宿将《しゆくしよう》が何人もいる。その誰がその後の主導権をとるのか、それともばらばらになってしまうのか、当時の地方の諸大名には、必ずしも明確でなかったであろう。秀吉はそれを疑う余地もなく明らかにするのが、盛大な葬儀を自分の手で執り行なうことであると洞察した。

その葬式が執り行なわれてみると、柴田や前田にもはじめてその大きな意味がわかった。日本中の諸侯にも、また織田家の諸将にも、それに宮廷にも民衆にも、信長の後継者は秀吉であることが一点の疑いもなく明らかになった。そのことは翌天正十一年（一五八三）の正月によく現われている。織田家の諸将の大部分は秀吉のところに年賀に出かけたのである。その秀吉に挑戦したのが織田家宿将第一の柴田勝家であるが、四月二十一日に賤《しず》ケ岳《たけ》の戦いで完敗し、三日後に越前北《きた》ノ庄《しょう》の城も落ちて自害した。かつての「甕割《かめわ》り柴田」の勇猛さの面《おも》かげもない。それはそうだろう。主君の仇も討たず、葬式もやらなかったのだから、部下だって秀吉に分《ぶ》があると感じたに違いないのだ。

■官位を利用した秀吉

ところが織田信長の子の信雄《のぶかつ》が、徳川家康の援助を得て秀吉に対して兵を挙げた。秀吉は京都周辺の敵と戦いつつある上に、新しい敵が主君の息子というのでは甚《はなは》だ戦いにくい。小牧山《こまきやま》で家康の軍と睨《にら》み合っている途中で、秀吉に無理にねだって中入《なかい》り作戦に出た池田信輝《いけだのぶてる》（恒興《つねおき》）らが長久手《ながくて》で家康の軍に惨敗する。秀吉は家康とまた三週間ほど睨み合いをやっていたが、この間に考えるところがあって、兵を引いてしまう。家康には追撃する力なしと見切り、かつ、主君の息子と戦っているのでは、旧織田軍をまとめていくのは難しいと悟ったのだ。何しろ秀吉には譜《ふ》代《だい》の家臣団などいるわけもなし、今までも織田信長の兵力を使って戦っていたのである。

ここで、この難局を乗り切る絶妙のアイデアに秀吉は思い至った。まず何が何でも織田（北畠）信雄と和解すること、それから自分が信雄などよりも偉くなることである。主君の息子より偉くなる方法は何か。そこに皇室というものが秀吉の中できらめき始める。信長は皇室を尊敬したが、その動機、あるいはその功徳《くどく》は、足利将軍より偉い権威に直結《ちょっけつ》することによって、将軍の下風にいつまでも立つ必要がなくなることであった。事実、信長は本当に実力を持つようになった時、宮廷から位をもらうことにむしろ冷淡であった。信長の場合はそれでよかった。元来は主君も同僚もいない人だったのだから。

しかし秀吉の場合は大いに違う。主君の息子も孫もいるし、部下の大部分は信長の将校たちであって、元来は自分の同僚、あるいは上役だった人たちだ。そこで秀吉は宮中における自分の官位《かんい》を高めることを考えた。戦国の長い間、式微《しきび》を極めた宮廷のことである。天皇や公家《くげ》たちを喜ばせることぐらいは、秀吉にとっては何でもなかった。秀吉は庶民の出身であるから、皇室に対する本当の尊敬心もあったであろう。と同時に宮廷を徹底的に尊敬することを万人に示し、その座標軸の中で自分が出世することは、天下を統一する唯一無二の方策であることを洞察したのである。

それで小牧山から五月に撤収した秀吉は、その年の十一月には織田信雄に好餌《こうじ》と敬意を与えて単独講和すると、天正十三年（一五八五）の二月には、その信雄に正《しょう》三位権大納言《さんみごんだいなごん》という、若い武家にとっては目のくらむような高い地位をもらってやった。ところが秀吉自身はその翌月の三月に仙洞御所《せんとうごしょ》の縄打《なわう》ちを行ない、すべて旧来の儀式を復活することを述べて宮廷を喜ばせ、同じ月の中に内大臣にしてもらったのだ。これで秀吉が宮廷をあがめている限り、信雄は秀吉の家来なのだ。

そして、ちょうど四カ月後の七月十一日には、秀吉は何と関白《かんぱく》・内覧《ないらん》・氏長者《うじのちょうじゃ》となり、兵仗牛車《へいじょうぎっしゃ》を許されることとなった。これは藤原氏の全盛期の藤原道長や頼通《よりみち》と並ぶ公家の最高位である。これ以後は、武家でも朝廷の官位官職名をもらうならば、自動的に秀吉の家来となるということを意味する。この地位から見れば、「将軍」の位も派遣軍の司令官ということになってしまう。秀吉は見事に日本統一の原理を発見したのだ。その勢いで、その月のうちに四国全土を征《せい》し、翌月には北陸を征している。

一方、小牧山の対陣では局地的に勝った家康の軍勢は、信州上田城を攻めて真田《さなだ》昌幸《まさゆき》に痛撃されるような状態で、地方の有力大名の一つでしかなくなった。わずか二年のうちに秀吉と家康の力は格段に開いてしまった。酒井忠次《さかいただつぐ》と並んで家康の第一の重臣である石川数正《いしかわかずまさ》が、家康のもとから脱走して秀吉についたのも、この年（天正十三年＝一五八五）の十一月のことであったが、石川のほかにも、小笠原貞慶《おがさわらさだよし》や水野忠重《みずのただしげ》も秀吉のもとに走っている。

秀吉と家康の和議がととのったのは石川数正脱走後、二カ月目のことである。家康が上洛して諸大名の前で拝謁の礼を執《と》るのは、それから十カ月も経ってからであるが、一種の家来になったことは間違いない。もっとも秀吉は家康のメンツを立てるために、妹の朝日《あさひ》姫を家康の嫁に出し、自分の義弟にしている。秀吉の志は、一日も早く天下を平定することである。九州の島津も関東の北條もある。全部を力ずくでやっていたら、自分の寿命がそれまでもつかどうかわからない。家康のような強敵と戦って時間とエネルギーを費《つい》やしたくない。家康も秀吉と戦っても結局は勝てないとわかっている。見事な妥協であった。

■まずは兵站の確保から

後顧《こうこ》の憂《うれ》いを除いた秀吉は、九州征伐にとりかかる。その前に後陽成《ごようぜい》天皇の御即位があり、羽柴秀吉を関白のまま太政《だじょう》大臣とし、豊臣の姓を賜わった。天正十四年(一五八六)十二月十九日のことである。そして秀吉は、全九州を支配下に治めつつあった島津義久《しまづよしひさ》に宮廷の名で出京を命じた。もちろん島津義久がのこのこ出てくるわけはない。秀吉には朝廷の命を奉じない賊《ぞく》軍である島津を討伐するという堂々たる口実ができた。

かくて天正十五年（一五八七）の正月一日、越中・尾張以西の二十四カ国に島津討伐の軍令を発する。後陽成天皇は秀吉のために戦勝を祈る勅使《ちょくし》を出す。秀吉の軍勢はその華麗な軍装で人々を驚かせて、三月一日に大坂を出発した。その軍勢は約十五万という、それまでの日本人が動かしたことのない大軍であった。頑強を以《も》って知られた島津義久が頭を丸めて秀吉に降参して拝謁したのは、同年五月八日である。秀吉が大坂を発《た》ってからたった二カ月で、九州全土が征服されてしまった。その神速《しんそく》は当時の人には不思議としか思われなかったであろう。

ここで注目すべきことは、九州遠征に対する秀吉の準備のし方である。石田三成《いしだみつなり》、大谷吉隆《おおたによしたか》（吉継《よしつぐ》）、長束正家《なつかまさいえ》に命じて食糧の準備をさせると共に、商人の小西《こにし》隆佐《りゅうさ》（行長《ゆきなが》の父）、建部寿徳《たてべひさのり》を漕運《そううん》に当たらせ、海上航海の護衛を小西行長に当たらせた。そしてまず小倉《こくら》に三十万人の軍勢と二万頭の馬のための糧秣《りょうまつ》を一年分集めさせた。そして従軍するものに、民家からの掠奪《りゃくだつ》や、お互いに喧嘩《けんか》することを厳重に禁じ、また街道の宿駅には担当の役人を置いて、大軍が行軍しても少しも不都合が起こらないようにした。

これは正に王師《おうし》の軍勢のあるべき姿である。近代的兵站《へいたん》業務、後方補給の思想、つまりロジスティックスの思想がそこにある。大谷吉隆を用いたのは、彼が元来、豊後《ぶんご》の大友家の家臣であり、主家が滅んでから姫路にきて石田三成と知り合って秀吉に仕えることになったので、地理にくわしかったからであろう。

石田三成と長束正家は、共に近江の出身で官僚的頭脳にすぐれていた。特に長束の算勘《さんかん》術は世にかくれもなく有名で、他国の人たちも勉強しに集まってきたため、彼の家はいつも市《いち》が立つほどだったと言う。元来、丹羽長秀《にわながひで》に仕えていたが、秀吉がそれを聞いてゆずりうけ、一万石を与えて金銀出納《すいとう》のことを当たらせていたが、能力抜群、よって五万石を与えられ、五奉行の一人に引き上げられた。おそらく島津方は、そんな大軍を動かすことのできる人間が本当にいることを想像できなかったに違いない。

これと同じ思い違いをしていたのが北條家である。北條家は初代早雲《そううん》以来、氏《うじ》綱《つな》、氏康《うじやす》と三代の名君が続き、四代氏政《うじまさ》に至っても関八州の王者であった。秀吉が中央で行なっていることの意味がわからなかったのであろう。

天正十六年（一五八八）四月、秀吉は聚楽第《じゆらくだい》に行幸《ぎようこう》を賜わった。関白秀吉は文武百官を率いてつき従い、遠近の人々が見物に集まり、その華麗さに驚嘆した。この盛んな様子を見て涙を流す人も少なくなかったという。「行幸という言葉を聞いたことがあるが、それは昔のことだと思っていた。いま再びそれを見ることができるとは何たる幸せなことか」と戦乱に飽《あ》いた人々は感激したのである。それは一大ページェントであった。そして民衆は常にページェントが大好きである。天下の心は翕然《きゆうぜん》として秀吉に向かっていたのである。

「今や新しい天子が位につき、天下はこれに服従している。北条家は関八州を勝手に取って朝廷に何も上納していないのは不義である。すみやかに入覲《にゆうきん》せよ」

というのが関白太政大臣・豊臣秀吉から北条家に対して出された要求であった。

しかし北条氏政・氏直父子は上洛を約束するが実行はしない。北条氏政は親族・将領と会議してこう言った。

「秀吉は何と言っても遠方だ。どっちみちすぐ来ることはない。しかも彼が征服したのは西国だけだ。昔から関八州は天下を敵にすることができると言うではないか。天下の嶮《けん》の箱根を八州の強兵で固めれば、秀吉如きに何ができようか。その昔、平家の大軍が源氏を攻めて富士川《ふじかわ》に来た時、水鳥《みずとり》の羽音を聞いておじ気づいて潰滅《かいめつ》してしまったことがある。秀吉もそんなものだろうよ。本当に大挙して攻めてくれば長陣《ながじん》となり食糧に窮《きゆう》するだろうし、小勢でくれば力は大したことはない。いずれにしても与《くみ》しやすい敵ではないか」

この氏政の豪語は秀吉の耳にも伝わる。

秀吉は「俺を平維盛《たいらのこれもり》の程度だと思っているのか。それでは腕前を見せてやろう」と言ったが、進攻には慎重であった。「真田昌幸がわが沼田《ぬまた》城をとっているが、これをかえしてくれたら上京しましょう」などと勝手なことを言う氏政の言うことも聞いて、真田に沼田城をかえさせた。ところが北條家はこれに満足せず、真田の墳墓《ふんぼ》の地である名胡桃《なぐるみ》城も取った。真田昌幸から、「沼田城は関白のおおせの通りに北條にかえしましたが、名胡桃城のことは北條に与えよとは聞いておりません。それで報告します」という使いがやって来た。秀吉は出兵を決意した。

■北條氏の誤算

北條征伐の会議のため、秀吉は徳川家康以下の諸将を集め、地図を開いて分担を決めていた。北條征伐のきっかけとなった真田昌幸は、徳川家康との関係が悪い。しかも小大名であるから、下座にいて地図を見ることができないでいた。すると秀吉が真田を呼んで、「徳川家康殿を東海道の先鋒《せんぽう》とし、東山道の先鋒はお前にしようと思うがどうか」と言った。真田昌幸は歓喜《かんき》し、あとで「殿下のこの一言を得たことは百万石を得たよりも嬉しい」と言ったという。小封《しょうほう》真田家が大大名の徳川と同列視してもらったのだ。武門の面目これにすぐるものはない。真田昌幸が関ケ原の戦の時に徳川の主力を上田城ではばんだり、その子真田幸村《ゆきむら》が大坂の役で奮戦するのも、この一言に由来するのである。

北條側が知らなかったのは、豊臣方のロジスティックスの威力である。秀吉は駿河・越後以西の四十五カ国に対し、天正十八年（一五九〇）三月に京都から発進するという布告を出させた。そして三月一日に参内《さんだい》して節刀《せっとう》を賜わり、仮装行列みたいにつけ鬚《ひげ》をして、鎧兜《よろいかぶと》や武器など美々《びび》しく整った十七万の軍勢を率いて東に向かった。直接戦場に向かったのも加え、動員兵力は二十五万から三十万という、それまでの日本の常識では考えられない規模の大軍であった。

この動員に先立つ三カ月半も前の前年十二月十四日に、秀吉は長束正家に命じて食糧二十万石を運んで駿河に集結させる一方、金一万枚という、当時としては途方もない大金を出して、東海道諸国の米穀《べいこく》を買いこませた。ただその頃は海路が久しく絶えており、船乗りたちは迷信を抱いていた。「遠江《とおとうみ》の御前崎《おまえざき》の沖では、馬は言うに及ばず、馬具や馬の皮で作った物でも船にあると、海が荒れその船は破損します。それで馬という言葉も口にしないことになっています」と言う。

秀吉はそれを聞いて一通の手紙を書いて船頭に渡し、「海が荒れたら、これを海に投げれば竜宮《りゅうぐう》にとどき、大丈夫だ」と言った。果然、御前崎に船が行くと風雨《かぜ》が起こり空は真暗くなり、雷が鳴り、稲妻が光った。その時、船頭が秀吉の手紙を海に投ずると、風雨は静まって船は無事だったという。秀吉の手紙の内容は「北條誅伐《ちゅうばつ》のため小田原に向かう船だから、難《なん》なく通してやってくれ。竜宮殿へ太閤より」という趣旨のものだったという。

この話の真偽はともかく、三十万の大軍が長い包囲戦をやっても、武器も食糧も何も困らなかったのは、長束正家のロジスティックスである。その運送に当たったのは、九州で練習ずみの者に加えて長宗我部元親の水軍もいた。徳川家康も大軍が長駆して長びく戦争に入れば、米穀は必ず騰貴《とうき》するはずだと思って、部下の軍勢には大量の食糧をもたせたが、この長い包囲戦の間中、どこにも食糧不足はなく、値段は動かなかった。それで家康も「長束正家には蕭何《しょうか》（漢の高祖《こうそ》をロジスティックスの面で助けて天下をとらせた）の才がある。太閤はよく人を見る目がある」と感嘆したという。

秀吉は平維盛《たいらのこれもり》ではなかった。北條氏と関東の運命はよく知られる通りである。この戦の結果として徳川家が父祖の地を失い、関東に転封《てんぽう》されることになったが、家康は一言も反対できなかった。それだけの差が両者についてしまっていたのである。

頼山陽は秀吉の北條攻めの中でも、竜王についてのエピソードを十行にまとめた。こういうテーマは、頼山陽の趣味と言うべきであろう。

こら、お前、海の竜王よ。
生意気にも朝廷の軍が東に糧秣《りょうまつ》を運ぶのを邪魔する気か。
こら、お前、北條の夷狄《いてき》めが。

このわしを平家の若い小僧（平 維盛《たいらのこれもり》）と同じに見たな。

わしの手には天子に賜わった夷《えびす》征伐の節刀があるのだぞ。

陸では悪賢《わるがしこ》い賊をやっつけ、海では竜をやっつけた。

おれが関白太政大臣なのに、その顔につけ鬚をしても笑ってくれるな。

なにしろ草履《ぞうり》取りをしていた頃の荒々しく下品な面《つら》だましいが抜けないものだから。

彼のような元来下賤《げせん》な者が天下を握るようになったのも、自分の力ではない。

わが皇祖皇宗が彼をこの世に生まれさせ、日本国を平定して皇威《こうい》の復権をなさしめたのだ。

64

第六十四関　碧蹄驛（へきていえき）

文禄の役と小早川隆景の活躍

⑭碧蹄驛《へきていえき》

平壌《へいじやう》の城《しろ》。碧蹄《へきてい》の駅《えき》。
明軍《みんぐん》勝《かち》に乗《じよう》じて席《むしろ》を捲《ま》くが如《ごと》し。
一隊《いつたい》の圧尾《あつび》万刀《ばんたう》横《よこた》はる。
人《ひと》を斫《き》ること草《くさ》の如《ごと》く刀《たう》に声《こゑ》あり。
鞍《あん》に拠《よ》りて海外《かいぐわい》頤使《いし》に供《きよう》す。
老臂《らうひ》一《ひと》たび攘《はら》ふも聊《いささ》か復爾《またしか》り。
噫《ああ》此《こ》の翁《をう》をして鼓旗《こき》を執《と》らしめず。
両度《りやうど》都《すべ》て乳臭児《にゆうしうじ》に付《ふ》す。

平壤城。碧蹄驛。
明軍乘レ勝如レ捲レ席。
一隊壓尾萬刀横。
斫レ人如レ草刀有レ聲。
據レ鞍海外供二頤使一。
老臂一攘聊復爾。
噫不レ使三此翁執二鼓旗一。
兩度都付二乳臭兒一。

平壌城は破られた。踏みとどまるは碧蹄《へきてい》駅ぞ。勝ちに乗じた明軍は席捲《せっけん》の勢《せい》で押し寄せる。手ぐすね引いて殿軍《しんがり》の我が一隊の万刀閃《ひら》めく。人を斬ること草なぐように骨断つ刀の音響《ひび》く。馬上豊かに異国《とつくに》にありて戦の采配《さいはい》自在。老名将の臂《ひじ》衰えず一たび払えばまずこのとおり。ああこの翁に鼓旗の総権与えもせず。文禄・慶長両役ともに総大将は青二才《あおにさい》ども。

■削られた一関

頼山陽の『日本楽府《がふ》』の原稿では、第六十三関《けつ》に豊臣秀吉の小田原征伐を扱った「罵龍王《りようわうをののしる》」があるが、その次に、伊達政宗《だてまさむね》をテーマにした「隻眼鷹《せきがんのたか》」という一詩を書いていることが知られる（福山天蔭『頼山陽の日本史詩』寶雲舎、昭和二十年・一二二〜一二三ページ）。たしかに豊臣秀吉と伊達政宗の出会いは小田原陣中でのことであったから、小田原征伐を扱った関の次に政宗を扱った関がきてもおかしくない。ただ『日本楽府』は日本六十六州に呼応して六十六関にすることにあらかじめ決めていたので、あとからきっとふさわしい武将を思いついて政宗を削ったと思われる。

秀吉の頃の武将で取り上げられるのは、小早川隆景《こばやかわたかかげ》と加藤清正《かとうきよまさ》の二人である。頼山陽は明らかに政宗・隆景・清正の三人について作詩してみて、結局、朝鮮の役で卓越した武功をあげた隆景と清正の二人にしたのである。

江戸時代の儒者には、今日の日本人のように秀吉の朝鮮出兵を非難する意見が強かった。徳川幕府は正に秀吉の反対をやったのだから、徳川時代に秀吉を批判することは結構なことであった。中井竹山《なかいちくざん》は「……瘡痍《そうい》の民（当時の日本人が長い戦国のため傷ついていたことを指す）を海外に駆《か》る。毒を天下に流し、禍を殆域《たいいき》（隣国？）に加う……」と言い、貝原益軒《かいばらえきけん》は「曩昔《のうせき》（かって）、豊臣氏の朝鮮を伐《う》つや、貪兵《どんぺい》と驕《きょう》と忿《ふん》とを兼《か》ぬると言うべく……是れ天道の悪《にく》む所、其の終《つい》に亡《ほろ》ぶるは、固《もと》より其所《そのところ》なり」と言い、林道春《はやしどうしゅん》（羅山《らざん》）も「秀吉も亦《また》この役《えき》あり、ほとんど、七、八年、果して何の益ぞ。三国の民命の屠滅《とめつ》のみ……」と言っている。徳川幕府の、特に鎖国《さこく》の根拠は泰平《たいへい》維持ということであったから、海外出兵などは無用の悪業にきまっているという見方が支配的だったとしても不思議はない。

しかし頼山陽は少しニュアンスが違う。意識が時代より進んでいて、彼自身が生きていた十九世紀の世界の状況に対応したものになっている。天才の直感というべきか。そして朝鮮の役で武勲《ぶくん》抜群であった小早川隆景と加藤清正を選んで、結局は伊達政宗を落とした。伊達政宗が支倉六右衛門《はせくらろくえもん》（常長《つねなが》）をヨーロッパに派遣したことを知っていたら、頼山陽はそれをテーマにしただろうが、そのことは当時知られていなかったに違いない。まず簡単に、伊達政宗の詩を見ることにする。

隻眼鷹

隻眼《せきがん》の雀《すずめ》化《くわ》して鷹《たか》と為《な》る。
儕類《せいるゐ》を横撃《わうげき》して太《はなは》だ憑陵《ひようりよう》。
誰《たれ》か羽翮《うかく》を鎩《さい》て逞《たくま》しうするを得《え》ざらしむる。
猶自《なほみづか》ら側睨《そくげい》し飛騰《ひとう》を思《おも》ふ。
風颷《ふうへう》已《すで》に息《や》みて血迹《けつせき》に迷《まよ》ふ。
四十余郡《しじふよぐん》春草《しゆんさう》碧《みどり》なり。

隻眼之雀化為レ鷹。
横撃二儕類一太憑陵。
誰鎩二羽翮一不レ得レ逞。
猶自側睨思二飛騰一。
風颷已息迷二血迹一。
四十餘郡春草碧。

■伊達政宗の暗躍

伊達政宗が、幼年の頃に疱瘡《ほうそう》を病《や》み右眼を失明したことはよく知られている。独《どく》眼竜《がんりゅう》の綽名《あだな》のある所以《ゆえん》である。彼は子供の頃は羞《はずか》しがりやであったため、強い武将になれるのかと疑われたが、ひとり片倉景綱《かたくらかげつな》がその非凡《ひぼん》さを見ぬいていたという。政宗は子供の時は、伊達家の紋である「竹に雀《すずめ》」の雀のような、おどおどした子供であった。

ちなみに「竹に雀」の紋は、公家《くげ》（勧修寺家《かじゅうじけ》一門）では雀が三羽であり、武家（上杉氏、鳥居《とりい》氏）では雀が二羽で、一羽は口を開き一羽は口を閉じている。元来は名門上杉家のものであったが、上杉定実《うえすぎさだざね》が伊達稙宗《たねむね》（政宗の曾祖父《そうそふ》）の第二子実元《さねもと》を養子にしようとした時、婿引出物《むこひきでもの》として「竹ニ雀紋」と宇佐美長光《うさみながみつ》の太刀《たち》を与えたという。この縁談は取りやめになったが、家紋の方は伊達家に伝わったのである（沼田頼輔『日本紋章学』大正十五年初版、新人物往来社から昭和四十七年再刊・一六二ページ）。

この家紋の雀と、幼児期に羞しがりやだった政宗をかけ、これが鷹《たか》の如き勇猛な武将になったことをたった一行で示す頼山陽の才気には、毎度のことながら敬服する。

政宗は佐竹《さたけ》、蘆名《あしな》らと戦い、畠山氏を滅ぼし、蘆名氏を滅ぼし、岩瀬《いわせ》二階堂《にかいどう》氏を滅ぼすなど、奥羽《おうう》の諸大名を、鷹が急襲するように攻めて滅ぼし、自《みずか》ら恃《たの》むところがあって甚《はなは》だしく勇猛（憑陵《ひょうりょう》）であった。今で言えば福島県（浜通りを除く）と宮城県と岩手県南部に及ぶ広大な地域を支配するに至ったのである。

一体、誰がこの鷹の羽根（羽翮《うかく》）を削《そ》いで、勝手な真似をさせないようにすることができようか（それを簡単にやったのは豊臣秀吉であった）。

しかし一度は秀吉に屈した政宗の野心は死んだわけではなく、隙《すき》あらばと横目を使い（側睨《そくげい》し）飛び上がる機会（飛騰《ひとう》）を求めていた。そこに大崎《おおさき》・葛西《かさい》の一揆が起きた。いな、むしろ政宗が後《うしろ》で糸をひいたというべきであろう。小田原の役の後、秀吉は奥州《おうしゅう》全体に「刀狩り」と「検地」を命じた。それまで奥州では三百六十歩《ぶ》を一段《たん》としていたのを、三百歩で一段に統一されたのだから、二割近い増税になる。不満の下地はあった。

しかも葛西、大崎両氏の旧領は岩手県の四郡（当時）と宮城県の九郡（当時）に及ぶ三十万石の大領なのに、それを与えられたのは木村吉清《きむらよしきよ》という小身者だったのである。木村は元来、明智光秀の家来であった。堀尾吉晴《ほりおよしはる》を通じて秀吉に仕えるようになって、秀吉の母の大政所《おおまんどころ》に気に入られた。そのため小田原攻めの時は、たった三百騎を連れて参加した程度の武将だったのに、突然奥州三十万石の大大名にされたのだ。よい家来がたくさんいるわけはない。一揆は起こるべくして起こる状況にあり、それをかげで操《あやつ》ったのは政宗らしい。

この時、政宗の旧領（もとは蘆名氏の旧領）である会津四郡、仙道《せんとう》五郡よりなる四十二万石を与えられていた蒲生氏郷《がもううじさと》が木村を救援することになった。政宗としては一揆をうまく利用すれば木村や蒲生も失敗して、結局、奥州のことは自分に任されるようになると期待していたのである。しかし蒲生氏郷という当代きっての戦《いくさ》上手の武将が頑張ったため、政宗の野心は成功しなかった（このあたりのことは幸《こう》田《だ》露伴《ろはん》の名著『蒲生氏郷』に活写されているし、佐竹申伍《さたけしんご》『蒲生氏郷』「ＰＨＰ研究所」に詳しい）。

この事件の時に政宗はまだ二十四歳という若さである。その後、政宗は目ざましい働きはない。朝鮮に出陣し晋州城《しんしゅうじょう》の攻略に参加したが、その年の秋には帰国している。関ケ原の合戦では徳川に味方し、上杉景勝と奥州で戦うことになった。関ケ原の決着がついた後に福島城を攻めたが成功していない。政宗は三十四歳。武功は大したことはないが、勝った側についているから領土は増える。大坂の陣にも出たが、夏の陣では真田幸村《さなだゆきむら》の軍勢に手ひどくやられている。政宗は四十九歳である。

戦いでは勝った側についているのだから家は安泰である。そして伊達六十二万石を確定したあと、寛永《かんえい》十三年（一六三六）に七十歳で死んだ。五十歳以後は無事平穏と言ってよいであろう。つむじ風（飈風《ひょうふう》）のような戦国の世もすでに終わって、あれほど血を流した戦場も、その跡をたずねるのも難しいほどの泰平が続いている。

そして、手に入れた奥羽四十余郡には、春の草が青々と萌《も》え出《いで》ている。「夏草やつわもの共《ども》が　夢の跡」という芭蕉の句が頼山陽の頭にあったのであろう。夏草ではなく春草とした点は、平和の感じをよりはっきり出している。事実その後二百数十年、伊達藩は安泰に（お家騒動はあったが）続く。

■日本軍の京城攻略

次いで小早川隆景の勇戦のテーマになる。

豊臣秀吉の朝鮮の役については、徳富蘇峰《とくとみそほう》の『近世日本国民史』の七、八、九の三巻が普通の人の手に入る本では最も権威があり充実したものであろう。二二二一ページの大部分が史料からの抜粋である。日明韓《みん》の史料を彼ほど自由に使いこなす立場にあった人は稀《まれ》であるから、これに何かつけ加えることのできる人は、専門家でも僅少《きんしょう》であろう。またコリアの歴史家でも、この戦役について物を書こうという時、最も役に立つのは蘇峰のこの三巻だという。

図64-1　文禄の役における日本軍の進路

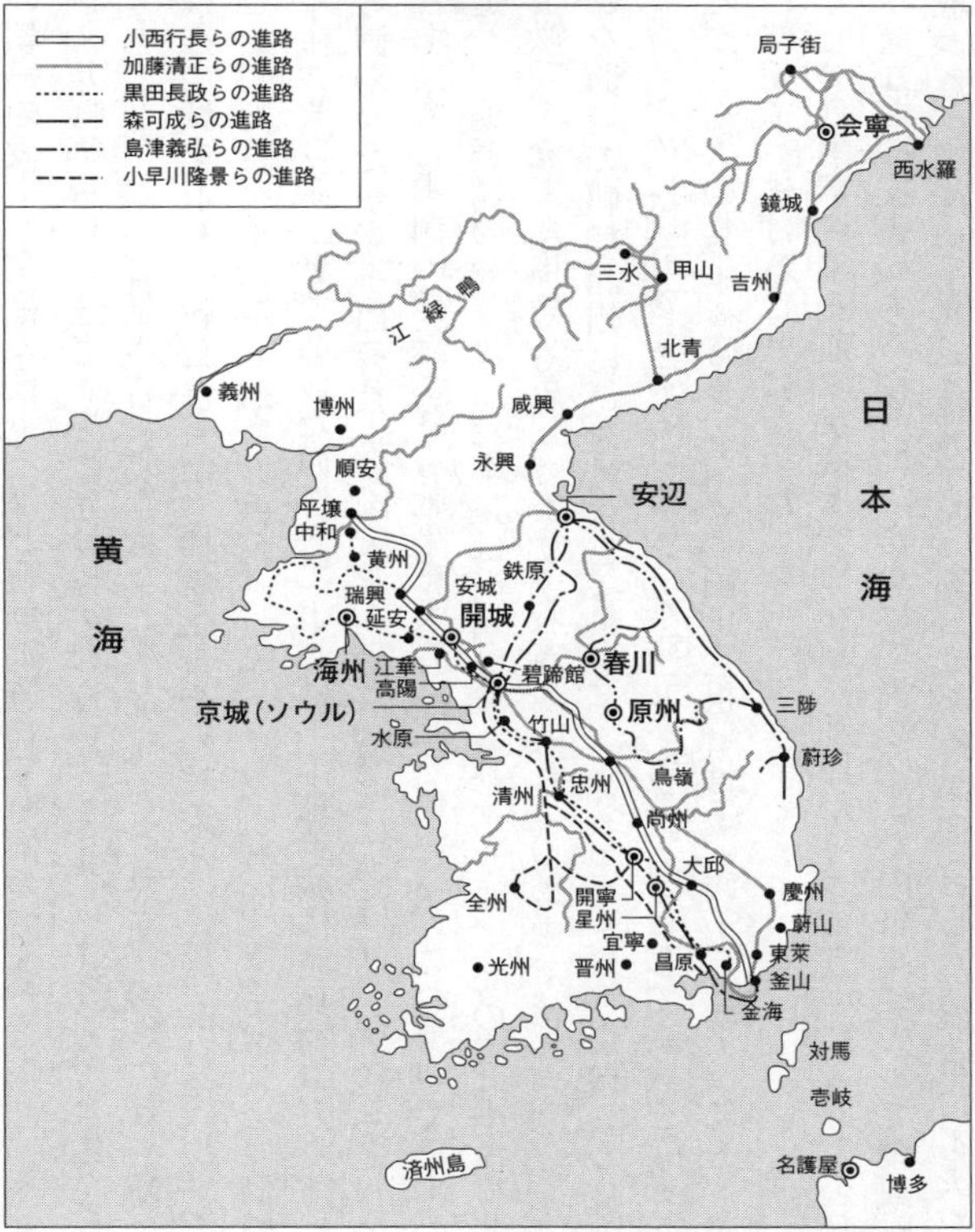

参考：『国史大辞典』第12巻・430ページ

この朝鮮の役――文禄《ぶんろく》の役――ほど戦争に慣れて準備のできた軍隊と、泰平に狃《な》れた国の軍隊の違いをまざまざと示すものはない。天正《てんしょう》二十年（暮《くれ》に改元あって文禄元年＝一五九二）四月十二日に釜山《ふざん》に上陸した小西行長《こにしゆきなが》と宗義智《そうよしとし》の第一軍は、翌朝には釜山城を取り、斬首《ざんしゅ》八千余、捕虜二百余の戦果という。二日後には東萊城《とうらいじょう》を落とし、斬首三千余級、捕虜五百余。ジェズイット教団（イエズス会）側の記録では――つまり第三者であった西洋人によれば――東萊城は城兵約二万で防禦《ぼうぎょ》はすこぶる固かったが、小西行長自ら剣を手にして城壁にのぼり、城兵五千人を殺す――とあって日本側の記録よりも戦果を大きく記している。この勢いで日本の諸軍は驀進《ばくしん》し、朝鮮側の頼りにした李鎰《りいつ》は尚州《サンジュ》で惨敗し、かつ、北の咸鏡道《かんきょうどう》で北胡《ほくこ》と戦って勲功《くんこう》を立てた申砬《しんりゅう》も忠州《チュンジュ》でなすすべなく敗れて川の中で死んだ。

これを聞いて朝鮮諸州にいる将軍も官吏も、一人として首都京城《けいじょう》（今日のソウル）を護《まも》るために馳《は》せ参ずる者はない。李陽元《りようげん》が留都《りゅうと》大将として京城を守ることになったが、一人の兵士も応募しない。国王宣祖《せんそ》と世子《せいし》（嫡子）は平壌に逃げ、他の王子は咸鏡道へ逃げることになった。

かくして日本軍が来る前に京城は空《から》になり、乱民が争って宮中に入り、公私の奴《ぬ》婢《ひ》の戸籍などの文書のある役所に火をつけて焼き、また内帑庫《ないどこ》に入って金銭財物を掠《かす》め取った。王の住居の景福宮《けいふくきゅう》も、別宮である昌徳宮《しょうとくきゅう》も昌慶宮《しょうけいきゅう》にも火をつけた。このため弘文館《こうぶんかん》の書籍、春秋館《しゅんじゅうかん》の各朝実録《じつろく》、承文院《しょうぶんいん》日記など、みな灰燼《かいじん》になってしまった。民衆たちが自分たちを奴婢の身分に縛りつけているのは文書だと考えて、文字の書いてあるものは書籍でも文書でもみな焼いてしまえば自由になれると思いこんでいたのである。京城を脱出する国王に従う者は百人そこそこであった。夜陰に乗じての脱出であったが、夜がほのぼのと明ける頃、王が都の方を振り返ってみると火焔《かえん》が天に冲《ちゅう》していた。民衆が王宮を焼いていたのである。

第一軍の小西・宗の軍勢は五月二日の夕方八時頃に東大門より入城、第二軍の加藤清正は三日の朝八時頃に南大門より入城し、総大将の宇喜多秀家《うきたひでいえ》は六日、第三軍の黒田勢は七日に入城した。首都攻防戦はなかった。釜山上陸以来わずかに二十日、この間に第一軍は二十、第二軍は八、第三軍は十二、合計四十の城塞《じょうさい》を攻め落とした。日本軍の勇武というより朝鮮兵が戦い方を忘れていたと言った方がよいであろう。

京城を落とすまでは、小西軍が一番勇敢だったと言えよう。しかし京城に入ってからどうするかは誰も考えていなかった。京城まで攻めてきた勢いで朝鮮王を追撃すれば、簡単に捕虜にできたことは朝鮮側の史料からも明らかである。王を守る軍隊はいなかったのだ。命からがら国王宣祖は五月八日に平壌に入った。そして京《けい》畿《き》、黄海《おうかい》の兵を集め、険要《けんよう》の地と頼んだ臨津江《りんっこう》を守らせたが、五月十七日には日本軍に惨敗し、劉克良《りゅうかつりょう》や申砬《しんかつ》などの指揮官も戦死した。しかし日本軍は京城以北の地理は調べておらず、手探りで進む感じであった。

六月十六日、日本軍は戦わずして平壌を占領した。宣祖は六日前の六月十一日に平壌を捨てていたのである。廷臣らが逃げて行くのを城中の民衆は斧《おの》や杖で乱撃したという。そしてついに朝鮮王は国境の町の義州《ぎしゅう》に入った。途中従う者は五十人足らず、食事も欠くことが多い惨憺《さんたん》たる逃亡の旅であった。日本軍の騎馬の一隊でも追いかけたら何の苦もなく捕らえることができたのであるが、小西たちは和議の相談に熱心であり、追撃ということはおざなりだった。

■戦況を一変させた明軍の応援

一方、朝鮮側はなぜもっと早く明《みん》の応援を頼まなかったのか。宣祖ははじめから明軍の援助を頼む考えに傾いていたが、「シナの兵隊を入れたら掠奪《りゃくだつ》されるぞ」という意見が強く、王が国境の町まで逃げてくるまで、明に援軍を頼むという意見が通らなかった、という事実は注目すべきである。朝鮮は何度もシナの侵掠《しんりゃく》を受けており、特に元《げん》の時には根こそぎ奪われたという記憶が三百年経っても生々しく残っていたのであった。

六月中旬に平壌に入った小西軍は、講和待ちの姿勢である。日本は水軍が李舜《りしゅん》臣《しん》のために思わぬ敗北を喫《きつ》したため、それ以北には兵站《へいたん》的に進めなかった。しかしさすが国境の近くまで日本軍が来たというので、明の遼東《りょうとう》副総兵の祖承訓《そじょうくん》が五千の兵を連れて応援に来た。彼は北の女真族《じょしんぞく》と戦って勲功のある勇将である。日本軍など一つぶしと七月十五日の夜に攻めて来た。そして平壌に入ったのである。小西軍がいかに朝鮮軍をなめ切って、何の見張りもしていなかったかがわかる。

油断していた日本軍は驚き、市街戦となった。しかし遼東の騎馬隊も平壌市内では日本軍の鉄砲――鳥にも命中するというので鳥銃と呼ばれた――にはかなわず、遊撃将軍の史儒《しじゅ》、参将の戴朝弁《たいちょうべん》など大将株、指揮官の馬世隆《ばせいりゅう》なども撃ち殺され、祖承訓も負傷し、逃げおくれた者もことごとく日本軍に皆殺しにされた。

この敗戦は明の朝廷を震《ふる》え上がらせた。そして議論の末、李如松《りじょしょう》に十万の軍――実数は約五万一千――を与え、防海禦倭総兵官《ぼうかいぎょわそうへいかん》に任じて日本軍を攻撃させることにした。李如松の先祖はコリア人である。父は明に仕え、しばしば女真族、韃靼《だったん》族と戦って功あり寧遠伯《ねいえんはく》に封ぜられた。父は遼東を守ること二十二年、大勝利をうること十回で、二百年来《らい》ないほどの国境防禦の手柄を立てた男で、その長男の李如松も父に従って戦功あり、武官として最初に提督《ていとく》（水・陸全軍の指揮統率をする）となった男である。

李如松の大軍が鴨緑江《おうりょくこう》を渡ったのは、十二月二十五日である。一方、平壌の日本軍は、七月中旬に祖承訓の明軍に大勝してからはこれという戦はなく、だれていた。そこに北朝鮮の予想せぬ厳しい寒気《かんき》が襲ってきた上に疫病がはやった。小西は元来、主戦論者でなかったので、沈惟敬《ちんいけい》が和平交渉に来たのを渡りに船と喜び、その講和談判に取りかかった。そして沈惟敬が再び北京《ペキン》から帰って来るのを首を長くして何カ月も待ち続けていた。

そこに文禄《ぶんろく》二年（一五九三）正月五日、李如松の明軍と朝鮮軍の連合軍が平壌に攻めて来た。これより先、名護屋《なごや》にいた秀吉は、小西軍の突出した位置に不安を感じ、十一月十日付で明軍に警戒せよと手紙を出している。しかし小西は沈惟敬の平和交渉を信じていた。明側は講和使が来ると称して日本軍から出迎えの者を出させ、酒を飲ませて殺しているのに、小西は明の計略に最後まで気付かない。危《あや》ういかな。

平壌の日本軍は一万五千、そこに少なくみても正味で四万三千の明軍プラス朝鮮軍が急襲して来たのだ。明軍は日本軍が朝鮮軍を軽《かろ》んずるのを知って、朝鮮軍の服装をして近づき、攻撃する時にそれを脱いだので日本軍は驚いたという。日本軍はしかしよく戦い、李如松も攻めあぐんだ。しかし飯米倉《はんまいぐら》も焼かれたので、八日の夜に日本軍は逃げ出した。負傷者や病者は捨て置かれるという悲惨な遁走《とんそう》であった。しかし明軍も日本軍の反撃を警戒して急追撃はしなかった。朝鮮側の記録では、李如松の軍の斬った首の大部分のものは朝鮮の民衆のものであり、焚《や》き殺したり川に追い込んで殺したのも数万いるが、すべて朝鮮の民だと言っている。明に援軍を頼むのを最後まで躊躇《ちゆうちよ》した理由もわかるではないか。

しかしひとたび平壌の敗北が伝わると、日本軍に恐慌《きようこう》状態が生じた。みんな和睦が近いと信じ、凱旋《がいせん》する日を待っていたからである。そして京城以北にいた日本軍は開城《かいじよう》にもどこにも踏みとどまらず、京城にまでひたすら逃げて来た。明軍の急追撃がなかったので、全軍、無事に撤退した。ただ問題は京城でどうするかである。日本軍がどんどん退却するので明軍も気焔《きえん》があがって、すでに京城を呑《の》む勢いであった。

■戦の巧拙が勝負を決める

日本は戦国の武士集団である。戦争の仕方は心得ている。誰が一番戦争が巧《うま》いか、その巧拙が勝敗の鍵であることも知っていた。かくて小早川隆景が京城防禦の最前線に立つことになり、さらにその先手を立花宗茂《たちばなむねしげ》が承《うけたまわ》ることになる。京城を守るに京城に拠《よ》らず、それより北の碧蹄館《へきていかん》で待ち受けることになった。ここは坡州《はしゆう》と京城の中間にあって、古来シナと朝鮮の使節往来の宿館《しゆくかん》があったところである。地形を考えて戦場をあらかじめ選択したのは日本軍であった。そして日本軍の決定的な大勝利となり、李如松自身も命からがら戦場をのがれた。これで一度萎《な》えかかった日本軍はすっかり元気を取りもどしたし、明軍も二度と挑戦する気をなくしたのである。

平壌の城の敗北とそれにつづく日本軍の遁走《とんそう》。それを碧蹄館でくいとめようというのだ。

明軍は勝に乗じて蓆《むしろ》を巻くような勢いでやってくる。ここに立花・小早川の一隊が殿軍《しんがり》（圧尾《あっび》）として万刀《ばんとう》を横たえて待ち受ける。そして明兵を斬ること草をなぎ倒すようなもので、バッサバッサと斬る（『明史』によっても李如松の軍の主力は北国の騎兵で、火器もなく短剣であるので、日本兵が刀を左右に振り廻《まわ》すと人も馬もみんな斬られて、刃向《はむ》かうものがなかったと書いてあるぐらいだから、頼山陽の詩的誇張とばかり言えない）。

馬にまたがった小早川隆景は外国に来ても頤《あご》で兵を使ってみせる。年をとったと言っても（この時小早川隆景は六十歳前後）、彼がその臂《ひじ》を一たび払《はら》えば、ざっとこんなものだ。

ところがこの老練《ろうれん》の武将に総大将の地位（鼓《つづみ》と旗で象徴する）を与えなかったとは、何たることだったろう。

文禄の役には宇喜多秀家《うきたひでいえ》（二十歳）、慶長《けいちょう》の役には小早川秀秋《ひであき》（十九歳）と、いずれもまだ乳臭《ちちくさ》いガキが総大将になっている。

頼山陽が小早川隆景に特別の好意をもっていたらしいことは、「本能寺」の関の後に「識英雄《えいゆうをしる》」という関を草稿に残していることからも知られる。その理由は頼家《らいけ》の先祖が小早川隆景に仕えて朝鮮の役にも従軍したと伝えられているからである。隆景が家督を秀秋に譲って、備後国豊田郡三原《みはら》（広島県三原市）に引退した時、山陽の先祖もこれに従って三原城の西北にある頼金村《よりかね》（あるいは頼兼村）のあたりに住んだ。隆景が慶長二年（一五九七）六月十二日、六十五歳で歿するとその家臣は離散した。その時、山陽の先祖は安芸国賀茂郡竹原《たけはら》（広島県竹原市）あたりに住み、漕運《そううん》業を始めたらしいが、その時の屋号《やごう》がもといた土地の名から「頼金屋《よりかねや》」であった。後にこの屋号は「金屋《かねや》」あるいは「兼屋《かねや》」と呼ばれるようになり、この頃から姓を「頼《らい》」と名のるようになったとされる。頼家と小早川家はこのようなつながりがあったのである（安藤英男『史伝頼山陽』大陸書房、昭和四十八年・九～一四ページ参照）。

65

第六十五関　夜叉來（やしやきたる）

加藤清正をめぐる様々な逸話

㊅ 夜叉來《やしやきたる》

夜叉来《やしやきた》る。児《じ》よ啼《な》く勿《なか》れ。
王子王孫《わうじわうそん》は菹虀《しよでい》に供《きよう》せらると。
夜叉去《やしやさ》る。心仏《こころほとけ》の如《ごと》し。
霽顔《せいがん》返《へん》致《ち》す琿《こん》と瑋《しん》とを。
何《なん》ぞ知《し》らむ夜叉《やしや》に冤有《ゑんあ》りて涙雨《なみだあめ》の如《ごと》し。
君前《くんぜん》に地《ち》に画《ゑが》けば地《ち》も震怒《しんど》す。
汝《なんぢ》は夜叉《やしや》に非《あら》ず吾《わ》が貙虎《ちゆこ》。
虎《こ》や虎《こ》や真《しん》に吾《われ》に類《るゐ》すと。

夜叉來。兒勿レ啼。
王子王孫供二菹虀一。
夜叉去。心如レ佛。
霽顔返致琿與瑋。
何知夜叉有レ冤涙如レ雨。
君前畫レ地地震怒。
汝非二夜叉一吾貙虎。
虎兮虎兮眞類レ吾。

鶏林《けいりん》に敢《あへ》て双雛《さうすう》を失《うしな》ふを恨《うら》まむや。　鶏林敢恨㆑失㆓雙雛㆒。
蜻洲《せいしう》は此《こ》の短狐《たんこ》を啗《か》まず。　蜻洲不㆑啗㆓此短狐㆒。

夜叉が来る。吾子《あこ》よお泣きでない。王族がたはもうとうに塩辛みたいにずたずたじゃげな……。夜叉引き揚げる。意外や心は仏さま。にっこり返した琿《こん》王子・珒《しん》王子。なんとしたことこの夜叉が無実の罪を蒙《こうむ》って涙の雨を降らすとは。太閤《たいこう》殿下のおん前に征路の地図を描くとき大地も震えて冤《むじつ》を怒《いか》る。「そなたは夜叉ならず予が子飼いの猛虎。於虎よ於虎、まことそなたは我が家《いえ》の子ぞ」鶏林《ちょうせん》で放した二羽の雛《ひな》鳥がなに惜しかろう。〔たとえ世に「むざむざと和に利ある質《ち》を失う」のそしりあるとも〕蜻洲《にっぽん》に男児たる身はちび狐をもまた食《じき》とせず。〔よしうろうろと小人三成《みつなり》主君のそばを跳ねまわろうと〕

■英雄・清正像の真偽

私の郷里の鶴岡《つるおか》には、「セイショコ様」のお祭りというのがあった。子供の頃は何のことやらわからなかったが、後になって漢字を読めるようになってから、「清正公様」ということがわかった。つまり加藤清正《きよまさ》のお祭りのことであった。肥後《ひご》の領主加藤清正が出羽国《でわのくに》（山形県）と関係ができたのは、清正の子忠広《ただひろ》が、領内の政治の不行届《ふゆきとどき》の故《ゆえ》をもって、寛永《かんえい》九年（一六三二）に肥後一国を没収されて出羽庄内の酒井忠勝《さかいただかつ》に預けられたからである。

　鶴岡市の本住寺に葬られたが、ここは私が小学校に通う時、ちょっと廻り道をすれば通れるところにあった。しかし鶴岡やその近隣の人たちは、加藤忠広のことはあまり意識せず、「セイショコ様」のお祭りに出かけていたのである。その「セイショコ様」が賤《しず》ケ岳《たけ》の七本槍や、朝鮮の虎《とら》退治や地震《じしん》加藤の加藤清正のことであると知っていた人は、そのお祭りに出かけた善男善女の中でも極《ご》く稀《まれ》であったろう。だいたいお祭りは鎮守《ちんじゅ》様でも、祭神がどなたであるか気にしない習慣だった。

　おそらく加藤清正についての一般の知識も、講談本的である。武将らしい武将で、この人の生きているうちは豊臣家は安泰だというので、徳川方に毒を盛られて死んだ、などという説さえある。もっともこういう典型的武人という清正像に対するぶちこわし的な意見も最近は出されている。

　たとえば豊田有恒氏は「私の嫌いな日本人」の中に加藤清正をあげ、「ごますりで、要領がよくて、世渡り上手で、自己ＰＲの天才」だったという（月刊『正論』

一九九二年十二月号一五八～一五九ページ）。豊田氏の見方を紹介してみよう。清正の母方の実家、姉の嫁《とつ》ぎ先はともに鍛冶屋《かじや》である。長浜城勤務の頃は、鉄砲鍛冶《かじ》の本場の国友村《くにともむら》がすぐ近くであり、清正と鉄砲の関係は特別であった。清正に鉄砲以外になんらかの武芸の心得《こころえ》があったという証拠は見当たらず、朝鮮での虎退治も、射殺してから槍持ちから槍を受け取り、あたかも槍で殺したかのように振る舞ったのだという。ほかの戦場でも鉄砲で殺した相手を槍で殺した風にパフォーマンスした。若い頃の清正が討ち取った敵は近藤半助《こんどうはんすけ》（山崎の戦い）、近江新七《おうみしんしち》（伊勢亀山攻め）、仁波隼人《にわはやと》（賤ケ岳の戦い）など、すべて鉄砲組頭《くみがしら》ばかりだという。

豊田氏によれば、文禄《ぶんろく》の役でも清正はろくな戦闘はしていないことになる。清正の軍は竹嶺《チュンリョン》を越えて進むはずであったが、突如、進路を変えて小西軍の後から鳥《チョ》嶺《リョン》に行った。その理由は峠《とうげ》越えで敵と戦いたくなかったからである。小西軍の後からついて行けば敵と戦わないですむ。鳥嶺を越えた忠州《チュンジュ》で小西軍が敵と戦っていた時、清正の軍は山の上で見物したとジェズイットの宣教師の記録（クラセ『日本西教史』）にある。

そして忠州から小西軍と加藤軍は別路を通って京城《ソウル》に進むが、加藤は最短コースを通ったが小西軍より半日遅れて京城に入った。しかし部下を日本に送り返し、清正一番乗りの報告を秀吉に伝えさせた。そう豊田氏に指摘されてみると、確かに清正が秀吉に送った注進状《ちゅうしんじょう》には、五月二日戌刻《いぬのこく》（午後八時前後）と記してある。しかし実際に五月二日戌刻に入城したのは小西・宗《そう》の第一軍であり、清正の軍が入城したのは五月三日の辰刻《たつのこく》（午前八時頃）であるから、ちょうど十二時間、遅れたことになる。

しかし清正の手紙をよく読んでみると、その時刻に入城したとは書いていていない。内容は「京城から一里ほど離れたところに加羅川《から》（漢江《かんこう》）という渡し場があり、すぐに押し渡って進軍したところが、国王は二、三日前に逃げたそうです……」と言っている。すなわち漢江を渡って進軍中に、京城に国王はいないという情報を得て、早速、手紙を秀吉に書いた。その時刻が五月二日戌刻なのである。

その時刻に小西軍は入城し、国王がいないことを発見して、まだ郊外にいる清正に知らせたのではないだろうか。嘘《うそ》は書いていないが、京城を取った最初の報告書として秀吉に届いたことであろう。

■逸話の多い武将

日本軍は京城以北へ進む予定は当初なかった（第六十四関「碧蹄駅《へきていえき》」参照）。小西・宗らは講和調略論者であり、すでに講和へ向かって話を進めはじめている。しかしいつまでも京城にとどまっているわけにもゆかず、北に進み開城《ケソン》を取った。ここで諸将の話し合いにより、小西行長らの第一軍は平安道、つまり北京《ペキン》街道を平壌《ピョンヤン》に向かって進み、清正の軍勢は咸鏡道《かんきょうどう》という、いわば裏朝鮮ともいうべき地方の奥地に向かうことになった。文禄元年（一五九二）六月一日のことである。

これも豊田氏の解釈によれば次のようになる。清正は東海岸を北上するのだが、朝鮮王室は平壌方面にいて、東海岸には敵がいないのだ。端川《タンチョン》というところで銀山を手に入れ、掘った銀を秀吉に献上し、朝鮮の二王子を捕虜にする。文禄の役の間、信じ難いことだが、清正は一度も敵の正規軍と戦闘を行なっていない。僅《わず》かなゲリラと戦っただけなのだ。慶州《キョンジュ》では非戦闘員を虐殺して戦功をあげたように報告している。清正は中国国境を越える。大明《だいみん》帝国はそのため軍事介入してくるが、清正のいる東海岸には攻めてこないで小西軍の方を攻撃する。帰国すると清正ひとりが勝った勝ったと言いたて、そう秀吉に信じさせてしまう。慶長《けいちょう》の役《えき》では、日本軍はやる気を失ってしまう。いくら真面目《まじめ》に戦っても、手柄は清正のものになってしまう……。

こう豊田氏のように見ると、清正にはいいところなしである。講談的な世界での英雄・加藤清正とは全く違う。このような偶像破壊的《アイコノクラスチック》な意見の出てくることは、実像に近い姿を出す点で歓迎すべきであるが、頼山陽は講談的な世界での英雄清正像に従って記述している。

『日本外史《がいし》』のみならず『日本政記《せいき》』のような簡潔な編年史《へんねん》においても、清正のことについて述べていることは比較的詳細であり、また好意的でもある。幕末時代の民衆に限らず、武家の間においても清正の評価が高かったということになるであろう。朝鮮には主として九州の諸藩の軍勢が出兵し、戦役後も武者語り《むしゃがた》りをし続けたであろうから、人気のある武将には、やはりそれだけのことがあったと考えてもよいのではないか。特に武者語りの一大集成とも言うべき『名将言行録《げんこうろく》』の中には、人物往来社版（昭和四十二年）で実に二三ページにわたって清正に関する諸種の逸話が集められている。

同書では、小西行長がたった八ページである。逸話の多い武田信玄が三四ページで、清正とほぼ同じぐらいである。武士の間における清正の人気がわかるではないか。

■鬼の進撃

その目で清正の朝鮮での活躍を見てみよう。文禄の役の時の第一軍は、小西、宗、松浦、有馬、大村、五島らであり、第二軍が加藤清正、鍋島、相良《さがら》であり、第三軍が黒田、大友という風に、出発順序によって決まっていた。だから清正の釜山《ふざん》上陸が小西より三日遅れたというので、清正が切歯《せっし》して口惜《くや》しがり、「あんな青二才と同じ進路を取れるものか」と言って慶州《キョンジュ》に向かった、というのは講談話である。この辺は頼山陽の『日本外史』も講談的要素が出ているところである。

しかし小西が正規軍と戦い、清正が敵軍のいないところを進んだという豊田説は、誤解を招きやすい。小西の進軍路の朝鮮軍も話にならないほど弱かったのである。朝鮮側の史料によっても、尚州《サンジュ》で李鎰《りいつ》の軍を破《やぶ》ったのは小西軍だが、申砬《しんりゅう》の軍を忠州で破ったのは清正の軍、少なくとも両軍ということになっている。いずれの路を取っても、進軍は破竹《はちく》の勢いである。慶州で清正の軍が特に乱暴だったことはない。この新羅《しらぎ》の旧都の古蹟《こせき》宝物などは損害を受けず、人民も逃散《ちょうさん》しなかったことは、清正の軍の規律がよかったことを示すものであろう。

京城への入城も、第一軍の小西勢のとった驪州路《りしゅうろ》から東大門に出る方が近路であるから、早くつくのが当然なのである。しかし両軍とも、抵抗らしいものには出会っていない。諸軍の統一がうまくゆかず、伝令報告などがスムーズでないことはあったにせよ、この時点で小西と清正が特に仲が悪かったようなことはなかったと言ってよいと思われる。

清正を朝鮮の戦場で英雄にしたのは、その猛烈な進撃ぶりである。京城を逃げる時に韓国王についていた者は百名前後、平壌から逃げる時は四、五十名にすぎず、戦闘力はゼロであった。まともに追撃戦をやる武将が日本側におれば、国王を捕虜にすることは鶏を捕らえるより容易であったろう。これは朝鮮側の史料から当時の状況がまざまざとわかる話であるが（第六十四関参照）、当時の日本軍にはわからない。だから知韓《ちかん》・知明《ちみん》派の第一軍は京城で講和の計画をして、一カ月近く無駄な日をすごすのである。

こういう時、猛将の価値が現われるのだ。清正を第一軍にしていたならば、彼は直ちに追撃戦に入り、平壌に行く前どころか、開城かその手前で韓国王を捕虜にしたに違いない。それで朝鮮の役は終わりになったはずである。小西行長は愚将でもなければ怯将《きょうしょう》でもない。しかし猛将ではなかった。だから講和の話をすすめながら戦うという、煮《に》え切らないところがあった。一方、咸鏡道をまかされたとなると、清正の猛将としての素質が現われる。

■捕虜に示した思いやり

文禄元年六月一日頃に、第二軍の清正の軍は開城から咸鏡道《かんきょうどう》に進んだ。はじめ韓国の王子の臨海君珒《りんかいくんしん》は咸鏡道に逃げ、順和君琿《じゅんわくんこん》は江原道《こうげんどう》に逃げる予定であった。しかし江原道は開城、京城の裏側に当たり、日本軍の追跡から逃れにくいとみて、二人とも北の咸鏡道に向かったのである。

清正は老里峴《ろうりけん》を越え、鉄嶺《てつれい》の北に出た。ここまではほとんど敵兵はいない。清正は鍋島直茂《なべしまなおしげ》、相良長毎《さがらながつね》と咸鏡道の永興府《えいこうふ》に入った。その時、北道兵使韓克諴《かんこくかん》は六鎮《ちん》の兵を率いて海汀倉《かいていそう》で日本軍と遭遇戦に入った。

北の兵士は騎射が上手な上に、その戦場も平らなので、日本軍は退いて守備に入った。そこに攻撃をしかけたが、日本の鉄砲の威力は一丸で三、四人を倒すため、韓の軍勢は敗退し、山の嶺《みね》で夜を明かしたが、早朝に日本軍の奇襲を受け、逃げる途中に泥沼に入り全滅した。韓克諴は逃れて後に鏡城《きょうじょう》に入ったが、捕虜になった(清正の軍が正規軍と戦ったことがない、というのは正しくない)。

朝鮮の二王子は清正の軍に追及され、はるか北の摩天嶺《まてんれい》を越え、会寧府《かいねいふ》に入った。清正は軍令を厳しくし、民心の安定に心がけたため、山にかくれた民衆も出てくるようになった。かえって国王からの徴発使《ちょうはつし》がくると反抗し、清正の軍のところに食糧や酒や薬物を進上する者が多く出た、と朝鮮側の記録は示している。たとえば前監司柳永立《りゅうえいりつ》は白雲山に逃げたが、土民が彼を捕らえて清正のところにつれてきた。

また南道兵使李渾《りこん》は甲山《こうざん》の洞穴にかくれたが、土民は捕らえて首を斬り、清正のところにもってきた。また甲山の民も自分たちの府使《ふし》を斬って降参してきた。当時の朝鮮民衆の雰囲気がわかるではないか。

清正は二王子を追って約二カ月、正に懸軍万里《けんぐんばんり》である。京城から平壌までの距離の約三倍にも当たる長距離をひたすら追撃したのであるから、正に猛将である。
会寧府の府判官・李琰《りえん》は首を縊《くく》った。ここの役人の鞠景仁《きくけいじん》は、元来流配人《るはいにん》であって国王を怨《うら》んでいた。そこで一族の者と協力して二王子及びその従臣の金貴栄《きんきえい》、黄《こう》廷彧《ていいく》、黄赫《こうかく》、南道兵使の李英《りえい》、会寧府使の文夢軒《ぶんむけん》、隠城《おんじょう》府使の李銖《りしゅ》ら数十人を捕らえて降参してきた。

清正は入城してこれらの捕虜を受け取り、縛《ばく》をとき、厚く遇《ぐう》した。そしてお供の女性たちには、食糧等を与えて自由にした。面を衣でかくして門を出る時、清正は兵士たちに顔を見るな、衣に触れるなと厳命した。この時の清正の注進状（七月二十三日付）によれば、清正は、二王子を捕らえたが、まだ国王のいるところはわからないとしている。そして朝鮮国境を越え、兀良哈《オランカイ》にまで入っている。

そしてこの注進状によると、清正は秀吉の考えた明国《みんこく》入りを実行し、明国の国境に所領を得たいと希望しているし、同じく鍋島直茂も肥前《ひぜん》の所領を返して、明国に所領を得たいと希望している。これを見ると清正軍の咸鏡道の征服がうまくゆき、土民も歓迎していたと推察される。

しかし小西軍の平安道の方面はまるで違った心理状態が支配し、ついに明の大軍のために京城まで敗退することになってしまった（第六十四関参照）。

■「地震加藤」の逸話

そして和平交渉がはじまった。文禄二年(一五九三)は、和平交渉をすすめながら、ローカルな戦が少し行なわれていた。豊臣秀吉は和平交渉をスムーズにすすめるため、捕虜となっていた二王子をまず返還させた(和平条件として利用すべきであった、というのが後からの意見である)。六月二日のことである。捕虜にしてから、約十カ月であった。

清正は捕虜たちを丁重に扱っていたので、みな感泣《かんきゅう》して立ち去ったという。しかし文禄三年(一五九四)が終わっても和議は成立せず、文禄四年(一五九五)もこれという進展なく終わった。足掛け三年の交渉がうまくすすまないのだ。

途中、明の正使が釜山から逃げ出したりしているのだから、話がすすまないわけだ。使者として日本に来ると首を斬られるという噂があったらしい(元の使が北條時宗《ときむね》のところにやって来た時のことを思い出したのだろうか?)。

和議がすすまないのは、清正などの主戦派が──彼らは朝鮮を抛棄《ほうき》しようという気がない──現地で気勢《きせい》を挙げて和平交渉をさまたげているからだ、という石田三成らの讒言《ざんげん》が秀吉の耳に入る。秀吉は怒って文禄五年(慶長元年・一五九六)の六月上旬、清正を日本に召還《しょうかん》したが、彼は秀吉への目通り叶《かな》わぬという状態に置かれた。清正には釈明する機会が与えられない。

それから約二月《ふたつき》して、伏見《ふしみ》の大地震が起こった。清正は謹慎《きんしん》中であったにもかかわらず、真っ先に崩れ落ちた伏見城にかけつけ、秀吉の守護に当たったため、秀吉の勘気《かんき》がとけたという、「地震加藤」の話になる。

頼山陽はだいたい講談などで知られた話にそって第六十五闋《けつ》を書いているが、その主点は文禄の役にある。

さあ、鬼上官《きじようかん》が来たぞ。子供よ泣くのをやめなさい（清正は幼名を夜叉丸《やしやまる》と言った。夜叉《やしや》は鬼のこと。朝鮮の役では清正は最も怖れられ、鬼上官と仇名《あだな》されていた。鬼上官が来ると言うと、泣く子も静かになったと向こうの文献にもある。鬼は幽霊《ゆうれい》という意味だから、鬼上官は別の意味だという説もあるが、鬼には鬼人、鬼工、鬼才のように人間ばなれした能力を示す意味もあるので、鬼上官も「人間ばなれした恐ろしい強い武将」としてよいであろう）。

王子と王様も、葅《しよ》（漬物）や虀《でい》（ひしお、肉の塩辛）の如く刻《きざ》まれて殺戮《さつりく》されたと思われていた。

その鬼上官は去った。その心は、仏の如く思いやりがあった。

講和のために返すように言われると、晴れ晴れとした顔をして捕虜になっていた琿《こん》と珒《しん》の二王子を返したのだ。

この鬼のように強い武将も冤罪《えんざい》のため、涙を雨のように流すことがあるのだと誰が思ったであろうか（伏見の大地震の時、謹慎中の清正は、そのために罪になろうとこのままではおれぬと、二百人を従えて圧死者数百人を出したと言われる伏見城に真っ先にかけつけた。すると秀吉は北政所《きたのまんどころ》と一緒に座っていたが、清正を見るとほっとして、その幼名を呼び、「お虎よ、何とお前は早くかけつけてくれたことか」と言って喜んだ。清正は進み出て雨のように涙を流しながら、自分の冤罪を訴えたのである）。

清正が主君秀吉の前で地面に朝鮮の地図を画《え》きながら実戦の有様を述べている間にも、清正の受けた不当な扱いを大地が怒っているように、激しい余震《よしん》はやまなかった（この時、秀吉は夫人の方を見て、「お虎は太って色白《いろじろ》の男だったが、今朝鮮から帰ったところを見ると、何とも黒くなり、やつれたものよのう」と言った）。お前は鬼上官（夜叉）と朝鮮では言われたらしいが、本当は俺の宗徒《むねと》の豪傑だ（貙虎《ちゅこ》は虎に似た猛獣で、昔は馴《な》らして戦争に用いたというところから、強くて勇《いさ》ましい兵士をさす）。

虎之助よ、虎之助よ、お前は本当に俺の家の者だよ。

鶏林《けいりん》と呼ばれる朝鮮で、二羽の雛《ひな》（二王子）を講和の交渉の手駒《てごま》として利用もせずに手放したことも、あえて恨むことはない（新羅王が林中で鶏の声を聞いてそこを見ると、木の間に小箱があって子供を入れてあった。この子供が王位を継ぐことになったので、その林を鶏林と言い、新羅の国号となったが、後に朝鮮全体を指すようになった。二雛は鶏林の縁語である)。

この日本国の男子である清正は、背の低い狐《きつね》みたいな石田三成には、かみつきはしなかったのだ(蜻洲《せいしゅう》はトンボのことであるが、トンボを意味するアキツは秋津島《あきつしま》日本を意味し、鶏林に対比している上に、日本男子加藤清正を意味する。伏見城を守ることになった清正は、後から地震見舞《みまい》に来た者を誰一人通そうとしなかった。しかし石田三成を通せ、という命を受けると、「あの背の低い青二才を通してやれ」と怒鳴《どな》ったという。三成はずる賢いという連想から狐にたとえ、背が低いので短狐とした。トンボが狐に噛みつかないというのは少し苦しい比喩《ひゆ》であろう)。

66

第六十六関　裂封册（ほうさくをさく）

朝鮮出兵と織豊時代の終焉

⑯裂封册《ほうさくをさく》

史官《しくわん》は読《よ》みて日本王《にほんわう》に到《いた》る。
相公《しやうこう》は怒《いか》りて明《みん》の冊書《さくしよ》を裂《さ》く。
王《わう》たらむと欲《ほつ》すれば則《すなは》ち王《わう》たり、吾自《われみづか》ら了《れう》す。
朱家《しゆか》の小児《せうに》敢《あへ》て余《われ》を爵《しやく》せむや。
吾《わ》が国《くに》に王《わう》有《あ》り誰《たれ》か覬覦《きゆ》せむと。
叱咤《しつた》して再《ふたた》び蹀《ふ》む八道《はちだう》の血《ち》。
鴨緑《あふりよく》の流《ながれ》鞭《べん》して絶《た》つ可《べ》し。
地上《ちじやう》に阿鈞《あきん》と相見《あひみ》ず。

史官讀到㆓日本王㆒。
相公怒裂㆓明册書㆒。
欲㆑王則王吾自了。
朱家小兒敢爵㆑餘。
吾國有㆑王誰覬覦。
叱咤再蹀八道血。
鴨綠之流鞭可㆑絕。
地上阿鈞不㆓相見㆒。

地下《ちか》に空《むな》しく唾《だ》す恭献《きょうけん》の面《めん》。　地下空唾恭献面。

史官《しかん》は国書を読み進む「汝を日本王とす」と。太閤憤然《ふんぜん》書を奪い手ずから引き裂いた。「王になる気ならいつでも王になれるわい。それしき自分でよう知っておる。明の小倅《こせがれ》になんで任じてもらおうぞ。知らぬかわが日の本は唯一の帝《みかど》おわしまし何ぴともそのみ位を犯しはせぬわ」語気も鋭く言い捨てて朝鮮再征踏み切った。鴨緑江《おうりょくこう》に鞭を投げ流れを断って進むべく。無念や生前明帝〝鈞《きん》め〟に会わず逝く。おそらくあの世で〝恭献《きょうけん》王〟義満の面に唾《つばき》して余憤《よふん》を吐いたことだろう。

■強運に不吉な影がさし始めた時

豊臣秀吉の朝鮮出兵は愚挙《ぐきょ》として徳川時代の儒者や、戦後の史家によって厳しく批判されている（第六十四関《けつ》参照）。鎖国による天下泰平を謳歌《おうか》した日本人や、アメリカの核の傘《かさ》の下に平和繁栄を享受《きょうじゅ》してきた日本人にとっては、海外に派兵するぐらいの愚行はないというのが実感であったろうし、われわれもそれを実感している。自分が生きている時代の実感を普遍の真理と思いたいのが人間の常《つね》である。しかし歴史は、それは時代思潮《しちょう》というものであると教える。戦争中の日本の少年たちは「鎖国さえなければ、今頃、こんな戦争をする必要はなかったのだ」と学校で教えられた。ルソン（フィリピン）やジャガタラ（インドネシア）やシャム（タイ）などとずっと日本との交易圏が保持されていたとしたら、これらの土地が白人の植民地になることもなかったろうから、二十世紀の中頃近くになって、日本が石油などの産業の必需品を禁輸《きんゆ》されることもなかったであろう。つまり大東亜戦争も不要ということになる。この話は戦争に出ることを覚悟しなければならなかった日本の少年たちには説得力があった。つまり実感であった。そして徳川幕府の鎖国を呪《のろ》いたい気持ちであったことを覚えている。

ところが敗戦後は、戦勝国のアメリカやイギリスがすっかり心を入れ換えて、自由貿易（ガット）を世界の柱とし、人種差別は国連の場でもなくすることにした。そういうことを昭和十六年（一九四一）以前にやってくれたら、日本が大戦に突入することは絶対になかったはずだし、それを十九世紀にやってくれたら、日本の大陸進出政策はなかったであろう。ところが時代が変わると、わずか五十年前の実感もすっかり忘れられるものであることを私自身体験してきた。

太閤《たいこう》秀吉の朝鮮出兵に対する評価も、今の私の場合は、徳川時代の儒者と同じく、また、戦後の日本人の歴史家と共通のものである。つまり全くの愚挙としか思われない。しかし小学生の時は、今と違った実感を持って秀吉論を作文に書いたことをかすかに覚えている。

歴史についての実感はその時は永遠の真理の如く見えるが、相対的なものであることを思い出させてくれたのは、台湾出身の評論家の黄文雄《こうぶんゆう》氏（『日本の繁栄はもう止まらない』光文社、一九九三年・五五～六四ページ）である。黄氏は次のような事実を紹介している。フィリピンにいたバテレンのサンチョス（スペイン人）は、ポルトガル併合後のフェリーペ二世に、スペイン軍と日本のキリシタンたちを含むアジアの兵力を糾合《きゅうごう》し「明《みん》帝国統治計画」を提案しているし、秀吉と同時代人で満州地方の森林地帯の女真《じょしん》族のヌルハチも「明帝国遠征計画」を立てている。そしてこの満州族は秀吉の死後、五十年も経たないうちに明朝を滅ぼしている。

そして黄氏は秀吉の朝鮮出兵も、西欧諸国の世界進出などに見られる「近代精神」とのつながりで見るべきであることを示唆しておられる（鎖国とは信長→秀吉と流れてきた近代化精神を止め、封建《ほうけん》時代にみがき上げる方へと退行した時代とも考えられる）。頼山陽は鎖国の中にあって、天才独特の感受性から、朝鮮出兵の問題に特別の関心を示す。徳川時代には珍しい例で、「近代精神」への共鳴《きょうめい》がある。

秀吉は超強運にめぐまれた人であった。そうでもなければいかに戦国末期とはいえ、天下を取ることはできなかったであろう。例えば高松城の水攻めの時も、単に五月雨《さみだれ》だけでなく、集中豪雨みたいなものもやってきて、急速に効果が上がった。秀吉の行くところ天が味方してくれているという感さえあった。

ところが、その運に不吉な影がさし始めたのは天正《てんしょう》十九年（一五九一）頃であろうか。この年に異父弟の秀長《ひでなが》が死んだ。この人は堺屋太一氏の表現によれば、名補佐役で諸将の信をつなぐのに大きな役割を果たしていた。そして同じ年に高齢になってはじめて生まれた息子の鶴松丸《つるまつまる》が死んだ。秀吉は一番信頼できる身内と、後嗣《こうし》を失ったのであるから、やはり調子が狂うのではないか。

ところが朝鮮出兵の計画は、この頃に具体化しつつあったのである（鶴松丸の死亡の前から計画が進んでいたのであって、息子の死の悲しみをまぎらわすために出兵したという巷説《こうせつ》には根拠がない）。

私の友人である藤井康男氏（龍角散元会長・理学博士）の説によれば、もし人間の寿命が一万年ぐらいあるとすれば、どんな人にとっても運不運は同じくらいの確率になるであろうが、人生が短いから幸運が連続して起こる人や不運の多い人が出るという。秀吉も最初の六十年間は運のつき続きであった。しかし最後の数年には、かげりが出る。かげりが出たと感じて、自らの運、つまり福分《ふくぶん》を惜しむ気になり、万事に慎《つつし》むようであれば豊臣家の福運も長く続いたかも知れない。

しかしここで秀吉は、内には後継ぎと決めた秀次《ひでつぐ》とその女たちを誅殺《ちゅうさつ》し、外には天智天皇《てんじ》の百済《くだら》救援の出兵以来はじめての海外出兵を試みたのである。福分は急に散り出すであろう。

■天にまで見放された和議

明《みん》との和議は、仲介者の沈惟敬《ちんいけい》らがいいかげんな者であったから、思うように進まなかった。しかし足掛け四年の交渉の結果、秀吉の「大唐（明）の勅使引見《ちょくしいんけん》」という段取りになった。秀吉はこの機会に明の使者を驚かそうというので、善美《ぜんび》豪華を尽くした伏見城を築き、大軍事パレードをやるつもりでいた。秀吉は人気《にんき》に敏感であり、それを意識的に、しかも徹底的に利用することを心得た人であった（この視点から見た秀吉伝に山室恭子『黄金太閤』〔中公新書、一九九二年〕がある。これは才気溢《あふ》れた面白い本であるが、参考文献に徳富蘇峰《とくとみそほう》の『朝鮮役』〔三巻〕を入れていないのは残念である）。

伏見城は当時のジェズイットの宣教師の叙述《じょじゅつ》によっても、千畳座敷《せんじょうざしき》があり、また七、八層の城櫓《しろやぐら》からは近郷が眺望でき、城の内部は金銀でかざられていた。秀吉はその城の外で十五万の軍勢をパレードさせて、明の使者に見せるつもりであったと記している。

これが大地震でいっぺんに消滅したのだ。秀吉が計画したことを天変地異が文字通り挫折させたのである。これまで常に秀吉に味方してきたと思われる「天」が、この時には、秀吉畢生《ひっせい》の大事業ともいうべき日明《にちみん》協定の舞台を、完膚《かんぷ》なきまでに破壊したのだ。

この文禄《ぶんろく》五年（改元があって慶長《けいちょう》元年・一五九六）の大地震は、地震国日本でも珍しく強く、かつ長期にわたるものであった。この年の閏《うるう》七月九日に始まった地震は、十二日から十三日にかけての大地震となり、京都中の方々《ほうぼう》の寺も倒れ、伏見城も城内から大天守まで崩壊し、秀吉が建立していた大仏も裂破《れっぱ》してしまった。死者も数万と言われる。そして地震は何と翌月の十日まで断続してやまないのだ。明からの使者も堺あたりに逗留《とうりゅう》して死者も出たらしいという記録もある。

この大きく長い地震も異常であるが、この年は秋から冬にかけて彗星《すいせい》が出現し、また日蝕《にっしょく》があり、月蝕《げっしょく》があり、台風があり、豪雨があり、近畿地方は散々であった。その上、灰とか土とか毛とか、奇妙なものが天から降ってきたという記録が、公家《くげ》や外国からの使者たちの書いたものの中にいくつも残っている。朝鮮の使者たちの書き記したものの中にも、こうした天変地異を見て日本人の多くも「この国にどんな変化が起こる予兆《よちょう》なのか」と話し合っていると伝えている。それは織豊《しょくほう》時代の終わりを告げるものであったと今からは言えよう。

このような時に、秀吉は明《みん》の使節と大坂城で会うことになった（朝鮮半島の戦争なのに、朝鮮側が最重要な会談の場に登場しないのは、日清戦争、日露戦争、朝鮮戦争と同じパターンである）。ところが明からの文書に「ここに特に爾《なんじ》を封じて日本国王と為《な》す（茲特封爾為日本国王）」という文句があったので、秀吉は勃然《ぼつぜん》として怒り、この封冊《ほうさく》を破って明の使者を追い返したということが伝えられている。

しかしこれが江戸時代の初期、三代将軍家光の寛永《かんえい》の頃から始まった伝説であることは、徳富蘇峰の書物に指摘があり、また秀吉の怒った理由もそこで詳細に考証している。星野恒博士は、封冊を裂かずに、取って下に投げたのだろうというが、それも本当かどうかわからない。いずれにせよ封冊は厚手《あつで》の綾《あや》織物であり、表装《ひょうそう》も厚絹《あつぎぬ》であるから、簡単に引き裂くわけにもゆかないことは確かである。事実この封冊は堀尾茂助吉晴《ほりおもすけよしはる》があずかっていたが、その孫の代に家が断絶したので、石川主《との》殿頭《ものかみ》（伊勢亀山の城主）の家——明治以後は石川子爵家——に伝わって国宝に指定され、今は大阪市立博物館にあるから、秀吉がこれを引き裂かなかったことは確かである。

しかし頼山陽の史観の中では、この事件は超重大な意味を持っており、それをドラマチックに書いた。頼山陽の『日本政記』は『日本外史』にくらべると極めて簡《かん》約《やく》なものであるが、この情景だけは両者はほとんど同じであり、『日本楽府《がふ》』の最終闕《けつ》もこれをふまえているので、『日本政記』によって示してみよう。

「慶長元年（丙申《ひのえさる》）……九月、秀吉は明使《みんし》の楊方亨《ようほうこう》と沈惟敬《ちんいけい》を引見することにした。惟敬は封冊《ほうさく》（天子の下す任命書）と金印《きんいん》と冕服《べんぷく》（高位の人の礼装用の冠《かんむり》と衣服）を献上した。翌日使者をもてなした。秀吉は明服を着、僧承兌《しょうたい》に命じて封冊を読ませた。小西行長《こにしゆきなが》は（前もって）ひそかに承兌に頼んでいた。『冊の文章は惟敬の言っていることと一致しない点もありましょう。その時はどうかかくして下さい』と。しかし承兌はそれに耳を貸さず、広間に入って冊文を読み出した。そして『爾を封じて日本国王と為す』というところまで読んでくると秀吉は大いに怒り、たちどころに明からもらった冠も衣服も脱いで投げ出し、冊書を引きちぎって言った。『俺は日本を掌握《しょうあく》しているのだ。王になりたいと思えば王などすぐになれるのだ。それに俺が王になったら皇室はどうなるのだ。髯《ひげ》を生やした外国人など何の関係もないことだ』。こう言って小西行長を呼び出し、彼を明使と一緒に誅殺《ちゅうさつ》しようとした。承兌がとりなしてようやく死刑はやめになったものの、その晩のうちに明と韓の使いを追いかえしてしまった。そして西南四道の軍勢十四万に、再び朝鮮征伐を命じたのである」（渡部訳）

この情景が『日本楽府』では次のようになる。

史官（僧承兌）が明《みん》よりの封冊を読み進んで、

「汝を日本国王と為す」という個所《かしょ》に至るや太閤は怒って明の封冊書を裂いた。

「自分は王になりたいと思えばすぐに王になれるのだ。そんなことは俺にはよく解《わか》っておるわい。

朱家（明の帝室は朱元璋《しゅげんしょう》が創建した）の小児《がき》みたいな奴などがこの俺に位を授《さず》けるなどはちゃんちゃらおかしい。

わが国には王があり、それは誰も望んではならぬものであり、事実、望む者などいないのだ」

それで再び軍令が下り、日本勢は朝鮮八道を血にして進むことになった。

〔昔、シナの東晋《しん》の時代に秦《しん》王の苻堅《ふけん》は晋を攻めた時、「晋が長江《ちょうこう》（揚子江《ようすこう》）の険《けん》に拠《よ》るとも、わが衆をもってすれば、鞭《むち》を江に投じて其の流を断つことができる」と言ったというが〕日本勢も鞭を投じて鴨緑江《おうりょくこう》の流れを断って明に攻め入ることもできたであろう。

しかし秀吉は間もなく死に、この地上では鈞《きん》の奴（当時の明の神宗皇帝は名前を翊《よく》鈞《きん》といった）と顔を合わせることはできなかったので、残念ながらその代わりに地下で、かつて明から王位をもらった足利義満《よしみつ》（死んでからも明から恭献王《きようけん》という諡《おくりな》をもらっている）の面《つら》に唾《つば》を吐《は》きかけることぐらいしかできない。

ここで頼山陽は「王」と「帝」をはっきり区別していないようだ。日本の天皇は「帝」であり、帝の下には「王」はいくらいてもかまわない。帝と王では天地の差がある。「わが国に王あり」というのは「わが国に帝あり」とすべきであったろう。王は帝が与える位である。

■頼山陽と維新の志士たち

頼山陽は当時の日本人にはほとんど例のないほど近代に対する鋭い感受性を持っていた。語弊《ごへい》を恐れずに言えば、当時の欧米の帝国主義の雰囲気に超能力のようなもので共感していたとも言えるのである。あるいは当時の西欧のナショナリズムをオカルト的に感じていたとも言えよう。

だから天下泰平の鎖国の時代に書かれた『日本楽府』の第一闋が「日出處《ひのいづるところ》」である。そこでは聖徳太子が当時の大国である隋《ずい》に国書を出す時に、対等の姿勢を崩さずに、「日出《ひい》ずる処《ところ》の天子《てんし》、書を日の没《ぼっ》する処の天子に致《いた》す」と書いたことを取り上げている。つまり第一関は隋と日本との対等関係を主張し、わが国柄《くにがら》の尊さを強調するという愛国的なものである。そして最終関の第六十六関も、大明国に対する対等関係を主張し、日本には皇室の存在することを強調する趣旨になっている。かくて『日本楽府』六十六関の首尾は見事に貫徹している。

当時は鎖国していると言っても、日本の周囲はさわがしくなり出していた。ロシアの船や、イギリスの船が日本近海に出没し始めていたのだ。伊能忠敬《いのうただたか》や間宮林蔵《まみやりんぞう》の活躍がすでにあったのである。しかし海外情勢に気を遣《つか》ったのは幕府の要職にある者と、限られた少数の人たちであり、一般の武士や漢学者の関心はそこになかった。何しろ世は第十一代将軍家斉《いえなり》の文化・文政の江戸爛熟《らんじゅく》期だったのである。

しかし頼山陽はすでに日本の国体《こくたい》に思いを沈潜《ちんせん》させていた。当然のことながら徳川幕府については『日本外史』は一言も悪口を書いていない。しかしそれを読めば徳川幕府は比較的に新しく、相対的なものであることが頭に入りこむようになっている。当時の人にとって幕府は大公儀《こうぎ》であり、封建領主の上にある「天」のようなものであった。しかし『日本外史』や『日本政記』を読めば、「天」みたいなのは皇室であり、幕府は大名の盟主《めいしゅ》にすぎないことが自然に実感されるようになっているのである。

後に黒船が到来してから、日本にも討幕運動が起こり、それが成功し、西欧のそれに匹敵するナショナリズムにもとづく近代国家が生まれることになった。この運動の推進者たち、いわゆる維新の志士《しし》たちがみんな読んだのが、頼山陽の『日本外史』と『日本政記』であった（伊藤博文《ひろぶみ》によれば、簡潔なこともあって『日本政記』の方がよく読まれていたという）。つまり、頼山陽の先見性が維新の志士たちの発想の基盤を作っていたのである。そしてその頼山陽の史観を詩的に表現したのが、『日本楽府』ということになる。

最後に一言つけ加えておけば、『日本楽府』において頼山陽は小早川隆景《こばやかわたかかげ》、加藤清正、秀吉と三関も朝鮮の役について述べ、日本人の武勇と国威宣揚《せんよう》をたたえている。しかし頼山陽はこの出兵を賢明だと思っていたわけではなかった。『日本政記』からそれに関する部分を以下に簡単に紹介しておく。

「秀吉は西に島津氏を、東に北條氏を討って天下を定めたわけであるが、この時は大が小を討つわけであるから、すぐ攻めこんでもよいはずであった。しかし秀吉は必ず前以《もっ》て従うようにすすめ、それが朝廷の意見であることも伝えた。それでも聞き入れない時はさらにことをわけて説いた。それでも聞かずに無礼《ぶれい》な返事が来ると、ようやく命令を下して討伐した。例えば北條氏に上洛《じょうらく》をすすめたところ、領地の要求をしてきて、これを聞き入れてくれれば上洛すると言ってきた。諸将はこれに怒ってすぐ北條を征伐すべきだと言った。しかし秀吉は『まだだ』と言って北條氏の要求した土地を与えた。それでも北條氏は上洛しない。そこでようやく討伐することに決すると、天下の人々は『北條の方が悪い』と言ったし、諸将も北條に腹を立てていた。そして北條方の人も自分たちの殿様《とのさま》の方が無理だと思っていた。そこに大兵を送りこんだから秀吉は容易に勝ったのである。太閤が全勝したのは、すべてこの調子だったからである。ところが、朝鮮の場合だけは、この配慮がなかったのはどうしたことか。朝鮮は海の向こうであって、朝鮮の方から攻めて来たことはないのに（元寇《げんこう》は元であるという立場か）、こっちから理由もないのに攻めこんだ。だからわが軍の将士には朝鮮や明《みん》に対して敵愾心《てきがいしん》がなく、秀吉のやることが当然だとは思えなかった。何のために海を渡り、妻子と別れ、負傷したり、あるいは白骨を異国に曝《さら》さなければならないのか。これがわが軍が最初は勝ち進んだが、あとで鋭鋒《えいほう》が鈍《にぶ》ってしまった理由である。朝鮮などは怠惰萎靡《たいだいび》した国であって、北條や島津の兵とはくらべものにならない弱兵である。それなのに北條、島津を征伐したようにならなかったのは何故か。それはかの国の人たちが怒ったからである。これが勝利を手にすることが秀吉にできなかった理由である」と。

　つまり頼山陽は日本軍の働きを認め、秀吉の国家観は高く評価するが、戦役全体は無用なことだったと断定している。これは公平な見方と言うべきであろう。それは日露戦争とその後の戦争との相違にも通ずるところがあるかの如くである。

■幻の最終関

『日本楽府』の最終関は、刊本では「裂封冊」(封冊《ほうさく》を裂《さ》く)であるが、頼山陽の自筆の稿本《こうほん》によると、最初は「耳塚《みみづか》」または「馘塚《かくちょう》」と題して、いわゆる耳塚のことを詠《えい》じたものであった。しかし後にこの関の後半を訂正して、「裂封冊」にしたものであることが知られている(福山天蔭『頼山陽の日本史詩』寳雲舎、昭和二十年・三五〜三六ページ参照)。ちなみに「馘《かく》」という漢字には「首を斬る」と「耳を斬る」の二つの意味がある。シナの古代において、捕虜になった敵が降参しない時は、殺して左の耳を斬ったと言う。ここから「斬った耳」、あるいは「斬った首」の意味になった。

日本では戦場で殺した敵の首を斬り取って主君に見せ、これが勲功のもとになった。しかし秀吉の朝鮮の役において、日本まで厖大《ぼうだい》な数の敵の首を送ることはできないので、その代わりに耳を斬り取って塩漬《しおづけ》にして送ってきたものを、秀吉が一カ所に埋めて供養《くよう》したものだという。しかし実際は耳ではなくて、鼻だったということである。この耳塚(鼻塚)は秀吉が建てた天台宗の寺である方広寺《ほうこうじ》(京都市東山区)の境外正面通り、豊国《とよくに》神社前にある高さ七メートルの塚である。秀吉が造らせた方広寺の大仏は、慶長元年の閏《うるう》七月の大地震で壊れたために、その代わりに、甲斐の善光寺《ぜんこうじ》にあった阿弥陀如来像《あみだにょらい》を大仏殿の主として迎えることになった（この如来像は、元来は信濃の善光寺にあったのだが、武田信玄が甲斐に移していた）。この遷《せん》座《ざ》が行なわれたのは慶長二年（一五九七）七月十八日であり、これから約二カ月後の九月二十八日にこの寺で鼻供養が行なわれたのである。

また、この日には、秀吉はその子秀頼《ひでより》と共に参内した。秀頼が宮中に上ったのはこれが初めてであり、叙位《じょい》任官のことがあった。秀頼の任官という記念すべき日に方広寺では朝鮮の役の戦勝を誇示するための鼻供養をやったのだと見られる（山室恭子『黄金太閤』中公新書、一九九二年・一五九〜一六九ページ参照）。鼻請取状《はなうけとりじょう》が、慶長二年の八月中旬から十月上旬だけに集中しているのは、鼻供養というイベントのために秀吉が特に命令を出して鼻を送らせたのだと推定されても仕方ない。秀吉自身はこれにあまり乗り気でなかったとも言われる。

頼山陽は「鼻塚」としてではなく、「耳塚」として理解していた。それで第六十六闋は、秀吉と明使楊方亨《ようほうこう》や沈惟敬《ちんいけい》との外交折衝《せっしょう》の失敗は、彼らの嘘を耳に入れられたためであるとして、次のような草稿になったのである。

馘《くわく》　塚《ちょう》
史官《しくわん》は讀《よ》みて封王《ほうわう》の句《く》に到《いた》り。

相公《しやうこう》は怒《いか》つて明《みん》の册書《さくしよ》を裂《さ》く。
王《わう》たらむと欲《ほつ》すれば即《すなは》ち王《わう》たり、吾《われ》自《みづか》ら了《れう》す。
朱家《しゆか》の小兒《せうに》敢《あへ》て余《われ》を爵《しやく》せむやと。
當初《たうしよ》の約言《やくげん》本《もと》誤聽《ごちやう》。
豈《あに》外國《ぐわいこく》に尊稱《そんしよう》を讓《ゆづ》る有《あ》らむや。
未《いま》だ結《むす》ばず姦臣《かんしん》の舌《した》。
再《ふた》び流《なが》す八道《はちだう》の血《ち》。
雙耳《さうじ》聰《そう》ならざるも自《みづか》ら耻《は》ぢず。

史官讀到㆓封王句㆒。
相公怒裂㆓明册書㆒。
欲㆑王則王吾自了。
朱家小兒敢爵㆑余。
當初約言本誤聽。
豈有㆔外國讓㆓尊稱㆒㆔。
未㆑結姦臣舌。
再流八道血。
雙耳不㆑聰不㆓自耻㆒。

枉積海外百萬耳。

枉《ま》げて積《つ》む海外《かいぐわい》百萬《ひやくまん》の耳《みゝ》。

記録を司《つかさど》る官職の者（西笑承兌《せいしようじようたい》）が明帝からの勅書を読んで「茲《ここ》に特に爾《なんじ》を封じて日本国王と為す」という文句にくると、

宰相《さいしよう》（秀吉）は怒って、この明帝からの封冊《ほうさく》の書を引き裂いた。

「王になろうと思えば、俺はすぐにも王になれるのだ。そんなことを俺が知らないとでも思っているのか。

朱氏（明朝の皇帝の姓は朱）の小僧が俺に位を与えようなどというのは笑止千万だ」

当初、和平の条件を出し、それが明帝に聴《き》き容《い》れられてそれを果たす約束が与えられたというのは、もともと聞き間違いであったのだ。

そもそも日本は帝位の国であり、シナの皇帝より位が劣るということはないのである〔したがって王位を明帝から与えられるということもありえない〕。

ところが両国の仲にはいって和平を結ばせようとした嘘つきの家来たち（小西如《じよ》安《あん》らのことか）の舌はとまっていなかった。

それで再び朝鮮の八道に血が流れることになったのだ。

秀吉の二つの耳は、交渉仲介者たちの嘘を聞きわけるほど賢くはなかったが、そのことは反省せずに、無理に朝鮮から百万もの耳を送らせて、それで塚を造ったのである。

これでは最終関の終わりのところで秀吉の不明を批判しているような感じになる。そうすると第一関の聖徳太子をたたえた「日出處《ひのいづるところ》」と照応《しようおう》しない。それで刊本の最終関のように、足利義満の卑屈さと比較して、秀吉の見識の高さをたたえるものにしたのである。全篇の主旨から見て、刊本の最終関の方が断然すぐれていることは明らかである。

付

日本樂府の研究

福山天蔭

樂府《がふ》とは、今は支那の古詩の一體の名となつてゐるが、最初は樂器に合せて歌ふ詩のことをいうたものである。樂器に合せて耳で聽く詩と文字に現はして諷誦する詩とでは、その作り方が異ふ。卽ち、樂章は諷誦詩の如く字數や句數の制限を受けず、形式に變化が多く、時として長短句が錯綜する。古代の詩は悉く樂府といふべきもので、それが諷誦詩と兩立するに至つたのは、春秋戰國時代以後のことだといはれる。尤も樂府といふ名稱は、漢の武帝の時に、宮中に樂府といふ役所を設け、當時の有名な文士を集めて、樂章を作らせたところから出たものだ。しかし後世になると、樂府は單に古詩の一體といふことになつて、樂器とは無關係に、作製され諷誦されるやうになつた。

『日本樂府』は、賴山陽が、明の李西涯（名は東陽、字は賓之。「六六、跋」の章參照）の作つた『擬古樂府』に倣ひ、題材を我が國史から選定し創作した史詩六十六闋を網羅し、門人牧百峰の註を附して刊行したもので、稿本には「詠史樂府六十六曲」と題してある。六十六といふ數は、日本の國の數に合致させたものだといはれる。山陽が最初の稿本を完成したのは、文政十一年十二月で、この時彼は四十九歳であつた。しかし、六十六闋全部がこの時始めて作られたとは考へられない。「蒙古來」の如きは、十八九歲頃の作を改訂したものだといはれる。そして、この書が上梓されたのは、彼の歿する前々年、卽ち文政十三年の冬で、彼の生前に出版された唯一の書である。

李西涯に倣つたといふことは、山陽自身が告白してゐるからその通りであらうが、それはただ形式を模したに過ぎない。熱烈な愛國詩人であり且つ歷史家である彼は、この六十六闋によつて、建國以來織豐時代までの史實を年代順に諷詠し、尊皇の大義を強調し、特に國威宣揚の史實を恢宏するためには全力を傾注してゐる。卽ち、これこそ眞に我が日本史詩といふべきである。山陽自身も、この著述は餘程得意であつたと見えて、知人の間に誇示して居る有樣が、手紙の文句によく現れて居る。『賴山陽書翰集』の中から、その二三を摘錄して見ると、

一、文政十一年十二月十九日付、橋本竹下宛のもの

（前略）此節は、日本の詠史樂府、彼猥芋行と云様（の）題にて、六十六首いたし候。大抵、王代より慶（長）元（和）迄の治亂興亡相すみ候様にいたし候。皆不レ下レ注無二解者一と存候。追々可レ瀆レ覽候。是は頗有益之詩、不二徒作一と存候且、古歌詩之體を人にしらせ、古詩長篇を作候楷梯にも可二相成一哉と存候。（下略）

二、文政十一年十二月廿二日付、江馬細香宛のもの

（前略）僕此冬の業（自註—冬と云へども、臘月以來也、廿日强）、日本樂府六十六闋、明李西涯之擬古より存付候て仕候。大分有用之詩に可二相成一と被レ存候。山陽得手物之事と（人々）被レ申候得共、又風流的詩も有レ之候。兒女子之史學には相應のもの也。（下略）

三、文政十一年十二月付、篠崎小竹宛のもの

（前略）此節は、詠史樂府と申もの、六八句ほど宛の古風にて、五十首ほど作レ之。是はチヨット人之爲に可二相成一、貴序奉レ冀度候。（下略）

しかし、六十六の題目については、取捨選擇を施したので、稿本と刊本とでは、多少の異同がある。このことについては次に詳説する。

山陽自筆の日本樂府稿本が、現に東京の龜岡家と大阪の住友男爵家とに愛藏せられ、また山陽が淨書した定本ともいふべきものが、尾道市の橋本家に傳來して居る。私は幸ひ、龜岡・住友兩家の稿本を借覽することが出來たから、その大要を記載して見よう。

甲、龜岡家本

これは巻物仕立で、最初に目次があり次に詩が五十七首書いてある。目次のところは縦九寸、横三尺三寸四分、本文は縦九寸七分、横二丈一尺一寸五分で、目次は畫稿の裏へ認めたものだ。筆勢奔放、目次も本文も、朱や墨で縦横に添削してあり、最後に「山陽外史未定稿」とあるところから見ると、これが恐らく最初の稿本か、若くはそれに近いものであらう。先づ、その目次を検討する。

詠史樂府六十六曲

一、日出處	△二、日本狗	三、炊煙起	四、四天王
五、大兄靴	六、復百濟	七、放虎南	△八、下馬伏
九、遣唐使	一〇、和氣清	一一、城膽澤	△一二、紫宸殿
一三、大紘急	一四、脱御衣	一五、主殿寮	一六、月無缺

一七、検非違使　△一八、七日宰相　一九、赤白符　二〇、朱器臺盤
二一、藻壁門　二二、烏帽子　二三、鼠巣馬尾　二四、鼓擊余
二五、鵞鴨起　二六、逆艫　二七、大天狗　二八、獅子身中蟲
二九、繰絲　三〇、尼將軍　三一、吾妻鏡　三二、君好戰
三三、蒙古來　△三四、夢南枝　三五、十字詩　三六、東魚西鳥
三七、土窟　三八、翻覆手　△三九、天不醉　四〇、烏頭白
四一、吾是璽　四二、六分一公　四三、兩塊肉　四四、烏鬼舞
四五、頭戴脚　四六、新國君　四七、蘆雜茅　△四八、函山翠
△四九、大寧寺　五〇、蝴蝶軍　△五一、賣油郎　五二、筑摩河
五三、皮履兒　五四、吉法師　五五、啗饅頭　五六、本能寺
△五七、識英雄　五八、挈鞋奴　五九、裂封册　△六〇、髏啖人
△六一、罵春風　△六二、望春雨　△六三、一隻履　△六四、飯匙短
△六四、隻眼鷹　△六五、截蜻蜓　△六六、赤夜叉

右の内六十四が二つあるのは、誤記か若くはこの中から一つを選擇するつもりであつたものと思はれる。△印は私がつけたもので、刊本に無い詩題であるが、第二の「日本狗」には朱字で「胎中天皇」と書いてあつて、刊本の「三韓來」の原詩である。その他、「紫宸殿」は刊本の「賢聖障子」、「七日宰相」は「七日關白」、「夢

南枝」は「南木夢」、「天不醉」は「劔截箭」、「函山翠」は「攬英雄」、「大寧寺」は「破戒頭陀」のことだから、刊本に全く無いものは、

　下馬伏。賣油郎。識英雄。鼈咬人。罵春風。望春雨。

一隻履。飯匙短。隻眼鷹。截蜻蜓。赤夜叉。

の十一題だが、六十四が二つあつて、その一つの「飯匙短」は詩も出來てゐないやうだから、實は十首である。刊本にはこの十首を省いて更に、

　髫亂天皇。劍不可傳。補窓紙。龍馬來。桶子峽。

兩雄頭。天目山。罵龍王。碧蹄驛。夜叉來。

の十首を補足してある。この加除した理由については、山陽から篠崎小竹に宛てた、文政十二年十月五日付の書中に、「鼈咬人以下、當代にサハリ可ㇾ刪と申もの、役人悪意者に有ㇾ之、無ㇾ據割愛、其代に六首ほど補作云々」とあるので明白だ。この時には六首であつたらうが、結局は十首の補作といふことになつた。

　龜岡本の本文には、右の目次中第一から第十一まで缺けて居り（最初は完備してゐたのだが、巻物仕立以前に散佚したものと思はれる）、六十四の「飯匙短」も無く、「鵞鴨起」と「君好戰」とが二首づつあり、また目次外のものに「再陷陣」と「鎧表禮」との二首があるが、「鎧表禮」は殆ど全部を抹消してある。

乙、住友家本

縦九寸六分弱の長巻。最初に篠崎小竹筆の題辭「詠史樂府」の四大文字があり、目次は無く、「詠史樂府六十六闋」とあつて直ちに本文に入り、「日出處」に始まつて「截蜻蜓」に終り、全部で六十七首あるが、「下馬伏」の下に「此一首當删」とあるから、この一首を除いて六十六闋といふことになる。これを龜岡本の目次と對象して見ると、目次の「飯匙短」が無くてその代りに「再斫陣」（龜岡本の「再陷陣」と同じもの）が入つて居り、順序や詩題にも多少の修正を施してあるが、龜岡本のやうな推敲添削の跡は少く、大體綺麗に淨寫され、跋文も附いてゐるから、これが一先づ完成した稿本といふべきであらう。この跋文は、刊行本の跋文の初稿と認むべきものであるから、左に全文を轉錄する。

余毎於二朧尾一。人忙我閑。問レ字人絶時。輒自作二閒文字一。嘗雪夜讀レ史。至二唐宋際一。作二煨芋・燒肉二短歌一。今冬見二明李西涯擬古樂府一。知下彼中亦有中爲二此體一者上。漢史可レ不二復詠一。乃就二國乘中一。掇二好題目一。得二六十六闋一。如二我州數一。毎首。本事外不レ贅二多語一。而暗中消息。在二於讀者能閲レ頭到レ尾。於二古今治亂機竅・名教是非一。或可二以レ小喩レ大。客或讀而稱曰。子能模㆓擬李什㆒矣。余哂指㆔研傍銅瓶挿㆓蠟梅。問㆑客曰。渠香色固減㆑梅。然曰㆓汝能擬㆑楳。則渠肯㆑之否。客曰不㆑肯。

戊子嘉平廿八日　山陽外史識 印 印

余毎《つね》に臘尾《らふび》に於《お》けるや、人は忙しく我は閑、字を問ふの人絶ゆる時なり。輙《すなは》ち自ら閒文字を作る。嘗《かつ》て雪夜に史を読み、唐宋《そう》の際に至つて、煨芋《わいう》・焼肉《せうにく》の二短歌を作る。今冬明《みん》の李西涯《りせいがい》の擬古楽府を見て、彼《か》の中《ちゆう》も亦此《またこ》の体を為《な》す者有るを知れり。漢詩復《また》詠ずべからず。乃《すなは》ち国乗中に就きて、好題目を撥《と》り、六十六闋を得たり。我が州の数の如し。毎首、本事の外《ほか》に多語を贅せず。而《しか》れども暗中の消息、読む者の能《よ》く頭を閲《み》て尾に到る在らば、古今《ここん》治乱の機窾《きくあん》・名教の是非に於て、或いは小を以て大に喩《たと》ふべし。客の或るひと読みて称して曰《いは》く、子能く李什《りじふ》を模擬すと。余哂《わら》つて研傍の銅瓶《どうへい》に蠟梅《らふばい》を挿せるを指《ゆびさ》し、客に問うて曰く、渠《かれ》の香色固《もと》より梅に減《おと》る。然《しか》れども汝能《なんぢよ》く楳《うめ》を擬すと曰《い》はんに、則ち渠之《これ》を肯《がへん》ずるや否やと。客曰く肯ぜずと。

戊子《ぼし》嘉平廿八日《にじふはち》　山陽外史識《しる》す 印 印

これに續いて左の追記がある。

含公來観㆑之。欲㆓取去㆒。余以㆓塗乙狼藉㆒。欲㆓改書㆒。公曰。欲㆑得㆑之。機間不㆑容㆑髪。少緩則索然矣。出㆓其舊藏華製盒子㆒換㆑

之。

襄又識 印 印

含公来《きた》りて之《これ》を観る。取つて去らんと欲す。余塗《と》乙《いつ》狼藉《らうぜき》たるを以て、改め書かんと欲す。公曰《いは》く、之を得んと欲すと。機間髪を容《い》れず。少しく緩むれば則ち索然たり。其の旧蔵の華製の盒子《がふす》を出《い》だして之に換《か》ふ。

襄又識《しる》す 印 印

含公は卽ち雲華上人（名は大含、雲華はその號、東本願寺の學僧）である。上人がこの巻を見て、欲しくてたまらず、祕藏の支那製の盒子（陶製の鉢か皿か又は香盒のやうなものであらう）と取換へて持ち去つたといふのだ。こゝまでが頼山陽の自筆である。それから、雲華は篠崎小竹に跋語を求めたので、續いて小竹筆の左の跋文がある。

含師獲㆓此卷㆒。卽遣㆑人齎示。屬以㆓跋語㆒。乃展而觀㆑之。如㆔舟行㆓霧中㆒。茫不㆑見㆓津涯㆒。凝㆑眸審覽。而後稍々分㆑山辨㆑樹。每㆑遇㆓勝處㆒。輒欣然撫㆑掌歎賞。然余懵㆓國史㆒。竟不㆑能㆓悉解㆒。今以㆓解者㆒評㆑之。其婉而雅者。昌黎臣罪當㆑誅天王聖明之流亞。直而勁者。不㆑墜㆘少陵愼莫㆓近前㆒丞相嗔之下㆖。盖。子成著作率出㆓特見㆒。以㆑氣行㆑之。故喝喊豪放。時乏㆓沖澹之趣一。而鏤刻穠纖。取二媚時流一者斷無レ之矣。要レ之。在二它人一則窮年兀々。不レ能レ得二其一二一。子成乃以二臘尾探梅之餘興一。作二斯六十六首一。求二諸古人中一。亦宜レ少レ比焉。昔者范陸諸公。不下與二東坡一同上時。以二其詩難レ註爲二恨。余則爲二子成友遇一。而居纔隔二一水一。他時得レ間溯洄從レ之。叩以レ所レ未レ解。更問二微意所レ在。則不二亦生涯之一大樂事一乎。師促レ跋甚急。乃手二寫一本一置二諸座右一。書二數語於末一而還レ之。

文政己丑春　小竹散人篠崎弼書　印　印

含師此《こ》の巻を獲たり。即《すなは》ち人を遣《つかは》して齎《もたら》し示し、属《しよく》するに跋《ばつ》語を以てす。乃《すなは》ち展《ひら》きて此《これ》を観るに、舟の霧中を行くが如し。茫として津涯《しんがい》を見ず。眸を凝らして審《つまび》らかに覧《み》る。而《しか》うして後稍々《せうせう》山を分かち樹《き》を弁ず。勝処に遇《あ》ふ毎《ごと》に、輒《すなは》ち欣然として掌を撫して歎賞す。然《しか》れども余国史に懵《くら》く、竟《つひ》に悉《ことごと》くは解する能《あた》はず。今解する者を以て之を評せば、其の婉《ゑん》にして雅なる者は、昌黎《しやうれい》の臣が罪は誅に当たる天王は聖明なりの流亜なり。直にして勁《けい》なる者は、少陵の慎しみて近前する莫《なか》れ丞相《じやうしやう》嗔《いか》らんの下に墜《お》ちず。蓋《けだ》し、子成の著作は率《おほむ》ね特見を出だし、気を以て之を行ふ。故に喝喊《かつかん》豪放にして、時に沖澹《ちゆうせん》の趣に乏し。而《しか》れども鏤刻穠纎《ぢようせん》にして、媚を時流に取る者は断じて之無し。之を要するに、它人《たじん》に在つては則ち窮年兀々《こつこつ》として、其の一二を得る能はざるに、子成は乃《すなは》ち臘尾《らふび》探梅の余興を以て、斯《こ》の六十六首を作る。諸古人中に求むるも、亦《また》比するもの少なかるべし。昔者《むかし》范陸諸公、東坡《とうば》と時を同じうせず、其の詩の註すること難きを以て恨みと為す。余は則ち子成の友遇たり。而《しか》も居は纔《わづか》に一水を隔つるのみ。他時間を得て溯洄之に従ひ、叩《こう》するに未だ解さざる所を以てし、更に微意の在る所を問はん。則ち亦生涯の一大楽事ならず乎《や》。師跋を促すこと甚だ急なり。乃ち一本を手写して諸《これ》を座右に置き、数語を末に書して之を還《かへ》す。

文政己丑《きちう》春　小竹散人篠崎弼書

印　印

刊本にある小竹の序文（附録參照）は、これを焼き直したものだ。以上の記載によつて推測すると、山陽がこの詩巻を書いたのは、文政十一年十二月二十八日で、小竹雲華がこれを獲たのは、同年の暮か翌年の春かであらう。右の跋文に續いて、小竹はまた、山陽の歿後、雲華と共に復び此の巻を展べて、山陽を追懐したことを重識して居る。

後四年子成逝矣。又十四年乙巳臘月。含公携而下レ江。同覧レ之。間子成如レ出。不レ堪二感念一。請暫留レ之。髗咲レ人以下數首。以レ有レ所レ避板本不レ載。別設レ題補レ之。其他又有レ所レ改。

因抄二之於板本上頭一而後還レ之。惜二其陻沒一也。

弘化三年丙午上元後日　六十六歳　筱崎弼重識　印　印

後四年にして子成逝《い》けり。又十四年乙巳《いつし》臘《らふ》月、含公携へて江を下る。同《とも》に之《これ》を覽る。間に子成の出づるが如く、感念に堪へず。請うて暫く之を留《とど》む。鼈《べつ》人を啖《くら》ふ以下数首は、避くる所有るを以て板本載せず。別に題を設けて之を補ふ。其の他又改むる所有り。因て之を板本の上頭に抄し、而《しか》して後之を還す。其の陻《いん》没を惜しめばなり。

弘化三年丙午上元後日　六十六歳　筱崎弼重ねて識《しる》す　印　印

これを讀めば、雲華と小竹とが、亡友を追憶して哀悼の情を極めた有様が眼前に髣髴するのみならず、この稿本中の十首が加除された理由も、これによって略推知することが出來る。

住友本は、以上の如く、完成された稿本で、これによって『日本樂府』の傳來を知ることが出來、また山陽と雲華上人と篠崎小竹との交遊狀態をも察知し得られるので、これこそ眞に天下の珍本といふべきであらう。

丙、橋本家本

尾道市の橋本家所藏の『詠史樂府』の長卷は、山陽が當主龍一氏の曾祖父橋本元吉に畫いて與へたものだ。私は寫眞でその一部分を見ただけであるが、その內容は全く刊本と一致し、前記の龜岡・住友兩家の稿本とは異なつたものであるやうに思はれる。果して然りとせば、山陽の樂府としては、最も晩年の筆ではあるまいか。尤も同卷の末尾には「文政戊子嘉平月山陽外史賴襄識」とあるさうだから、これによれば、住友本と殆ど執筆の時を同じくすることになつて、そこに種々の疑問が起るが、何れにしても實物を見ないのだから斷定するわけには行かぬ。橋本元吉は竹下と號し、山陽の門人であり、またその後援者の一人でもあつた。

この橋本家本で面白いのは、日本は六十六國の外にまだ二島があるからといふので、六十六関の外に「截蜻蜓」と「赤夜叉」との二篇を追加してあることだ。この二首は、龜岡本にも住友本にもあるが、刊本には卽記の理由で削除されてあるから、こゝに收錄して置く。

截㆓蜻蜓㆒

駿州遠州草皆腥。北軍殺㆑人勢建瓴。一騎殿後萬騎却。
馬上梨花截㆓蜻蜓㆒。蜻蜓之洲爲㆑君截。佳名開㆑兆一丈鐵。
北軍之鋒何足㆑折。

駿州《すんしう》遠州《えんしう》草《くさ》皆《みな》腥《なまぐさ》し。北軍《ほくぐん》人《ひと》を殺《ころ》して勢建瓴《いきほひけんれい》。一騎殿後《きでんご》して萬騎《ばんき》却《しりぞ》く。馬上《ばじやう》の梨花《りくわ》蜻蜓《せいてい》を截《き》る。蜻蜓《せいてい》の洲《しう》君《きみ》が爲《ため》に截《き》る。佳名兆《かめいてう》を開《ひら》く一丈《ぢやう》の鐵《てつ》。北軍《ほくぐん》の鋒《ほこ》何《なん》ぞ折《を》るに足《た》らむ。

赤夜叉

赤夜叉。公爪牙。西軍破㆑膽東軍誇。韎韋跗注朱縚甲。日
下已開太平色。東軍西軍見㆓臣甲㆒。臣甲在㆑心赤最赤。

赤夜叉《あかやしや》は。公《こう》の爪牙《さうが》。西軍膽《せいぐんたん》を破《やぶ》り東軍《とうぐん》は誇《ほこ》る。韎韋《ばいい》の跗注朱縚《ふちゆうしゆたう》の甲《かふ》。日《にっ》下《か》已《すで》に開《ひら》く太平《たいへい》の色《いろ》。東軍西軍臣《とうぐんせいぐんしん》の甲《かふ》を見《み》る。臣《しん》が甲《かふ》は心《こころ》に在《あ》り赤《あか》きこと最《もつと》も赤《あか》し。

「截蜻蜓」は、徳川家の勇将本多忠勝が、長久手の戦にトンボ切といふ名槍を提げ

て、豊臣秀吉の膽を奪つた話。「赤夜叉」は、有名な井伊家の赤備へのことだ。どちらも山陽得意の作であつたらしい。

『日本樂府』の後世に及ぼした影響は相當に大きい。「蒙古來」の如きは、戸々傳誦、明治に至つて小學校の讀本にまで採用された。從つて、山陽に倣ひ詩材を日本歷史に選む漢詩家が俄かに多くなつたが、その多くは近體の律絶で、樂府を模作したものは、蓋し豐後の中島子玉、紀伊の野呂松廬、對島の龜谷省軒ぐらゐなものではあるまいか。右の內で、中島子玉の『日本詠史新樂府』が有名であり、また山陽との關係もあるから、特に一言しなければならぬ。

中島子玉、名は大賚、字は子玉、通稱增太、米華また古香と號した。豐後佐伯の人で、廣瀨淡窓の門に學び、その塾長となつた。山陽が九州に遊んで淡窓を訪問した時、子玉とも會談し、後大にその才識を推稱したといはれる。天保五年三月歿、享年三十四。

子玉は、文政十二年京坂地方に遊び、大坂で篠崎小竹を訪問した際、初めて山陽の『日本樂府』を見後また山陽から借覽し、同年冬京都の客舍で病臥中に『日本詠史新樂府』を脫稿した。正に山陽に後ること一ケ年である。彼の跋には、「翁(山陽)の作は六十六首を限り、以て吾が州數に應ず。今この篇、附するに前に作文）とある。これに據れば、六十六首の外に二首を加へたのは、子玉の方が先であるところの二短歌を以てするものは、六十六州の外更に二島の意あるなり。」（原漢つたと見える。彼また、山陽の『日本樂府』を評して曰く、「蓋し、翁（山陽）の國乘に於ける、識・人上に出で、眼・紙背に透る。故にその發して詩となるや、率ね皆落想天外より來り、自家の神力を以て之を運す。この六十六首の如きは、毎首題に就き意を命じ、他語を雜へず。而して數千百年間の治亂興廢是非得失、分說を待たずして、隱々楮墨の外に透出す。何等の自在ぞ。何等の警策ぞ。乃ち知る、その手を棘せざるの妙を。」（原漢文）と。その推服の深きを知るべきである。

跋

『日本樂府』の卷尾に、著者賴山陽の跋文が載《の》せてある。これを讀むと、山陽の樂府の由來するところと、その著作動機《ちよさくどうき》とを、略《ほぼ》察知することが出來て、裨益《ひえき》するところが多いと思ふから、こゝにその全文を掲げ、要點だけを解釋して置く。

漢魏歐謠。短節勁音。至二敕勒歌一絶レ響。繼レ之者。唯杜與レ韓。而張・王接レ武。其餘大抵不レ過レ相二襲陳套一。元・明間。楊廉夫・張光弼・李賓之諸人。用以詠レ史。新異可レ喜。然張・楊聚レ典而已。或挾二牛鬼蛇神一以眩レ人。其實淺易。與二二十一史彈詞一。相去無レ幾。唯李。本事外不レ贅二多語一。而暗藏二議論一。見處最高、最近二於古一。所レ病雷同與二理語一近一レ傖耳。然連篇累什。勢或至レ此。後來。尤展成明史樂府。亦續レ李而作者。雖二氣魄不一レ及。亦足レ覽二一代盛衰一。要レ之。是等詩有レ益二學者一。不レ爲二徒作一也。今茲臘尾。人忙我閑。就二國乘中一。掇二取題目一。得二六十六闋一。如二我州數一。我國風氣人物。何必減二西土一。

恨余詞鄙俚率薄。不レ足レ齒二漢兒一。然人苟耐レ讀。盡レ頭至レ尾。於二治亂之機竅名教之是非一。或可二以レ小喩一レ大。客曰。然則是摸二擬李・尤一耶。余哂不レ答。見三研傍銅瓶挿二蠟梅一。指問レ客曰。渠香色固讓レ梅矣。然天地所レ置。日月所レ照。各含二一造化一。乃曰汝擬レ梅也。渠當レ肯否。曰不レ肯。

戊子嘉平月二十八日　山陽外史頼襄識

〔訓讀〕漢魏《かんぎ》の歌謠《かえう》は、短節勁音《たんせつけいおん》、敕勒歌《ちよくろくか》に至《いた》りて響《きやう》を絶《ぜつ》せり。之《これ》に繼《つ》げる者《もの》は、唯《ただ》杜《と》と韓《かん》とあり。而《しか》して張《ちやう》・王武《わうぶ》を接《せつ》す。其《そ》の餘《よ》は大抵陳套《たいていちんたう》を相襲《あひつ》ぐに過《す》ぎず。元《げん》・明《みん》の間《あひだ》に、楊廉夫《やうれんぶ》・張光弼《ちやうくわうひつ》・李賓之《りひんし》の諸人《しよじん》あり。用《もち》ひて以《もつ》て史《し》を詠《えい》ず、新異《しんい》喜《よろこ》ぶ可《べ》し。然《しか》れども張《ちやう》・楊《やう》は典《てん》を聚《あつ》むるのみ、或《あるひ》は牛鬼蛇神《ぎうきだじん》を挾《さしはさ》みて以《もつ》て人《ひと》を眩《くら》まし、其《そ》の實《じつ》は淺易《せんい》にして、二十一史彈詞《しだんし》と、相去《あひさ》ること幾《いくば》くも無《な》し。唯《ひと》り李《り》は、本事《ほんじ》の外《ほか》に多語《たご》を贅《ぜい》せず、而《しか》して暗《あん》に議論《ぎろん》を藏《ざう》し、見《み》る處最《ところもつと》も高《たか》く、最《もつと》も古《いにしへ》に近《ちか》し。病《へい》とする所《ところ》は雷同《らいどう》と理語《りご》の傖《さう》に近《ちか》きとのみ。然《しか》れども連篇累什《れんべんるゐじふ》、勢《いきほひ》或《あるひ》は此《こゝ》に至《いた》らむ。後來《こうらい》、尤展成《いうてんせい》の明史樂府《みんしがふ》は、亦李《またり》に續《つ》いで作《つく》れる者《もの》なり、氣魄及《きはくおよ》ばずと雖《いへど》も、亦《また》一代《だい》の盛衰《せいすい》を覽《み》るに足《た》る。之《これ》を要《えう》するに、是等《これら》の詩《し》は學者《がくしや》に益《えき》あり、徒作《とさく》たらざるなり。今茲《ことし》臘尾《らふび》、人《ひと》は忙《いそが》しく我《われ》は閑《かん》なり。國乘中《こくじようちう》に就《つ》きて、題目《だいもく》を掇取《てつしゆ》し、六十六闋《けつ》を得《え》たり。我《わ》が州《しう》の數《すう》の如《ごと》し。我《わ》が國《くに》の風氣《ふうき》人物《じんぶつ》、何《なん》ぞ必《かなら》ずしも西土《せいど》に減《げん》ぜむ。恨《うら》むらくは余《よ》が詞《し》、鄙俚《ひり》猝薄《そつはく》、漢兒《かんじ》に齒《よはひ》するに足《た》らざるを。然《しか》れども人《ひと》苟《いやしく》も讀《よ》むに耐《た》へて、頭《とう》を盡《つく》し尾《び》に至《いた》らば、治亂《ちらん》の機《き》窾《わん》、名教《めいけう》の是非《ぜひ》に於《おい》て、或《あるひ》は小《せう》を以《もつ》て大《だい》に喩《たと》ふ可《べ》し。客曰《きやくいは》く、然《しか》らば則《すなは》ち是《これ》李《り》・尤《いう》を模擬《もぎ》せりやと。余《よ》哂《わら》つて答《こた》へず。研傍《けんぼう》の銅瓶《どうへい》に蠟梅《らふばい》を挿《さ》せるを見《み》、指《ゆび》さして客《きやく》に問《と》うて曰《いは》く、渠《かれ》の香色《かうしよく》固《もと》より梅《うめ》に譲《ゆづ》る。然《しか》れども天地《てんち》の置《お》く所《ところ》、日月《じつげつ》の照《てら》す所《ところ》、各《おのおの》一造化《ざうくわ》を含《ふく》めり。乃《すなは》ち曰《いは》く汝《なんぢ》は梅《うめ》を擬《ぎ》するなりと。渠當《かれまさ》に肯《がへ》んずべきや否《いな》や。曰《いは》く肯《がへ》んぜずと。

戊子《ぼし》の嘉平月《かへいげつ》二十八日《にち》　　　山陽《さんやう》外史《ぐわいし》頼襄《らいじやう》識《しる》す

〔**摘解**〕

【短節勁音】歌詞の句が短くて音《おん》が勁《つよ》いこと。

【敕勒歌】敕勒《ちよくろく》はまた狄歴《てきれき》とも書き、トルコといふ音を寫した字だといふ。蒙古地方に居つた土耳古《とるこ》種族《しゆぞく》が中原《ちゆうげん》の動亂に乘じて南下し、支那の南北朝頃には、今の河北・山西地方に蟠居した。是等の一群を指して敕勒というたものであらう。南北朝時代、後魏《こうぎ》の權臣高歡《かうくわん》が、周王壁《しうおうへき》と戰つた時、敕勒の人斛律金《こくりつきん》に命じて陣中で歌を謡《うた》はせ、親らこれに和した。これが謂ふところの敕勒歌で、元來敕勒語であつたのを、後に漢字に飜譯《ほんやく》したものだ。卽ち、

敕勒歌

敕勒川《ちよくろくのかは》。陰山下《いんざんのふもと》。天似穹盧《てんはきうろににて》。籠蓋四野《しやをろうがいす》。天蒼蒼《てんはさうさうたり》。野茫茫《やはばうばうたり》。風《かぜ》吹《ふき》草《くさ》低《たれて》見牛羊《ぎうやうをみる》。

【絶響】『晉書《しんしよ》』の嵇阮傳論《けいげんでんろん》に、「嵇琴絶響《けいのきんきやうをぜつす》」といふ句がある。これは、有名な竹林七賢の一人嵇康《けいかう》が死刑に處せられる時、かねて習得した琴曲「廣陵《くわうりよう》散《さん》」を彈じ、「この樂《がく》も今絶えるであらう」と嘆じたことをいうたのであるが、爾來「絶響」といふ熟語は、前人の流風餘韻《りうふうよゐん》を、最早見ることが出來ないといふ時に使用される。

【杜・韓・張・王】杜は唐《たう》の大詩人杜甫《とほ》（字《あざな》は子美《しび》）。韓は唐の文豪であり詩人であつた韓愈《かんゆ》（字は退之《たいし》）。張と王とは、宋《そう》の張耒《ちやうらい》と王安石《わうあんせき》とであらう。王安石は宋の大政治家で、詩文にも通じて唐宋八大家の一人といはれた。張耒は宋の徽宗《きそう》皇帝に仕へた人で、最も騷詞《さうし》に長じ、樂府《がふ》は盛唐の髓《ずゐ》を得たとある。

【接武】武はこゝでは足跡。武を接すとは、後者の足が前者の足跡を踏むことだから、續くといふ意になる。

【陳套】陳も套も古いという字。陳腐に同じ。

【楊廉夫】元末《げんまつ》の人。名は維楨《ゐてい》、字《あざな》は廉夫《れんぷ》、鐵崖《てつがい》または鐵笛道人《てつてきだうじん》などと號した。詩名一代に高く、古樂府《こがふ》はその最も得意とするところであつた。

【張光弼】元末明初《げんまつみんしよ》の人。名は昱《いく》、字は光弼《くわうひつ》、一笑居士《せうこじ》または可閒《かかん》老人の號がある。

【李賓之】名は東陽《とうやう》、字は賓之《ひんし》、西涯《せいがい》と號す。明の孝宗《かうそう》の朝に仕へて、文淵閣《ぶんえんかく》大學士となり、機務に預り匡正《きやうせい》する所多く、後、武宗を輔翼《ほよく》し、朝に立つこと五十年、卒して文正と諡《おくりな》された。文を爲《つく》ること典雅流麗、篆隷《てんれい》を工《たく》みにすとあるから、政治家でもあり文人でもあつた。『懷麓堂集《くわいろくだうしふ》』『燕對錄《えんたいろく》』等の著書がある。賴山陽の詠史樂府は、この人に私淑《ししゆく》するところが多いといはれるから、こゝに『懷麓堂集』の中の「擬古樂府」から三首を摘録する。

掛劍曲《くわいけんきよく》《呉の季札の事蹟》

長劍許㆓烈士㆒。寸心報㆓知己㆒。死者豈必知。我心元不㆑死。平生讓㆑國心。耿耿方在㆑此。

長劍烈士《ちやうけんれつし》に許《ゆる》し。寸心知己《すんしんちき》に報《はう》ず。死者豈必《ししやあにかなら》ずしも知《し》らむや。我《わ》が心元《こゝろもと》より死せず。平生國《へいせいくに》を讓《ゆづ》る心《こゝろ》。耿耿方《かうかうかた》に此《こゝ》に在《あ》り。

國士行《こくしかう》《晉の豫讓の事蹟》

漆爲レ癘。炭爲レ啞。彼國士。何爲者。趙家飲器智伯頭。一日事作二千年讐一。報二君讐一。爲レ君死。斬二讐之衣一讐魄褫。臣身則亡心已矣。

漆《しつ》に癘《れい》と爲《な》り。炭《たん》に啞《あ》と爲《な》る。彼《か》の國士《こくし》。何爲《なにす》る者《もの》ぞ。趙家《てうか》の飲器《いんき》は智伯《ちはく》の頭《かうべ》。一日《いちじつ》の事千年《ことせんねん》の讐《あだ》を作《な》す。君《きみ》の讐《あだ》に報《はう》じ。君《きみ》の爲《ため》に死《し》す。讐《あだ》の衣《い》を斬《き》りて讐魄《しうはく》を褫《うば》ふ。臣《しん》が身則《みすなは》ち亡《ほろ》びて心已《こゝろや》む。

五丈原《ごぢやうげん》《蜀の諸葛孔明の事蹟》

五丈原頭動レ地皷。魏人畏レ蜀如レ畏レ虎。揮レ戈指レ天天宇漏。將星墮レ空化爲レ土。錬石心勞竟何補。侯歸二上天一多二舊伍一。羽爲二前驅一飛後拒。忠魂不レ逐降王車。長衛二英孫一朝二烈祖一。

五丈原頭地《ごぢやうげんとうち》を動《うご》かす皷《つゞみ》。魏人《ぎひと》蜀《しよく》を畏《おそ》るること虎《とら》を畏《おそ》るるが如《ごと》し。戈《ほこ》を揮《ふる》ひて天《てん》を指《さ》せば天宇《てんう》漏《も》る。將星空《しやうせいくう》より墮《お》ち化《くわ》して土《つち》となる。錬石《れんせき》の心勞《しんらう》竟《つひ》に何《なん》の補《おぎなひ》かあらむ。侯《こう》、上天《じやうてん》に歸《き》して舊伍《きうご》多《おほ》し。羽《う》は前驅《ぜんく》と爲《な》り飛《ひ》は後拒《こうきよ》。忠魂《ちうこん》は逐《お》はず降王《かうわう》の車《くるま》。長《なが》く英孫《えいそん》を衛《まも》りて烈祖《れつそ》に朝《てう》せむ。

【聚典】典は典故で前例又は故事。

【牛鬼蛇神】牛の形の鬼と蛇の形の神と。つまり妖怪變化《えうくわいへんげ》のこと。

【二十一史彈詞】二十二史（「二二、脫御衣」の章參照）から『舊唐書《くたうじよ》』を除いたものを二十一史といふ。彈詞《だんし》とは、盲人《まうじん》が樂器に合せて、大衆相手に語つた物語文のことで、金《きん》の時代に、「西廂搊彈詞《せいさうしうだんし》」といふ物語が出て喧傳されたところから、彈詞といふ名が出來たとのことだ。『二十一史彈詞』は、明代に出來たものである。

【不贅】贅は贅言《ぜいげん》で無用の言葉又はむだ口。贅せずとは無用の言葉を吐かないこと。

【雷同】みだりに他の說に附和すること。『後漢書《ごかんじよ》』の桓譚傳《くわんたんでん》の註《ちゆう》に、「雷の聲を發するや、衆物同應《どうおう》す、俗人是非の心無くして、言を出して同ずる者、これを雷同と謂ふ」とある。

【理語近傖】理語は語を理《おさ》める、または語を整へること。傖は鄙賤《ひせん》或は田舍もの。つまり文字が卑俗だといふこと。

【連篇累什】篇も什も詩。澤山の詩といふこと。

【尤展成】清朝の人で、名は侗《とう》、字を同人《どうじん》または展成《てんせい》といひ、悔菴《くわいあん》・艮齊《こんさい》・西堂《さいだう》老人等の號がある。康熙《かうき》中、仕へて侍講《じこう》となつた。詩才富贍《しさいふせん》、一篇出る毎に傳誦せられ、後年翰林《かんりん》に入るに及んで、皇帝は彼を老名士と稱したといふ。『西堂雜俎《さいだうざつそ》』『鶴栖堂文集《くわくせいだう》』等多くの著書がある。

【氣魄】氣力または意氣込み。

【臘尾】臘は十二月。尾は末。

【國乘】國史。乘は記録または歴史。

【掇取】拾ひ取ること。

【闋】止《や》むといふ字。一曲の終りを闋《けつ》といふ。また歌曲一首を一闋といふ。

【鄙俚卒薄】鄙俚は卑俗。卒薄は輕薄。つまり品《ひん》が無くて薄ぺらなこと。

【不足齒】齒《よはひ》するとは仲間になる。または肩をならべることだから、これはその反對だ。

【機竅】動機といふこと。竅は空虚《くうきよ》または穴といふ字。

【研傍】研は硯。研傍は硯の傍。

【蠟梅】カラウメ、ナンキンウメ等の異名がある。梅の種類ではないが、開花の時期が同じく、香氣もあり、花は蜜蠟に似た黄色なので、この名があるといふ。

【各含一造化】造化とは天地自然の理、または造物者。故に各一造化を含むとは、それぞれ自然の理によつて出來た別々のものだといふこと。

【戊子嘉平月】戊子はこゝでは文政十一年のこと。嘉平月は陰歴十二月の異名。

【頼山陽】名は襄《のぼる》、字は子成《しせい》、山陽又は三十六峰外史と號した。通稱は久《ひさ》太郎、中年に德太郎ともいうた。父は頼春水、安藝の人で廣島の藩儒であつた。安永九年十二月十七日大坂に生れ、天保三年九月二十三日京都で歿した。享年五十三。山陽は資性孝悌、聰明剛邁、幼より學を好み、博く經史に通じ詩文を善くしたが、特に國史に造詣深く、憂國慨世の念を文筆に託したところに彼の特色がある。初め家學を受け、長じて江戸に留學して尾藤二洲に學び、のち仕進を嫌つて藩籍を脫し、居を京都に卜して子弟の薰陶に努めた。そして常に尊皇卑覇を唱へ、忠孝節義を顯彰して世道人心の興起を計つたので、幕末勤皇思想の勃興に多大の貢獻をした。著書には、有名な『日本外史』を始め『日本政記』『新策』『通議』『山陽詩鈔』『日本樂府』等がある。明治廿四年正四位を追贈せられ、昭和六年の百年祭には更に從三位に陞敍せられた。

附録

一、日本樂府序

客冬頼子成詠史樂府成。或獲其自書稿本來示。余為題之曰。讀子成樂府。如舟行霧中。茫乎不見津涯。凝眸審覧。而後稍稍分山辨樹。每遇勝處。輒欣然拊掌歎賞。然余慒國史。竟不能悉解。今就所解評之。其婉而雅者。昌黎臣罪當誅天王聖明之流亞。直而勁者。亦不落少陵愼莫近前丞相嗔之下。蓋子成著作率出特見。以氣行之。故喝喊豪放。時乏沖澹之趣。而縷刻穠纖。取媚時流者。則斷無之。要之。在佗人則窮年兀兀。不能得其一二。子成乃以臘尾探梅餘興。作此六十六首。求諸古人。亦宜少比焉。昔范陸諸公。不與東坡同時。以其詩難註為恨。余則為子成友遇。而居纔隔一水。他時滂洄從遊。叩以所未解。因聞微意所在。則不亦生涯之一大樂事哉。

既而聞三其門人牧信侯爲二之註解一。余疑下其能得二子成之意一乎。抑面中受之上也。曰特註二其事一而已。余曰善矣。我邦讀レ史者。多詳二於彼一。而略二於此一。此篇上自二人皇一。下至二近世一。其間君臣之邪正。世道之汚隆。逐次羅列。巨細略備。學レ史者。不レ可レ不レ讀焉。不三獨其詩超二越時調一。足レ範二後學一也。而其讀レ焉者。如下余嚮不レ能二悉解一者上、蓋十八九。故不レ可レ無レ註也。若夫頌レ徳誅レ奸。嫉二闒茸之得レ志。恨二英雄之不レ振。抑揚權衡。所レ謂出二其特見一者亦多。是不レ可二盡註一也。唯因レ註以諳二其事一。玩レ詞以思二其意一。凡子成所レ賦。其美刺皆能似二詩人之比興一否。其取舍皆能不レ畔二麟經之褒貶一否。其雅馴者。我將二誦而習レ焉。其可レ疑者、我將二就而正レ焉。果然則學者之得二益於此一。自レ詩進二於史一。自レ史進二於經一。非二淺鮮一也。乃從二臾信侯一。刊而行レ世。書二此言於卷首一。以告二讀者一。文政己丑嘉平月

畏堂筱崎弼撰。

一、日本楽府序

客冬頼子成の詠史楽府成る。或るひと其の自書の稿本を獲《え》て来り示す。余為に之《これ》に

題して曰く、子成の楽府を読むに、舟の霧中を行くが如し。茫乎として津涯《しんがい》を見ず。眸を凝らして審《つまび》らかに覧《み》る。而うして後稍稍《せうせう》山を分かち樹《き》を弁ず。勝処に遇《あ》ふ毎《ごと》に、輒《すなは》ち欣然として掌を拊《う》ちて歎賞す。然《しか》れども余国史に懵《くら》く、竟《つひ》に悉《ことごと》くは解する能《あた》はず。今解する所に就いて之を評せば、其の婉《ゑん》にして雅なる者は、昌黎《しやうれい》の臣が罪は誅に当たる天王は聖明なりの流亜なり。直にして勁《けい》なる者も、亦《また》少陵の慎しみて近前する莫《なか》れ亟 相《じやうしやう》嗔《いか》らんの下に落ちず。蓋《けだ》し子成の著作は率《おほむ》ね特見を出だし、気を以て之を行ふ。故に喝喊《かつかん》豪放にして、時に沖澹《ちゆうせん》の趣に乏し。而れども縷刻穠纖《ぢようせん》にして、媚を時流に取る者は、則《すなは》ち断じて之《これ》無し。之を要するに、佗人《たじん》に在っては則ち窮年兀兀《こつこつ》として、其の一二を得る能はざるに、子成は乃《すなは》ち臘尾《らふび》探梅の余興を以て、此《こ》の六十六首を作る。諸古人を求むるも、亦比するもの少なかるべし。昔范《はん》陸諸公、東坡《とうば》と時を同じうせず、其の詩の註すること難きを以て恨みと為《な》す。余は則ち子成の友遇たり。而《しか》も居は纔《わづか》に一水を隔つるのみ。他時溯洄《さくくわい》従遊し、叩《こう》するに未だ解さざる所を以てし、因りて微意の在る所を聞かん。則ち亦生涯の一大楽事ならず哉《や》。既にして其の門人牧信矦之《これ》が註解を為すと聞く。余其の能《よ》く子成の意を得たるか、抑《そもそ》も之を面受したるかを疑へり。曰く、特に其の事を註するのみと。余曰く、善しと。我が邦の史を読む者、多くは彼に詳にして、此に略なり。此の篇上《かみ》は人皇より、下は近世に至る。其の間君臣の邪正、世道の汚隆、逐次羅列し、巨細略《おほむ》ね備はる。史を学ぶ者、読まざるべからず。独《ただ》に其の詩時調に超越せるのみならず、後学に範たるに足れり。而れども焉《これ》を読む者、余嚮《さき》に悉くは解する能はざる者の如き、蓋《けだ》し十に八九ならん。故に註無かるべからざるなり。若《も》し夫れ徳を頌《たた》へ奸《かん》を誅し、闒茸《たふじよう》の志を得るを嫉《にく》み、英雄の振るはざるを恨むは、抑揚権衡、謂《い》ふ所の其の特見を出だす者亦多し。是《こ》れ悉くは註すべからざるなり。唯《ただ》註に因りて以て其の事を諳《さと》り、詞を玩んで以て其の意を思へ。凡《およ》そ子成の賦する所、其の美刺皆能《よ》く詩人の比興に似て否なり。其の取舎皆能く麟経《りんけい》の褒貶に畔《そむ》かずして否なり。其の雅順なる者は、我将《まさ》に誦して焉《これ》を習せんとし、其の疑ふべき者は、我将《まさ》に就きて焉《これ》を正さんとす。果たして然れば則ち学ぶ者の益を此《ここ》に得ん。詩より史に進み、史より経に進む、浅鮮に非ざるなり。乃《すなは》ち臾信侯に従ひ、刊して世に行ふ。此《こ》の言を巻首に書し、以て読者に告ぐ。文政己丑《しちゅう》嘉平月畏堂筱崎弼撰。

二、註日本樂府叙

我邦特㆓立於大洋中㆒。不㆑知㆔其廣袤何㆓如漢土㆒。而至㆓人物之盛㆒。未㆑甞㆓小讓㆒焉。所㆑惜者。士人常慣㆑讀㆓彼中書㆒。而不㆑屑㆑閲㆓國典㆒。故有㆘磊磊軒㆓天地㆒者㆖。而或未㆓之識㆒也。我翁常慨㆑之。甞有㆓外史之著。刪修前志。約爲數帙。而人猶有不終讀者。客冬翁乘歳暮間暇。偶詠國事。行以樂府體。得凡六十六闋。既成示輗。輗受讀之。本邦開闢以還。治亂興廢之機。英雄忠烈之槪。與夫奸猾佞邪之蹊逕。因其事實析情僞於隻句零字之間。瞭然如明鏡一照。妍媸悉現。前人所謂詩史者。預爲此集目也。宋葉水心氏有言曰。文章不足關世敎。雖工無益。謂詩文之不可徒作也。余觀近人詩。其聲律非不工緻。非刻鏤風雲月露。則彫鎸花木蟲魚。連篇累牘。萬喙一樣。使人厭觀。寧有毫毛補於世哉。如翁此擧。雖出一時消間之技。其關世道人心與否。讀者自能辨之。然使其詞不工。則亦不至感發人如此爾。夫工而關於世敎。又易於終讀。吾輩當人置一本。遂請刻而傳之。恐讀者或不諳其本事。余故就史傳搜撿之。每篇畧註其事跡。間表帝室將家系統。見其條貫。至變革大節目。特疏而揭之。而如作者之微意。則不暇一一詳之。又不可得而詳也。亦在讀者之自能辨之而已。己丑之秋九月初吉美濃牧輗拜撰于平安銅駝坊之寓居。

二、日本楽府の叙に註す

我が邦は大洋中に特立し、其の広袤《ぼう》漢土に何如《いかん》を知らず。而して人物の盛んなるに至つては、未だ小譲を嘗《な》めず。惜しむ所の者は、士人常に彼《か》の中書を読むに慣らひて、国典を閲《けみ》するを屑《いさぎよ》しとせず。故に磊磊《らいらい》天地に軒する者有るも、或いは未だ之を識らざるなり。我が翁常に之を慨《なげ》く。嘗《かつ》て外史の著有り。前志を删修《さんしゅう》し、約《つづ》めて数帙《ちつ》と為《な》す。而れども人猶《な》ほ終読せざる者有り。客冬翁歳暮の間暇に乗じ、偶《たまたま》国事を詠ず。行は楽府《がふ》体を以てす。凡《およ》そ六十六闋《けつ》を得たり。既に成つて輗《げい》に示す。輗受けて之を読むに、本邦開闢《びゃく》以還、治乱興廃の機と、英雄忠烈の概と、夫《か》の奸猾《かんくわつ》佞邪《ねいじゃ》の蹊逕《けいけい》と、其《そ》の事実に因つて情偽を隻句零字の間に析《わか》ち、瞭然として明鏡の一照するが如く、妍媸《けんし》悉《ことごと》く現る。前人謂《い》ふ所の詩史とは、預《あらかじ》め此の集の為に目せるなり。宋の葉水心氏に言有りて曰《いは》く、文章は世教に関するに足らず。工なりと雖《いへど》も益なしと。詩文の徒《いたづ》らに作るべからざるを謂《い》へるなり。余近人の詩を観るに、其の声律工緻ならざるに非ず。風雲月露を刻鏤するに非ざれば、則《すなは》ち花木虫魚を彫鐫《てうせん》し、連篇累牘《とく》、万喙《たく》一様、人をして観るを厭《あ》かしむ。寧《いづく》んぞ毫毛《がうまう》も世に補する有らん哉《や》。翁の此の挙の如きは、一時消間の技に出づと雖《いへど》も、其の世道人心に関すると否とは、読む者自《おのづか》ら能《よ》く之《これ》を弁ぜん。然《しか》れども其の詞をして工ならざらしむれば、則ち亦《また》人を感発して此《かく》の如きに至らざらんのみ。夫《そ》れ工にして世教に関し、又終読するに易《やす》し。吾輩《ごはい》当《まさ》に人に一本を置くべく、遂《つひ》に刻して之を伝へんことを請ふ。恐らくは読む者或いは其の本事を諳《そら》んぜざることを。余故に史伝に就きて之を捜検《けん》し、毎篇略《ほぼ》其の事跡を註す。間に帝室将家の系統を表《あらは》し、其の条貫を見す。変革の大節目に至っては、特に疏《の》べて之を掲ぐ。而うして作者の微意の如きは、一一之を詳《つまび》らかにするに暇《いとま》あらず。又得て詳らかにするを得ざるなり。亦《また》読む者の自《おのづか》ら能《よ》く之を弁ずる在るのみ。己丑《きちう》の秋九月初吉美濃の牧輗平安銅駝坊《どうだぼう》の寓居にて拝撰す。

三、讀日本樂府評語十二則

六十六關。吾國開闢以來。不レ可レ無二此文字一。而人未レ做者。有二史才一者無二詩才一。有二詩才一者無二史才一。山陽奄有兼出。故有二是六十六關一。

近人詠史諸作。似レ巧而黠。似レ深而淺。與二晩唐人劉項元來不レ讀レ書等一。大抵相類。故余於二詠史詠物二體一。甚不レ喜レ讀也。如二六十六關一。則否。每誦數遍不レ忍レ釋レ手。其所二議論一。如レ諷如レ諭。

或華或朴。似漢人樂府。又似漢人童謠。蓋山陽學邃于古。才妙于詩故也。

六十六關。設題極雅。深得古意。有客病其多用國語。頗欠分明。余曰。欠分明處。最此妙處。如古樂府上留田・上之回之類。未聞作者自註其由。若客則病其欠分明。余則病其易分明。客詰曰。何爲易分明。曰。每日忙了其半。翻擷六國史以下數部卷册。則一一太分明。

凡詩用國語。撰擇字面。須要雅馴。妄意施用。大屬無稽也。後來作者。恐不得不以山陽爲法。

六十六關所有文字。悉是與古來賊臣誅心之利刀。與古來讒臣結舌之鐵索。又與古來恨人照冤之明鏡也。

六十六關。每關不過四五十字。短者僅二十字許。其迫一百字。唯蒙古來一篇耳。然腕靈舌妙。意暢神酣。有百億萬字。亦不可包盡者。或讀之。驚詫曰。吾人所弄同一筆管。彼特何靈也。曰。昔者有神。依石石則能言。依樹樹亦能言。蓋同一筆管。有神而依焉乎。後聞。蒙古來。特因舊構刪潤之也。

山陽胸中文字。不止六十六關。雖六六三百六十關。亦隨手做得。然佗固老狐精。姑作二遁辭一曰。恰合二州數一。

世人作レ文者。好訴二徠翁一。作レ詩者。好訴二服翁一。不二唯世人善訴一。山陽亦復時訴。如二是六十六闋一。固是絕唱。然世或有二訴者出一。予但未レ知二其如何訴一也。

歷下太倉舊矣。已而公安竟陵。已而新城歸愚。已而隨園甌北。尸祝祧遷。如レ夢如レ痴。誰如下吾山陽之出頭立脚。自出二手眼一。做中人所レ未レ做哉。但未レ知下今後宇內才子。別從二何處一樹レ幟標レ新。具中自家面孔須眉上乎。若徒震二山陽之名一。爭レ摸競レ撫。非下善學二山陽一者上。近日後生作レ字。多優孟山陽。有レ客示二一詩卷一。戲題二其後一云。擧レ世傳播賴家脚。都門一樣字渾肥。是不二唯書然一也。

余與二山陽一善。世譏レ余以爲レ阿二其所一レ好。若レ人不二唯不一レ知二山陽一。遂併不レ知レ余也。問不レ阿レ所レ好。何以爲レ證。曰平レ心讀二此六十六闋一。

山陽寄二示此什一。使レ題二一言一。余懶レ構二文字一。但意所レ會。則隨筆レ之。余唯知レ有二山陽一。不レ知二其肯不一レ肯也。

三、日本楽府を読む評語十二則

竹田陳人田憲識

六十六闋《けつ》。吾が国開闢以来、此《こ》の文字無かるべからず。而《しか》うして人の未だ做《な》さざる者なり。

史才有る者は詩才無く、詩才有る者は史才無し。山陽奄有兼出す。故に是《こ》の六十六闋有り。

近人の詠史の諸作、巧に似て黠《かつ》、深に似て浅なる、晩唐の人劉項の元来書を読まざるの等と、大抵相《あひ》類す。故に余は詠史詠物の二体に於《おい》て、甚だ読むを喜ばざるなり。六十六闋の如きは、則《すなは》ち否なり。毎《つね》に誦すること数遍手を釈《と》くに忍びず。其の議し論ずる所、諷するが如く諭するが如し。或いは華或いは朴、漢人の楽府に似、又漢人の童謡に似たり。蓋《けだ》し山陽の学は古《いにしえ》に邃《ふか》く、才は詩に妙なればなり。

六十六闋。題を設くること極めて雅に、深く古意を得たり。客有り其《そ》の多く国語を用い、頗《すこし》く分明を欠くを病《へい》とす。余曰《いは》く、分明を欠く処、最も此《これ》が妙処なり。古楽府の上留田・上の回の類の如し。未だ作者の自ら其の由を註するを聞かず。客の若《ごと》きは則ち其の分明を欠くを病とするも、余は則ち其の分明し易きを病とすと。客詰《なじ》りて曰く、何をか分明し易しと為《な》すと。曰く、毎日其の半ばを忙了し、六国史以下数部の巻冊を翻擷《ほんけつ》するに、則ち一一太《はなは》だ分明なりと。

凡《およ》そ詩に国語を用ひ、字面を撰択する、須《すべか》らく雅順なるを要すべし。妄意施用するは、大いに無稽に属す。後来の作者、恐らくは山陽を以《もっ》て法を為さざるを得ざらん。

六十六関有する所の文字、悉《ことごと》く是《こ》れ古来賊臣心を誅するの利刀と、古来讒《ざん》臣舌を結ぶの鉄索と、又古来恨人寃《えん》を照らすの明鏡となり。

六十六関。毎関四五十字に過ぎず。短き者は僅《わず》かに二十字ばかり。其の一百字に迨《およ》ぶは、唯《ただ》蒙古来一篇のみ。然れども腕霊舌妙、意暢《のび》やかにして神酣《さか》んなり。百億万字も、亦包尽すべからざる者有り。或るひと之を読み、驚き詫《いぶか》って曰く、吾人弄する所は同一筆管なり。彼特に何ぞ霊なるやと。曰く、昔は神有り、石に依《これ》れば石則ち能く言《ものい》ふ。樹に依れば樹も亦能く言《ものい》ふ。蓋し同一の筆管、神有って焉《これ》に依るかと。後に聞く。蒙古来は、特に旧構に因って之を刪潤《さんじゅん》せりと。

山陽が胸中の文字、六十六関に止《とどま》らず。六六《ろくろく》三百六十関と雖《いへど》も亦手に随って做《な》し得ん。然れども佗固《かれもと》より老狐精、姑《しばら》く遁辞を作って曰く、恰《あたか》も州数に合すと。

世人の文を作る者、好んで徠翁を詬《そし》る。詩を作る者、好んで服翁を詬る。唯世人の善く詬るのみならず、山陽も亦復《くりかへし》時詬る。是《こ》の六十六関の如きは、固より是《これ》絶唱なり。然れども世或いは詬る者の出づる有らん。予は但《ただ》未だ其の如何《いか》に詬るかを知らざるなり。

歴下り太倉旧《ふ》りたり。已《すで》にして公安竟陵《きやうりやう》、已にして新城帰愚、已にして随園甌《おう》北《ほく》。尸祝祧遷《ししゆくてうせん》、夢の如く痴の如し。誰《たれ》か吾《わ》が山陽の出頭立脚して、自ら手眼を出《いだ》し、人の未だ做《な》さざる所を做す如くならん哉《や》。但し未だ今後宇内《だい》の才子の、別に何処《いづこ》に従《よ》つて幟《し》を樹《た》て新を標し、自家の面孔須《しゆ》眉を具へんかを知らず。若《も》し徒《いたづ》らに山陽の名に震《おそ》れ、摸を争ひ撫を競はんか、善く山陽を学ぶ者に非ず。近日後生の字を作る、多く優孟の山陽なり。客有り一詩巻を示す。戯れて其の後ろに題して云ふ。世を挙げて伝播す頼家の脚。都門一様字渾《すべ》て肥ゆと。是唯《これただ》書の然《しか》るにあらざるなり。

余山陽と善し。世余を譏つて以て其の好む所に阿《おもね》ると為《な》す。人の若しくんば唯《ただ》山陽を知らざるのみならず、遂に併せて余を知らざるなり。問ふ好む所に阿らずとは、何を以てか証と為すと。曰く、心を平にして此の六十六関を読めと。但《ただ》山陽此の什を寄示し、一言を題せしむ。余文字を構ふるに懶《らん》なり。但《ただ》意の会する所、則ち随つて之を筆《ひつ》す。余唯山陽有るを知つて、其の肯《がへん》ずるか肯んぜざるかを知らざるなり。

竹田陳人田憲識《しる》す

四、日本樂府後叙

機嘗讀正享至今名公臣匠詩集。大抵多近體而少古風。偶或爲之。亦有似强作備體冗漫無法者。是其所以遜漢土士大夫。豈以翡翠蘭苔、易以娛目、而碧海掣鯨、難於措手乎。然亦有勢使然者焉。夫老杜以詩爲史。韓蘇以詩助文章所未到。而皆感遇叙述。非古體莫以盡其所欲言。爾來諸大家。概无不然。若我邦人。則畫於詩者多矣。卽其否者。亦以詩爲嘲哂風月之具而已。其乏變化坐此。不足以感發人亦坐此。至今日。乃有我賴翁出。翁有用世之才。不得一試。而發諸史筆文章者。泉湧瀾翻。溢爲韻語。弔古叙事。輙用古體長篇。尤極變幻。沈鬱豪放。魁奇雄杰。盖欲爲老杜韓蘇所爲者也。然後進不唯不敢於學。卽讀翁所作。未竟篇。欠伸從之。莫能詳其所賦何事。況遑尋繹其法度音節乎。機嘗病焉。近得翁詠史樂府。喜曰。是足以誘後進矣。盖就國乘中。掇其可勸懲者詠之。不必擬漢魏。而古朴琅鏘。又切事情。篇雖皆短意則長矣。

其一韻者。轉韻者。韻之似レ複者。句之單者。長短者。莫レ不二皆有一。似レ肆實嚴。似レ粗實精。後進以二其短易レ讀。讀而玩レ之。審二其開闔轉摺之法。抑揚疾舒之節一。更取二翁諸大作一讀レ之。皆以二此法一推レ之。則必感發興起。知二古風之易レ作。而不レ見二其難一焉。自レ今以往。邦人之詩。庶幾不レ減二西土一。而詩不レ爲二無用之物一。則翁爲二之倡一也。倡自二此什一始。機嘗侍レ翁修レ史。而與有レ校焉。其叙二近古英雄爭戰之蹟一。其篇章有二長者一。有二短者一。短者非レ促。長者非レ濶。其叙事用筆。始非レ有二二法一也。然先觀二其短似レ促者一。可三以窺二其法一。今於レ觀二此樂府一。亦云。

文政十二年己丑冬月。美濃後藤機世張謹題二于浪華僑居一。

四、日本楽府後叙

機嘗《かつ》て正享《しやうきやう》より今に至る名公臣匠の詩集を読むに、大抵近体多くして古風少なし。偶《たまたま》或いは之を為《つく》るも、亦《また》強作にして体を備へ冗漫にして法無きに似る者有り。是《こ》れ其《そ》の漢土の士大夫に遜《おと》る所以《ゆゑん》なり。豈《あに》翡翠《ひすゐ》蘭苕、以て目を娯《よろこ》ばすに易くして、碧海掣鯨、手を措くに難きを以てせんや。然れども亦勢ひの然らしむる者有り。夫れ老杜は詩を以て史と為《な》す。韓蘇は詩を以て文章の未だ到らざる所を助く。而うして皆感遇の叙述なり。古体に非ずんば以て其の言はんと欲する所を尽くすこと莫《な》し。爾来諸大家、概《おほむ》ね然らざる无《な》し。我が邦人の若《ごと》きは、則ち詩を画《ぐわ》する者多し。即ち其の否なる者は、亦詩を以て風月を嘲哂《てうし》するの具と為すのみ。其の変化に乏しきは此《ここ》に坐す。以て人を感発するの足らざるも此に坐す。今日に至って、乃《すなは》ち我が頼翁の出づる有り。翁用世の才有るも、一たびも試むるを得ず。而《しか》れども諸史筆文章を発すれば、泉湧《わ》き瀾《なみ》翻えり、溢れて韻語を為す。古《いにしへ》を弔ひ事を叙す。輒《すなは》ち古体長篇を用ひ、尤《もつと》も変幻を極む。沈鬱豪放、魁《かい》奇雄杰、蓋《けだ》し老杜韓蘇の為す所を為さんと欲するなり。然るに後進唯学に敢ならざるのみならず、即ち翁の作る所を読んで未だ篇を竟《を》へず、欠伸して之に従ひ、能く其の賦する所の何事なるかを詳《つまび》らかにする莫《な》し。況《いは》んや釈《と》きて其の法度音節を尋ぬるに遑《には》かなるをや。機嘗て焉《これ》を病《へい》とす。近ごろ翁の詠史楽府を得、喜んで曰く、是《こ》れ以て後進を誘《いざな》ふに足れりと。蓋し国乗の中《うち》に就き、其の勧懲すべき者を掇《と》りて之を詠じ、必ずしも漢魏に擬せず。而うして古朴琅鏘《らうしやう》又事情に切なり。篇皆短しと雖《いへど》も意は則ち長し。其の一韻なる者、転韻する者、韻の複するに似る者、句の単なる者、長短なる者、皆有らざる莫《な》し。肆《し》に似て実は厳、粗に似て実は精なり。後進其の短なるを以て読むに易《やす》し。読みて之を玩《あぢは》へば、其の開闔《かふ》転摺《しふ》の法、抑揚疾舒の節を審《つまび》らかにす。更に翁の諸大作を取って之を読む。皆此の法を以て之を推せば、則ち必ず感発し興起こらん。古風の作り易きを知りて、其の難を見ず。今より以往、邦人の詩、庶幾す西土に減ぜざるを。而して詩は無用の物たらず。則ち翁之《こ》の倡《しやう》を為す。倡此の什《じふ》より始まる。機嘗て翁に侍して史を修む。而うして与《とも》に焉《これ》を校する有り。其の近古英雄争戦の蹟を叙するに、其の篇章長き者有り、短き者有り。短き者も促に非ず、長き者も濶《くわつ》に非ず。其の叙事の用筆、始《もと》より二法有るに非ざるなり。然れども先《ま》づ其の短にして促に似たる者を観て、以て其の法を窺ふべし。今此の楽府を観るに於て、亦云ふ。

文政十二年己丑冬月。美濃後藤機世張謹んで浪華僑居に題す。

この「付　日本樂府の研究」は、『頼山陽の日本史詩』福山天蔭著（寶雲舍・昭和二十年二月刊）より引用いたしました。

著者紹介
渡部昇一（わたなべ　しょういち）
昭和５年､山形県生まれ。上智大学大学院修士課程修了。ドイツ、イギリスに留学後、母校で教鞭をとるかたわら、アメリカ各地で講義。上智大学教授を経て、上智大学名誉教授。Dr.phil.（1958)、Dr.phil.h.c.（1994)。専門の英語学だけでなく、歴史、哲学、人生論など、執筆ジャンルは幅広い。昭和51年、第24回日本エッセイストクラブ賞。昭和60年、第１回正論大賞。
著書に、『英文法史』（研究社)、『英語の歴史』（大修館書店）などの専門書のほか、『知的生活の方法』（講談社現代新書)、『渡部昇一の昭和史』『渡部昇一の古事記』（以上、ワック)、『日本興国論』（致知出版社)､『ハイエクの大予言』（李白社)､『国民の修身』（産経新聞出版)、『渡部昇一の古代史入門』『渡部昇一の中世史入門』『日本とシナ』『取り戻せ、日本を。』『渡部昇一、靖国を語る』（以上、PHP研究所）など。

[本書の出版履歴]
・1994年４月にPHP研究所より『日本史の真髄［3］』として発刊。
・1996年９月に同社より『甦る日本史［3］［戦国・織豊時代篇］』として文庫を発刊。
・2008年４月に同社より『渡部昇一の戦国史入門』として新版を発刊。
・今回、上記の新版を再文庫化。

PHP文庫　渡部昇一の戦国史入門
頼山陽「日本楽府《がふ》」を読む

2015年1月21日　第1版第1刷

著者	渡部昇一
発行者	小林成彦
発行所	株式会社PHP研究所

東京本部　〒102-8331　千代田区一番町21
文庫出版部　☎03-3239-6259(編集)
普及一部　☎03-3239-6233(販売)
京都本部　〒601-8411　京都市南区西九条北ノ内町11
PHP INTERFACE　http://www.php.co.jp/

組版	朝日メディアインターナショナル株式会社
印刷所 製本所	共同印刷株式会社

ISBN978-4-569-76301-9

PHP文庫好評既刊

［超訳］言志四録 己を律する200の言葉

佐藤一斎 著／岬龍一郎 編訳

志高き「サムライ」の処世訓として、幕末の英雄たちに計り知れない影響を与えた『言志四録』。その不朽のエッセンスを〝超訳〟で解説！

定価 本体五八〇円（税別）

PHPの本

取り戻せ、日本を。

安倍晋三・私論

渡部昇一 著

再び政権の座に就いた安倍晋三総理が果たすべき課題とは。心ある多くの日本国民を代表して論壇の重鎮が説く「取り戻すべき日本」論。

【四六判】 定価 本体一、五〇〇円(税別)

PHPの本

渡部昇一、靖国を語る

日本が日本であるためのカギ

渡部昇一 著

「A級戦犯分祀論の嘘」「神道は日本文明の中核」「他国の宗教行為に介入するのはウエストファリア条約違反」……。靖国論の決定版！

【四六判】 定価 本体一、四〇〇円（税別）

PHP文庫好評既刊

渡部昇一の古代史入門

頼山陽「日本楽府《がふ》」を読む

渡部昇一 著

日本人に脈々と受け継がれる精神の「核」とは何か？　神代の英雄から平安朝の幕引きまで、わが国のルーツがわかる古代史入門の決定版！

定価　本体六四八円（税別）